陈嘉映著译作品集

第 15 卷

维特根斯坦选读

〔奥〕维特根斯坦 著

陈嘉映 主编 主译

商务印书馆
The Commercial Press
创于1897

总　　序

　　商务印书馆发心整理当代中国学术，拟陆续出版当代一些学人的合集，我有幸忝列其中。

　　商务意在纵览中国当代学人的工作全貌，故建议我把几十年来所写所译尽量收罗全整。我的几部著作和译作，一直在重印，也一路做着零星修订，就大致照原样收了进来。另外六卷文章集，这里做几点说明。1.这六卷收入的，多数是文章，也有对谈、采访、少数几篇讲稿、日记、谈话记录、评审书等。2.这些篇什不分种类，都按写作时间顺序编排。3.我经常给《南方周末》等报刊推荐适合普通读者的书籍。其中篇幅较长的独立成篇，篇幅很小的介绍、评论则集中在一起，题作"泛读短议之某某年"。4.多数文章曾经发表，在脚注里注明了首次刊载该文的杂志报纸，以此感谢这些媒体。5.有些篇什附有简短的说明，其中很多是编订《白鸥三十载》时写的。

　　这套著译集虽说求其全整，我仍然没有把所写所译如数收进。例如我第一次正式刊发的是一篇译文，"瑞典食品包装标准化问题"，连上图表什么的，长达三十多页。尽管后来"包装"成为我们这个时代一个最重要的概念，但我后来的"学术工作"都与包装无关。有一些文章，如"私有语言问题"，没有收入，则是因为过于粗陋。还有一类文章没有收入,例如发表在《财新周刊》并收集在《价值的理由》中的不少文章,因为文章内容后来多半写入了《何为良好生活》之中。同一时期的不同访谈内容难免重叠,编订时做了不少删削合并。总之,这套著译集,一方面想要呈现我问学过程中进退萦绕的总体面貌,另一方面也尽量避免重复。

我开始发表的时候,很多外文书很难在国内找到,因此,我在注解中标出的通常是中译本,不少中译文则是我自己的。后来就一直沿用这个习惯。

我所写所译,大一半可归入"哲学"名下。希腊人名之为 philosophia 者,其精神不仅落在哲人们的著述之中,西方的科学、文学、艺术、法律、社会变革、政治制度,无不与哲学相联。所有这些,百数十年来,从科学到法律,都已融入中国的现实,但我们对名之为 philosophia 者仍然颇多隔膜。这套著译集,写作也罢,翻译也罢,不妨视作消减隔膜的努力,尝试在概念层面上用现代汉语来运思。所憾者,成就不彰;所幸者,始终有同好乐于分享。

这套著译集得以出版,首先要感谢主持这项工作的陈小文,同时要感谢李婷婷、李学梅等人组成的商务印书馆团队,感谢她们的负责、热情、周到、高效。编订过程中我还得到肖海鸥、吴芸菲、刘晓丽、梅剑华、李明、倪傅一豪等众多青年学子的协助,在此一并致谢。

陈嘉映

2021 年 3 月 3 日

编　选　说　明

　　本书 2010 年由新世界出版社出版(原书名为《维特根斯坦读本》),后来又由上海人民出版社出了两版(2015 年、2020 年)。每次新版都做了少许修订。

　　当初答应编译这本维特根斯坦文选,颇多踌躇。选本会有很多先天缺陷。这里只提一个突出的:选本难免会割裂维特根斯坦的某些连贯思路。众所周知,维特根斯坦通常以文段方式写作,以拼接段落的方式成书,即使生前出版的《逻辑哲学论》和接近于出版的《哲学研究》,也是一段段连缀而成。哪个文段接哪个文段,他常常多费踌躇,反复改动。但这并不意味着维特根斯坦文稿缺少连贯性。例如,维特根斯坦关于"哲学是什么"的议论都是插在各种具体分析之间的,在这些上下文中,这些议论格外切实有力。都集中到"维特根斯坦论哲学"题下,就有点儿像教条了,这正是他很留心避免的。但依选本的定例,我难免把维特根斯坦文稿中原来的文段顺序打乱,重新安排组织,分置于大约四十个大标题下。这一般说来就很冒险。具体到维特根斯坦的情况,困难更在于,维氏有他独特的思考方式,迥异于我们平常在一个标题下写论文,几个连续的文段,往往提示很多方向的思路,很难归到一两个特定的题目下面。

尽管有这种以及其他多种缺陷，我还是勉为其难做了这件事。首先，这个选本为维特根斯坦的很多重要论述提供了较为可靠的中译文。其次，把维特根斯坦的思想依一些标题加以分类，对维特根斯坦的读者甚至研究者会有帮助。最后，维特根斯坦的文稿，绝大部分是很少经过加工的笔记，连续数页甚至数十页，相近的文句反复出现，研究者自可乐于追随维特根斯坦的实际思考进展，普通读者却往往不得要领，选出一些比较精要的论述有助于邀请普通读者来阅读维特根斯坦。一本书有它特定的用途或读法，超出这种读法，很可能误解更多于收获。

编选过程中我遇上多种困难。一个是上面已经提到的：应当尽量照顾维特根斯坦文稿的原有顺序抑或大胆打乱原顺序？依据这个选本的主要目的，我采用的是后者。在大的分类已经确定的前提下，我才照顾文稿的原顺序。这个选本的章节安排和段落衔接，我是很费了一番心机的，尽管我不得不打乱维特根斯坦原著的排列顺序，但读者在这里看到的新编排，也许有时会让维特根斯坦的思想从另一个角度更鲜明地呈现出来。此外，我逐节标出了文段出处，这样，读者不难查看某一文段在维特根斯坦的上下文。

另一个困难是维特根斯坦很少满意于自己写下的东西。尤其，众所周知，维特根斯坦的哲思大致可分成早期和后期，他在其后期对自己早期的一些重要思想提出了根本性的批判。这些思想极为重要并广有影响，不能不选入，但它们又恰恰遭到他自己的批判。何况，在一个选本里无法逐一标明哪些早期思想是维特根斯坦后来放弃的、加以批评的，哪些是他坚持始终的。我采用的办法是，凡某章选入一些早期思想，我通常把它们放在这一章最前面。有些时候，我在选录某些早期思想之后，紧接着选录维特根斯坦有明确针对性的批判文节。我希望这个办法多多少少有助于读者意识到维特根斯坦早期、后期思想的区别。

维特根斯坦的所有著作中，只有《逻辑哲学论》是"定本"。现在出版的维特根斯坦的文著，更有些并非来自维特根斯坦亲著，而是来自学生的听课记录。不过，这些学生在编辑出版这些内容时都非常谨慎，维特根斯坦文集的编纂者通常接纳这些记录。本选集也采用了这些材料。这类材料中，有些，例如《关于美学、心理学、宗教信仰的讲演和谈话》，所涉的内容在维特根斯坦的其他文著中很少涉及，因此具有格外的重要性。

出于同样的考虑，我也收入了少量来自回忆录等处的记载。尽管这些记载没有维特根斯坦的手稿作证，但撰写这些回忆录的学者、友人公认是诚实可靠的，他们也没有什么编造或改篡的动机。我使用这些材料，还有一个缘故，那就是维特根斯坦与旁人不同，极少极少在文著中品人论世，而这部分材料对了解维特根斯坦还是很重要的。

各标题的选文与维特根斯坦的相关著述不成比例。例如，关于人生方面，相对选得较多，关于数学哲学，相对入选较少。维特根斯坦的读者都知道，维特根斯坦在逻辑学内部做出过一点儿贡献，还知道，数学哲学讨论在维特根斯坦文稿中占极大分量。不过，一部面对普通读者的选本少选一点儿逻辑学和数学哲学应是合理的。

不消说，限于篇幅，不少有意思的文段不得不忍痛割爱。由于要从上下文摘下来，我尽可能选文义比较晓畅的，有一些文段，尽管精彩，但若脱离了大片的上下文就无法理解，或不加解说就很难理解，这样的文段，我只选用了少数。受限于我的理解水平，当然还会有这样的情况：我没有了悟某些段落的深意，漏选了某些重要文段。

有些章较长且内容可以比较清楚地分成几个方面，我就在章下立了一些节并加上小节标题。

维特根斯坦手稿和印行文著中用多种加强符号表示强调，本书则统一使用黑体字来表示。

由于剪裁等缘故，个别时候有些连词、语气词等在选入时稍加调整。编者为贯通文义所增加的词语用〈　〉标出。一段之中，编者删略了一部分，用 ****** 标出。因此，读者引用本书语录时，最好依本书提供的书名页码参照原本的文字。

每一段选文皆在其后标明出处。《逻辑哲学论》选文，若一片选了很多小节，就先标出 TLP，然后是节号。维特根斯坦的文著标题用缩写标出，读者可从缩写表找到这些缩写所代表的文著标题。

维特根斯坦有几本主要著作有权威性的标号。这时，我在缩写后直接列出标号。〔PU（哲学研究），§69 后插语〕这一类标志表明该段落在维特根斯坦《哲学研究》中原本就是插语，未被归入特定段落。在我的中译本中的位置是在 69 节后面。〔PU，十一 §4〕这样的标示指的是我的中译本第二部分第十一章第 4 节。只有在我的中译本第二部分中使用了这样的标示。如果读者用的是别的本子，不管最后的 §4，只需知道这个段落摘自"哲学研究第二部分十一"就好了。

那些没有标号的文著，我在缩写后注明相关文著的相应的页码。绝大多数文段都找到了已出版的中文译文，这时标出的是中文译文的页码，主要是中文版《维特根斯坦全集》〔河北教育出版社，2003〕的页码。这个中文版的译文讹误甚多，我用这个版本来注页码，只是为了读者方便查找文段出处。需要查对原文的读者可以通过这个全集本索引到维特根斯坦的原著。

《关于数学基础的评论》的选文绝大部分是王宇光翻译的，《哲学语法》的选文绝大部分是刘畅翻译的。译文品质都很好，但我还是仔细做了修正。本选集中其他译文都是我自己的，除了极少数例外，例如选自马尔康姆《回忆维特根斯坦》的几段，是我直接从中译本抄下的。如前提示，这个选本中的有些段落由于脱离上下文较为费解，我在翻译时做了少许通俗化的处理。有时我的译文主要根据卑尔根维特根斯坦文库的德文电子版全集（The Bergen Electronic Edition）参照以英文的电子版全集，Blackwell Publishers 出版的 *The Collected Works of Ludwig Wittgenstein*。我在翻译时经常参考已有的中文译文，在此对维特根斯坦的其他中译者表示感谢。

我希望今后还有机会改善这个选本。为此，我希望同好从各个方面给予批评。

2020 年 5 月 29 日于天鹅湖

缩 写 与 出 处

大致按维特根斯坦写作的年代排列。

NL，逻辑笔记。维特根什坦，《名理论》，北京大学出版社，1988。

NB，1914—1916 年笔记。中文全集一。（"中文全集"指《维特根斯坦全集》，河北教育出版社，2003）

NB Ⅱ，战时私人笔记。《战时笔记》，韩林合编译，商务印书馆，2005。

TLP，逻辑哲学论。中文全集一。

LOE，关于伦理学的讲座。中文全集十二。

WWK，维特根斯坦与维也纳小组。《维特根斯坦与维也纳学派》，同济大学出版社，2004。（中文全集二。）

PR，哲学评论。中文全集三。

LWL，维特根斯坦 1930—1932 剑桥讲课集。中文全集五（题为"维特根斯坦 1930—1932 剑桥讲演集"）。

AWL，维特根斯坦 1932—1935 年剑桥讲课集。中文全集五（题为"维特根斯坦 1932—1935 剑桥讲演集"）。

GB，关于金枝的评论。中文全集十二。

PG，哲学语法。中文全集四。

BB，蓝皮书。中文全集六。

BB Ⅱ，褐皮书。中文全集六。

LC，（LC 常见标为 LA。）《关于美学、心理学、宗教信仰的课程和谈话》。关于美学的课程，标为 LCA。关于弗洛伊德的谈话，里斯记载分为四段，标为 LCF Ⅰ，LCF Ⅱ，等。关于宗教信仰的课程，标为 LCR。中文全集十二。

RFM，关于数学基础的评论。中文全集七，题为"论数学的基础"。

PU，（英语文献常缩写为 PI。）哲学研究。《哲学研究》，上海世纪出版集团，2005。（中文全集八。）

RPP Ⅰ，关于心理学哲学的评论，第一部分。中文全集九。

RPP Ⅱ，关于心理学哲学的评论，第二部分。中文全集九。[①]

LW Ⅰ，关于心理学哲学的最后著作，第一卷。中文全集十。

LW Ⅱ，关于心理学哲学的最后著作，第二卷。*Last Writings on the Philosophy of Psychology*，Vol. Ⅱ，Blackwell，1992.

KMS，大打字稿。Anthony Kenny，ed. *The Wittgenstein Reader*，Blackwell，1994.

PO，哲 学 事 例。*Philosophical Occasions*，*1912-1951*，ed. by James C. Klagge and Alfred Nordmann, Hackett Publishing Company, Inc.1993.

---

① LPP, *Wittgenstein's Lectures on Philosophical Psychology, 1946–47* [University Of Chicago Press; 1 edition (December 6, 1988).

Z，纸条集。中文全集十一。

CV，杂评。中文全集十一。〔常见根据英译本译得的书名：文化与价值。〕

BF，论颜色。中文全集十一。

OC，*On Certainty*，Basil Blackwell，1969.

Harper Torchbooks，1969. 论确实性。中文全集十。

MS，维特根斯坦德文电子版全集。〔MS 109，§206〕表示手稿 109 号第 206 节。

摘自研究著作的译文

APF，Acta Philosophica Fennica，vol.28，Nos.1-3，*Essays on Wittgenstein in Hohour of G.H.von Wright*，ed. By Jaakko Hintikka，North-Holland Publishing Company，1976.

DG，瑞·蒙克：《维特根斯坦传——天才之为责任》，王宇光译，浙江大学出版社，2011 年。

NMM，马尔康姆：《回忆维特根斯坦》，李步楼、贺绍甲译，商务印书馆，1984 年。

目　　录

哲学不是自然科学

在哲学中没有演绎；哲学是纯粹描述性的。"哲学"这个词永远应该指某种高于自然科学或低于自然科学而不是与自然科学并列的东西。哲学并不提供实在的图像，它既不能确证也不能驳倒科学的研究。哲学是由逻辑和形而上学组成的，逻辑是其基础。认识论是心理学的哲学。不相信〈普通〉语法是哲学思考的首要前提。哲学是关于科学命题（不仅是初始命题）的逻辑形式的学说。对逻辑命题的正确解释必然使之具有一种不同于所有其他命题的独特地位。〔NL，前言〕

哲学家的一种主要艺术是不劳忙于与他无关的问题。

罗素在"哲学中的科学方法"中的方法恰恰是从物理学方法的一种倒退。〔NB，111 页〕

真命题的总和是全部自然科学（或各门自然科学的总和）。〔TLP，4.11〕

哲学不是自然科学之一。

（"哲学"一词所指称的东西，必定要么高于要么低于自然科学，而非与之并列。）〔TLP，4.111〕

哲学的目的是从逻辑上澄清思想。

哲学不是一门学说，而是一项活动。

哲学著作本质上由一些讨论组成。

哲学的成果不是"哲学命题"，而是命题的澄清。

哲学应该使一些思想变得清晰，变得井井有条，否则，这些思想就仿佛浑浊、无序。〔TLP，4.112〕

心理学不比任何其他自然科学更接近哲学。

知识论是心理学的哲学。

我对记号语言的研究难道不是跟哲学家们认为对逻辑哲学如此重要的那种思想过程的研究相对应的吗？只不过，他们多半纠缠于一些非本质的心理学考察，而且，在我的方法这里也有类似的危险。〔TLP，4.1121〕

达尔文理论不比自然科学中任何其他假说更多与哲学相关。〔TLP，4.1122〕

哲学划定自然科学可在其中进行争论的范围。〔TLP，4.113〕

关于哲学物事写下的大多数命题和问题，不是假的而是无意义的。因此我们根本不能回答这类问题，而只能确认它们的无意义性。哲学家们的大多数命题和问题，都植根于我们不理解我们的语言逻辑。〔TLP，4.003〕

（它们是这一类问题：善比美较多同一或更少同一？）

无怪乎最深刻的问题实际上**根本不是**问题。

全部哲学都是"语言批判"。(当然不是在毛特纳的意义上。)罗素的功绩在于表明了一个命题表面的逻辑形式不一定是它真正的逻辑形式。〔TLP, 4.0031〕

力学是按照惟一一种蓝图来构造我们描述世界所需的全部真命题的一种尝试。〔TLP, 6.343〕

整个近代世界观都基于一种幻觉:认为所谓的自然律是对自然现象的解释。〔TLP, 6.371〕

所以,当代人止步于自然律,如止步于不可触犯之物,就像古代人止步于神和命运。〔TLP, 6.372〕

今人古人都又对又不对。不过,近代系统让人觉得似乎**一切**都得到了解释,而古代承认有一个明白的限度,就此而言,古人当然更明白些。

我们觉得,即使一切可能的科学问题都已得到解答,人生问题也还完全未被触及。当然,那时不再剩下任何问题,而这恰是解答。〔TLP, 6.52〕

在人生问题的消失之处人们看到这个问题的解决。

(有些人在长期怀疑之后明白了人生的意义,这时却说不出这意义究竟何在,不就是这个道理吗?)〔TLP, 6.521〕

我们可以说一个人对一张脸上的表情有目无睹。但因此他的视觉就有缺陷吗?

　　但这当然不只是个生理学问题。生理学问题在这里是逻辑问题的一个象征。〔PU，十一 §121〕

　　〈我们可能时而把立方体示意图看作一个立体的图像时而看作一个平面图像。〉请你设想对这种经验的一种生理学解释。它可以是：观察这图形的时候，目光一再沿着一条特定的轨道扫视对象。这轨道相应于观看之时眼珠摆动的某种特定方式。这种活动方式有可能跳到另一种活动方式，这两种方式可能互相转换（面相组 A）。某些活动方式在生理学上是不可能的；从而我不可能把立方体示意图看作两个套在一起的棱体，等等。好，就这样解释。——"那我知道了，这是一种看。"——你现在为看引进了一种新标准，一种生理学标准。这可能掩盖旧问题，却不能解决它。——这段话的目的却在于让我们睁开眼睛看到提出一种生理学解释的时候发生的是些什么。心理学概念顾自徜徉，这种解释够不到它。我们的问题的性质从而变得更清楚了。〔PU，十一 §136〕

　　心里说话和喉头的肌肉是否由神经联系在一起，这个问题以及类似的问题自可以很有意思，但对我们的探究则不然。〔PU，十一 §189〕

　　我们谈论的是在空间时间中的语言现象，而不是某种非空间、非时间的非物。但我们谈论语言就像我们在讲述行棋规则时谈论棋子那样，这时我们不是在描述它们的物理属性。

　　"一个词到底是什么？"这个问题类似于"棋子是什么？"〔PU，§108〕

视觉的桌子不是由电子组成的。〔PR，§36〕

哲学家和心理学家（所做）的各种分类：他们根据云的形状对云进行分类。〔Z，§62〕

在何种意义上逻辑是崇高的东西？

因为逻辑似乎有一种特殊的深度——一种普遍的含义。逻辑似乎位于一切科学的根基处。——因为逻辑考察所研究的是一切事物的本质。它要一直探入事物的根基，而不应该为实际发生的是这是那操心。——它产生出来，不是因为对自然事实有兴趣，也不是由于把捉因果关系的需要；而是出自要理解一切经验事物的基础或本质的热望。但并非我们仿佛要为此寻觅新的事实；而是：不要通过它学习任何**新的东西**正是我们这种探究的要点。我们所要的是对已经敞开在我们眼前的东西加以**理解**。因为**这**似乎正是我们在某种意义上不理解的东西。

奥古斯丁（《忏悔录》，十一，14）说："时间是什么？无人问我，我明白；要想解释给问我的人，我就不明白了。"——对于自然科学问题（例如："氢的比重是多少？"）就不能这样说。有的事情别人不问时我们明白，一旦要我们解释它我们就不明白了；而这正是我们**必须留心思索**的东西。（显然，由于某种原因这也是我们不易留心思索的东西。）〔PU，§89〕

哲学问题具有这样的形式："我找不着方向。"〔PU，§123〕

使我们难以采取〈语言游戏〉这条研究路线的是我们对普遍性

的渴望。

　　****** 我们对普遍性的渴望还有另一个主要来源：我们深陷于科学方法。我指的是，把对自然现象的解释尽可能减化到最小数量的基本自然法则的方法；在数学中，则是通过普遍化把不同的论题加以单一处理的方法。哲学家们总是觉得科学的方法就在眼前，禁不住要以科学的方式提出问题，回答问题。这种倾向实际成了形而上学的根源，并引领哲学家们进入完全的黑暗。〔BB，25 页〕

　　粗略说来，依照过去的看法，例如，依照（伟大的）西方哲学家们的看法，有两类科学问题：本质的、伟大的、普遍的问题和非本质的、半偶然的问题。我们的看法则相反是：科学类型的问题中没有什么**伟大的**、本质的问题。〔KMS，263—264 页〕

　　典型的西方科学家是否理解我或欣赏我，对我无所谓，因为他不理解我写作的精神。〔MS 109，§ 206〕

　　科学进步对哲学有用吗？当然。揭示出来的实际情况减轻了哲学家的负担，不必再去设想某些可能性。〔LW Ⅰ，§ 807〕

哲学研究：概念研究

哲学是针对借助语言来蛊惑我们的智性所做的斗争·概念研究·哲学语法·以颜色词为例说明语法与经验的边界·语法——哲学语法与普通语法·语法陷阱

哲学是针对借助语言
来蛊惑我们的智性所做的斗争

全部哲学都是"语言批判"。〔TLP，4.0031〕

我们使用"哲学"这个词，指的是一场反对由语言表达方式施与我们的魔力的战斗。〔BB，37页〕

说我们的考察不可能是科学考察，这是对的。"同我们的成见相反，我们可以设想如此这般的情况"——无论这句话是什么意思，这种经验不会引起我们的兴趣。（把思想看作圣灵在空气中运行。）我们不可提出任何一种理论。我们的思考中不可有任何假设的东西。必须丢开一切**解释**而只用描述来取代之。这些描述从哲学问题得到光照，就是说，从哲学问题得到它们的目的。这些问题当然不是经验问题；解决它们的办法在于洞察我们语言是怎样工作的，而这种认识又是**针对**某种误解的冲动进行的。这些问题的解决不是靠增添新经验而是靠集合整理我们早已知道的东西。哲学是针对借助我们的语言来蛊惑我们的智性所做的斗争。〔PU，§109〕

　　每一次我纠正一个哲学错误，说"这一直被想象成如此这般，但实际上并不是那样"，每一次我要做的都是揭露一个类比，它一直引导着人们的想法而人们不曾注意到它是个类比。

　　******

　　从事哲学即是把糟糕的论证翻过身来。〔KMS，264页〕

　　哲学揭露我们语言用法中有所误导的类比。

　　关于我怎样使用一个词的语法只是对语言实际用法的描述吗？于是，语法命题应该与一门自然科学的命题一视同仁？

　　也许可以把这样一门学科叫做一门描述科学，它探讨与思想相对照的言说。〔KMS，264页〕

　　我们要的是安安静静地权衡语言事实，而不是躁动纷扰地进行猜测和解释。〔Z，§447〕

　　有人这么说吗——"正在下雨"这句话说的是：情况是如此这般？这个表达式在日常语言里的平常用法是什么？因为你是从这种用法中学会这句话的。如果你现在违背它原本的用法来使用它，又认为你还在用它进行原来那个游戏，那就像是，你用象棋棋子玩跳棋，以为这个游戏还具有象棋的旨趣。〔Z，448〕

一个概念在一种理论中的延伸（例如，梦作为愿望满足）。〔Z，449〕

从事哲学的人常常把一种错误的、不适当的表情加到一个语词表达式上。〔Z，450〕

说着**通常的东西**——带着错误的姿态。〔Z，451〕

由于曲解我们的语言形式而产生的问题，有某种**深度**。它们在深处搅扰我们；它们的根像我们的语言形式本身的根一样，深深扎在我们身上；它们意义重大，重如我们的语言本身。——我们问问自己：我们为什么觉得语法笑话具有**深度**？（那的确是一种哲学深度。）〔PU，§111〕

我们会面对各式各样的问题，例如"这个物体特有的重力是什么？""今天天气会一直晴朗吗？""下一个穿过这道门的会是谁？"但在我们的问题之中有一些问题属于某个特别的种类，我们觉得出它们不一样。这些问题似乎比其他问题更基本。这时我要说：当我们有这种感觉，那我们是撞上了语言的边界。

******

（一个人不能两次踏进同一条河流，说这话的人说错了。一个人**能够**两次踏进同一条河流。）〔KMS，265页〕

哲学的目标是建一堵语言止步于其前的墙。

****** 引起我们注意的法律是那些我们倾向于触犯的法律，

同样，唯当哲学家愿意打破某些语法规则，它们才引起我们注意。
〔KMS，274 页〕

我们在实际生活中根本遇不到哲学问题〔不像我们会遇到自然
科学的问题那样〕。只有当我们不是由实际目的引导去造句而是用
我们语言中的某些类比来形成句子的时候才会遇到哲学问题。

语言不能表达属于世界本质的东西，因此，它不能说：万物流
变。语言只能说那些我们也能设想与之不同情形的东西。

万物流变，这必定处在语言触及现实的本质之处。或不如说，
万物流变必定处在语言的本质之中。让我们回想一下：我们在日常
生活注意不到万物流变，就像我们注意不到我们的视野边缘是模糊
的（有人会说：因为我们对此习以为常）。怎么一来，在何种情形中，
我们就以为我们注意到这些了？难道不是在我们要逆时间的语法
来造句的时候吗？

人说：万物流变，这时我们觉得我们受阻而无法把定真正的东
西，把定真正的实在。在荧幕上行进的东西逃脱我们的把捉，恰恰
因为它是行进着的过程。但我们在描述某种东西；我们所描述的是
与这个过程不同的东西吗？而这种描述却显然恰恰与在荧幕上行
进的东西联系在一起。无能为力的感觉一定基于某种错误的图画。
因为我们能够想要描述的，我们就能够描述。

值得注意的是，在日常生活中我们并没有现象逃脱我们的把
捉、现象常流不驻这种感觉，只有在我们从事哲学时才有这种感觉。
这就提示，这里碰到的是一个由于对我们的语言的误用而对我们浮
现的思想。

　　这种感觉是，当前消失到过去里，我们无法加以阻挡。这里我们显然是在使用连环软片的图像，软片不停地在我们眼前滑过，我们无法留住它们。同样清楚的是，这个图像被误用了。我们不能说"时间飞逝"，如果这里说的"时间"是意指变化的可能性。

　　我们环顾四周，我们在屋子里四顾，感觉我们自己的身体，等等，没有什么东西让人注意；这表明这些事物对我们是何等自然。我们不知觉我们以透视方式看屋子，或视觉图像靠近边缘处在某种意义上是模糊的。这从不引起注意，从不可能引起注意，因为这正是知觉的方式。我们从来不去思考它，不可能思考，因为我们的世界的形式没有对立面。

　　我想说，那些人只赋予事物以实在而不赋予我们的意象以实在，而他们却不言自明地活动在意象里，从来不从意象里走出来，这可真够奇怪。

　　这是说，被给予的东西究竟有多自明。如果那竟是一张小小的、从歪斜的角度拍到的照片，那事情就一定非常糟糕了。

　　生活这一自明的东西应该是某种偶然的、次要的东西；与此对照，那些我平常从不为之费心思的事儿倒是真实的东西！

　　就是说，人们不可能也不愿意超越而出其中的东西仿佛就不是世界。

　　人们一再试图在语言里来界定世界，来凸显世界——但这行不通。世界的自明恰恰就表达于：语言只意谓世界，也只能意谓世界。

　　语言只能从它所意谓的东西即从世界那里获得它具有意义的方式，所以，不表现这个世界的语言是无法设想的。

　　在哲学理论和争论中我们发现那些其意义在日常生活中颇为

熟悉的语词在超物理的意义上使用着。〔PO，188—192页〕

哲学家的语言已经是一种就像由于久穿太窄小的鞋而挤扭了的语言。〔CV，57页〕

词的选择很重要，因为这事关是否准确合上事情的特性，因为唯当各种想法都并入正确的方向上才能在正确的轨道上进行下去。车厢必须紧扣在轨道上它才能沿着轨道顺利前行。

一项极其重要的任务是把思想的死胡同——加以生动的描绘，于是读者说"是啊，这正是我当时要说的"。严丝合缝地合上每一个错误。

你看，只有当他认识到正是这话，它**才是**正确的表达方式。（心理分析）

那个人认识到的是：我给他看的类比就是他那想法的来源。〔KMS，265页〕

哲学家努力找到一个起解放作用的词，即，有什么东西一直压迫我们的意识却又难以明察，而这个词终于能让我们把它抓住。

就像你舌头上有根头发：你觉得到，但抓不住它，除不掉它。

哲学家提供给我们一个词，它使我们能够把事情变得鲜明、无害。〔KMS，264页〕

有些保险柜需要用某个词或某个数打开：你在用上这个正确的词之前，无论用多大蛮力都打不开门，但用上了这个词，一个孩子就能打开它。哲学问题就是这样。〔KMS，269页〕

哲学的任务不是去创造一种新的、理想的语言，而是去澄清我们的语言、现存的语言的语言用法。其目的在于消除特定的误解，而不在于从头创造真实的理解。〔PG Ⅰ，§72〕

我所有的思考都可以比我过去所做的表达得远更直截了当。哲学无须使用新词；语言中熟知的老词足够了。〔KMS，271页〕

我为什么不可以把一个语词反其源始含义而用之？例如，弗洛伊德不就是这样吗？他甚至把一个焦虑梦也称作愿望满足。区别何在？科学考察中，新用法通过**理论**获得理据。如果理论是错的，这个新的、延伸的用法也就必须放弃。然而在哲学中，延伸的用法无法依赖关于自然过程的或正确或错误的看法。没有哪种事实能为之提供理据，为之提供支持。〔CV，60页〕

概念研究

哲学研究：概念研究。形而上学的根本之处：没弄清楚事实研究和概念研究的区别。形而上学问题总带有事实问题的外表，尽管那原本是概念问题。〔RPP Ⅰ，§949〕

哲学研究：概念研究。对形而上学来说具有本质性的是：它抹杀了事实研究与概念研究之间的区别。〔Z，§458〕

我们不分析现象（例如思想），而分析概念（例如思想的概念），因而就是分析语词的应用。于是我们所作的可能显得像唯名论。

唯名论者的错误是把所有语词都解释成了**名称**，因此并不真正描述语词的用法，而是仿佛为这样一种描述提供了一张空头汇票。〔PU，§383〕

我们的眼光似乎必须**透过**现象：然而，我们的探究面对的不是**现象**，而是人们所说的现象的**可能性**。也就是说，我们思索我们关于现象所做的**陈述的方式**。因此奥古斯丁也在思索关于事件的持续，关于事件的过去、现在或未来的各式各样的陈述。（这些当然不是关于时间、过去、现在与未来的**哲学**命题。）

因此，我们的考察是语法性的考察。这种考察通过清除误解来澄清我们的问题；清除涉及话语用法的误解；导致这类误解的一个主要原因是，我们语言的不同区域的表达形式之间有某些类似之处。——这里的某些误解可以通过表达形式的替换来消除；这可以称作对我们表达形式的一种"分析"，因为这一过程有时像是拆解一样东西。〔PU，§90〕

概念引导我们进行探索。概念表达我们的兴趣，指导我们的兴趣。〔PU，§570〕

"这现象最初让人觉得奇怪，但对此肯定会找到一种生理学解释。"——

我们的问题不是因果问题而是概念问题。〔PU，十一 §72〕

与歌德相契合的人会看到歌德正确认识了颜色的本性。本性在这里不是实验产生出来的东西，本性处在颜色概念之中。

〔BF Ⅰ，§71〕

我们在这里不关心物理事实，除非它们决定着肉眼看得见的现象的法则。〔BF Ⅲ，§180〕

我们要找到的不是关于颜色的理论（既不是生理学理论也不是心理学理论），而是颜色概念的逻辑。这项工作所提供的东西，人们往往错误地期待由某种理论来提供。〔BF Ⅰ，§22〕

我用相似的方式处理颜色概念和感觉概念。〔BF Ⅲ，§71〕

我的理解至少是这样：一种物理理论（例如牛顿理论）不可能解决打动歌德的那些问题，即使他自己也同样不曾解决它们。〔BF Ⅲ，§206〕

人们把属于表述方式的东西加到事物头上。两者可能加以比较，这给了我们深刻的印象，于是我们以为这种比较的可能性就是对最一般的事况的感知。〔PU，§104〕

没有什么比不带成见地考察概念更困难的了。因为成见也是一种理解。对于我们，很多东西都依赖于放弃成见。〔LW Ⅰ，§12〕

一本谈哲学的书，可以考虑以话语部分或曰语词种类来分章。这是一种有道理的分章办法。这时，实际上你对话语部分所需作出的区分要远远多于通常语法所作的区分。你会连着好多小时谈论"看见""感到"这类描述个人经验的动词。所有这些语词会带来某种或某些特殊的混乱，一族相似的混乱；你用另一章论数词，"所有""任何""某些"等等，这里会有另一类混乱；又一章论"你""我"等等，又是一类混乱；又一章论"美的""好的"，又是一类混乱。我们现在进入新的一组混乱；这里，语言在和我们玩全新的把戏。〔LCA，323 页〕

哲学语法

本质在语法中道出自身。〔PU，§371〕

某种东西是哪一类对象，这由语法来说。〔PU，§373〕

基础的东西通过语法表达出来："人不能两次踏进同一条河流"这个句子是怎么样的？〔Z，§459〕

《逻辑哲学论》（4.5）说："命题的一般形式是：事情如此这般"——这是人们会对自己重复无数次的那类句子。人们认为自己在一次又一次地追踪自然，其实只是沿着我们考察自然的形式兜圈子。〔PU，§114〕

一幅**图画**囚禁了我们。我们逃不脱它，因为它在我们的语言之中，而语言似乎不断向我们重复它。〔PU，§115〕

"每根棍子都有长度。"这大致是说：我们把某种东西（或**这种**东西）称为"一根棍子的长度"——而不把任何东西称为"球体的

长度"。那我现在能想象"每根棍子都有长度"了？我想象的就是一根棍子，如此而已。〔PU，§251〕

"这个物体具有广延。"我们可以回答说："毫无意义！"——却又倾向于回答"当然！"——为什么？〔PU，§252〕

必须问的不是：什么是意象，或具有意象的时候发生的是什么；而是"意象"一词是怎样用的。但这不是说我要谈论的只是语词。因为，若说我的问题谈论的是"意象"这个词，那么在同样的程度上追问意象本质的问题谈论的也是"意象"这个词。而我说的只是，这个问题不是可以通过指向什么东西得到解释的——无论对于具有意象的那个人还是对于别人都是这样；这也不是可以通过对任何过程的描述得到解释的。意象是什么这个问题所询问的也是一种语词解释；但它引导我们期待一种错误的回答方式。〔PU，§370〕

语法不对现实负责。是语法规则规定意义，所以，这些规则不再对任何意义负责，就此而言，它们是任意的。〔PG Ⅰ，§133〕

如果可以从自然事实来解释概念建构，那么使我们感到兴趣的就不该是语法，而该是自然之中为语法奠定根基的东西啦？——概念和很普遍的自然事实的对应的确也使我们感到兴趣。（那些由于十分普遍而最少引人注目的自然事实。）但我们的兴趣却并不落回到概念建构的这些可能原因上去；我们不从事自然科学；也不从事自然史，——因为对我们的目的来说我们也满可以虚构自然史。〔PU，十二 §1〕

我不说：假使这样那样的自然事实是另一个样子，人就会有另一些概念（在假说的意义上）。而说：谁要是认为有些概念绝对是正确的概念，有另一些概念的人就洞见不到我们洞见到的东西，——那么这个人可以去想象某些十分普遍的自然事实不同于我们所熟悉的那个样子，而他将能够理解和我们所熟悉的有所不同的概念建构了。〔PU，十二 §2〕

拿一个概念来和一种画法作比较：因为，我们的画法难道就是任意的吗？我们可以高兴选哪种就选哪种吗？（例如埃及人的画法。）抑或这里关系到的只是可爱和丑陋？〔PU，十二 §3〕

以颜色词为例说明语法与经验的边界

在一幅图画里，白色一定是最浅的颜色。〔BF Ⅲ，§1〕

我们常把白色说成是无色的。为什么？（即使我们没去想透明性我们也这样说。）〔BF Ⅲ，§210〕

白色有时显得和其他纯色在同一等级上（例如在旗帜上），有时却不。这颇值得注意。

我们为什么把例如发白的绿色或红色称作"不饱满"的？为什么是白色而不是黄色**削弱**这些颜色？这里事关颜色的心理学（颜色的效果）抑或颜色的逻辑？我们使用"饱满的"、"脏兮兮的"这些词，依据在于心理的东西；但我们一般地做出鲜明的划分，提示着

概念的东西。〔BF Ⅲ，§211〕

为什么没有棕色的光、灰色的光？也没有白色的光吗？发亮的物体可以显现为白色的，却不能显现为棕色的或灰色的。〔BF Ⅲ，§215〕

一道弱的白光不是一道灰色的光。〔BF Ⅲ，§218〕

这里有某种颜色数学。〔BF Ⅲ，§3〕

纯黄色也比纯浓红或纯浓蓝浅。这是个经验命题吗？——我不知道，例如，红色（纯红）比蓝色深还是比蓝色浅；我非得看见过这两种颜色才说得出来。然而，我一旦看见过，我就一劳永逸地知道了，就像计算的结果。

在这里怎么区分逻辑和经验？〔BF Ⅲ，§4〕

哪些经验教会我区分红和绿？〔BF Ⅲ，§167〕

有些句子常用在逻辑和经验的边界地带，结果它们的意义在界限两边穿来穿去，一会儿被当作规范的表达，一会儿被当作经验的表达。〔BF Ⅰ，§32〕

语法——哲学语法与普通语法

唯当一种语言已经被人们说了**很长**时期，这种语言的语法才被

标明，才存在。同样，进行原始的语言游戏时，并没有列出其规则表，恐怕也没有唯一的一套规则可供表述。〔PG Ⅰ，§26〕

语法是语言的账簿，但凡与伴随〔语词〕的感觉无涉的，但凡是语言的实际交易，都要记录在这些账簿上。〔PG Ⅰ，§44〕

在一个词的用法里，我们可以区分"表层语法"和"深层语法"。使用一个词时直接给予我们印象的是它在句子结构里的使用方式，其用法的这一部分——我们可以说——可以用耳朵摄取。——再来拿例如"意谓"一词的深层语法和我们会从其表层语法推想的东西比较一下。难怪我们会觉得很难找到出路。〔PU，§664〕

什么使得我们的语法研究显得是基本的？〔KMS，265 页〕

〈摩尔对维特根斯坦的"语法"概念提出质疑。例如，Three men was working 和"视野中同一点上同时有两种颜色"这两个句子看来是在不同的意义上"不合语法"。

维特根斯坦回应说：〉

我们有一种感觉，好像摩尔所说的第一种误用是无害的，第二种是恶性的。但事实上两种规则是同样意义上的规则。只不过某些规则已成为哲学讨论的课题而某些不曾。〔LWL，103—104 页〕

我们为什么觉得语法研究是某种基本的东西？

******

语法研究是基本的，就像在同样的意义上我们可以把语言本身叫做基本的——作为它自己的基础。

我们的语法研究不同于语文学家等等的语法研究；我们感兴趣的是，例如，怎样把一种语言翻译到另一种我们发明出来的语言。一般来说，我们感兴趣的那些规则，语文学家根本不在意。因此，我们蛮可以突出这个区别。

但另一方面，说我们研究语法中本质的东西而他研究偶然的东西，这个说法会误导。

******

我们也许愿说，他和我们用"语法"说的是两种不同的东西。例如，有些地方，他不做任何区别，而我们却在那里区分两个不同词类。〔KMS，266 页〕

语法的重要性就是语言的重要性。

与此相似，可以说"红"这个词重要，因为它常用，且用于严肃的目的，不像用来说烟斗嘴的词。于是，"红"这个词的语法就是重要的，因为它描述"红"这个词的意义。

摧毁偶像。〔KMS，267 页〕

语法陷阱

语言乔装了思想。并且是这样，即根据这件衣服的外部形式，不能推知被乔装的思想的形式，因为衣服的外部形式完全不是为了让人们知道身体的形式制作出来的，而是为了完全不同的目的。〔TLP，4.002〕

　　只请想想孩子多难相信〈或理解〉某个词其实有两种区别颇大的意义。〔KMS，273 页〕

　　语言是道路的迷宫。你从这**一边**来，就认得你的出路；你从另一边来，到的是同一个地点，却认不得你的出路了。〔PU，§203〕

　　哲学病的一个主要原因——偏食：只用一类例子来滋养思想。〔PU，§593〕

　　有些哲学家说"死亡之后将开始无时间的状态"，或，"无时间的状态将随着死亡开始"；他们没有注意到，他们已经在时间意义上说了"之后""随着""开始"，而时间性就在它们的语法之中。〔CV，31 页〕

　　语言为所有人设下了相同的陷阱：踏得光滑了的错误路径交错而成让人惊恐的网罗。于是我们看到一个又一个走上同样的路，我们知道他们会在哪里转入歧途，在哪里会闭目不见分岔笔直向前，等等。所以，我应该做的是，在会转错的岔路口——竖上标志，帮助人们行过这些危险的区域。〔KMS，273 页〕

　　你总是听到人说，哲学没有进步，希腊人曾已经为之殚心竭力的那些哲学问题今天仍然让我们烦恼。但说这话的人不懂得事情为什么必然是这样。原因在于，我们的语言仍然是一样的，它总是把我们引向同样的问题。只要有"是"这样的动词用起来和"吃""喝"一样；只要有"同一的""真的""假的""可能的"这样的形容词；只要人们在说到时间滑过和空间大小，等等；只要这一切还在发生，人们就总会撞上那些同样的撩人困难，总会瞪眼看着那似乎没有任何解释能够移开的东西。

这也让对超自然事物的渴求得到满足，因为，既然他们以为自己眼睛正看的是"人类理解的界限"，他们自然也就以为他们能看到界限的另一边。〔KMS，273页〕

哲学之为治疗

摧毁纸房子·综观，而不是建构理论·重要的是探索过程·需要克服的是意志的抵抗·进入澄明

摧毁纸房子

我们在这样一种情形下"被诱惑去说"的东西并不是哲学；而是哲学的原材料。例如，一个数学家就数学事实的客观性和真实性所倾向于说的东西，就不是数学的哲学，而是哲学须得予以**诊治**的东西。〔PU，§254〕

哲学家诊治一个问题；就像诊治一种疾病。〔PU，§255〕

我们的考察是从哪里获得重要性的？——因为它似乎只是在摧毁所有有趣的东西，即所有伟大而重要的东西。（就像摧毁了所有建筑，只留下一堆瓦砾。）我们摧毁的只是搭建在语言地基上的纸房子，从而让语言的地基干净敞亮。〔PU，§118〕

哲学的成果是揭示出这样那样的十足的胡话，揭示我们的理解撞上了语言的界限撞出的肿块。这些肿块让我们认识到揭示工作

的价值。〔PU，§119〕

我要教的是：把不曾昭然若揭的胡话转变成为昭然若揭的胡话。〔PU，§464〕

我的目的当然一定是说出人们在这里想要说出但又不能有意义地说出的话。〔C，§76〕

我和一位哲学家坐在花园里：他一次又一次说"我知道那是一棵树"，同时指着我们近处的一棵树。第三个人走来，听见他说，我对走来的人说："这人不是神经病：我们不过是在从事哲学。"〔C，§467〕

人们像着了魔似的再三再四回到其上的那些命题，（例如"我知道我有一双手"，）我愿把它们从哲学语言中清洗出去。〔C，§31〕

于是我们清洗掉那些不能引导我们前进的句子。〔C，§33〕

你的哲学目标是什么？——给苍蝇指出飞出捕蝇瓶的出路。〔PU，§309〕

哲学是一种工具，只用于对付哲学家和我们自己身上的哲学家。〔MS219，11页〕

疾病无法治愈是常规，而非例外。〔LWI，§110〕

综观，而不是建构理论

哲学不可用任何方式干涉语言的实际用法；因而它最终只能描述语言的用法。

因为它也不能为语言的用法奠定基础。

它让一切如其所是。

它也让数学如其所是，它不能促进任何数学发现。对我们来说，"数学逻辑的首要问题"也是个数学问题，就像任何其他数学问题一样。〔PU，§124〕

我们对某些事情不理解的一个主要根源是我们不能**综观**语词用法的全貌。——我们的语法缺乏这种综观。综观式的表现方式居间促成理解，而理解恰恰在于：我们"看到联系"。从而，发现或发明**中间环节**是极为重要的。

综观式的表现这个概念对我们有根本性的意义。它标示着我们的表现形式，标示着我们看待事物的方式。（这是一种"世界观"吗？）〔PU，§122〕

我们的思考在这儿与歌德的《植物的形变》里表述的某些观点并肩而行。一旦觉察到相似之处，我们都习惯于为之寻觅某个共同的来源。由如此这般的现象追索至其过去的来源，这一欲望表现在特定的思考方式里。可以说，这是只见到了处理相似之处的一种单一模式，即将其在时间中排成一列。（那大概与因果模式的独一无二联系紧密）。但歌德的观点表明那不是唯一可能的观念形式。他对原初植物的观念不包含任何——像达尔文的观念那样的——对植物王国在时间上的发展的假设。那么，这种想法解决的问题是什么？是概观之呈现的问题。歌德的格言"一切植物器官都是变形的叶子"给了我们一种方案，由此，我们可以根据植物器官的相似之处组合它们，仿佛围绕着某种自然的中心。我们看出，叶子的原初形式转变为相似或同族的形式，转变为花萼之叶、花瓣之叶，转变为半是花瓣半是雄蕊的器官，诸如此类。通过把叶子经由中间形式联系到植物的其他器官，我们追踪着这个感觉上的类型转变。

那正是我们在这儿所做的。我们把一种语言形式与其环境相对照，或在想象中将它变形，从而得到整个空间的景观——我们语言的结构在这个空间里获得其存在。〔DG，308 页〕

借助数学或逻辑数学的发现去解决矛盾，这不是哲学的事业。哲学的事业是让困扰我们的数学状况、让矛盾解决之前的状况变得可以加以综观。（而这并不意味着绕开困难。）

这里的基本事实是：我们为一个游戏定下规则——一项技巧——，而当我们跟从规则的时候，发生的事情却与我们原来设想的不一样。于是我们就像被我们自己的规则绊住了。

我们的规则里的这类羁绊是我们想要弄懂的，即想要加以综观的。

这种羁绊有助于我们看清"意谓"这一概念。因为在这些情况中，事情同我们原先所意谓的所预见的不一样。出现了矛盾，或在诸如此类的情况下，我们就说："我意谓的不是这个。"

矛盾的市民地位，或矛盾在市民世界中的地位：这是哲学问题。
〔PU，§125〕

哲学只是把一切摆到那里，不解释也不推论。——既然一切都
公开摆在那里，也就没什么要解释的。而我们对隐藏起来的东西不
感兴趣。

也可以把一切新发现和新发明**之前**的可能性称作"哲学"。
〔PU，§126〕

哲学家的工作是为了某种特定的目的采集回忆。〔PU，§127〕

无论谁愿在哲学里提出**论点**，都永不会有人同他辩论，因为所
有人都同意这些论点。〔PU，§128〕

如果哲学是要在竞争的理论之间做出选择，那么，历史地教授
哲学就是正确的。但若不是这种选择，那么，历史地教授哲学就是
错误的，因为那几乎没有必要；我们可以直接探讨主题，无须去考
虑历史。〔LWL，82页〕

事物对我们来说最重要的方面由于其简单平常而掩蔽着。（你
不会注意它——因为它一直都在你眼前摆着。）一个人的研究工作
的真正基础对他并不瞩目。除非有时候恰恰是**这一点**引起了他的
注意。——这等于说：一旦看到了就是最触目最有力的东西，我们
通常熟视无睹。〔PU，§129〕

要看得更清楚，就像在无数相似的情况下那样，我们在这里也必须把所发生的事情的诸种细节收入眼帘；必须**从近处考察**这些事情。〔PU，§51〕

让我们实实在在想出一句话都会在哪些不同的境况和上下文中说出来。〔PU，§592〕

我们在这里碰上哲学研究中一种极富特征引人注目的现象：我会说，困难不是找到解答，而是认识到某种看上去好像只是解答之准备的东西其实正是解答。"我们已经把什么都说了。并非某种由此推出的东西才是解答，恰恰**这就是**解答！"

我相信，这和下面这一点连在一起：本来一种描述就是对困难的解答，只要我们把这种描述放到视界的适当位置，而我们这时却错误地期待一种解释。只要我们停留在这种描述那里，不试图超出它。

困难在于：让自己停下来。〔Z，§314〕

在哲学中很难不做过头。〔KMS，271页〕

哲学中最难做到的是所说的不多于我们真正知道的。〔APF，27页〕

你说："那确是这样，因为那**必定**是这样。"

（叔本华：人的真正寿命是100年。）

"当然，它必定如此！"就仿佛你理解了某个造物者的**意图**。理解了那个体系。

你不问"人的实际寿命是多长",觉得现在那是个肤浅的问题;而你已经理解了某种处在更深处的东西。〔CV,37 页〕

在哲学里不推演出结论。"事情必定如此这般!"不是个哲学命题。哲学只确认人人认可的东西。〔PU,§599〕

重要的是探索过程

……因为探索比发现道出的更多……（奥古斯丁）〔Z,§457〕

只可能通过提问来教授哲学。〔AWL,237 页〕

哲学有这么复杂的结构,这是怎么回事儿?如果哲学像你所说的那样,是那个独立于一切经验的终极者,那它应该是极其简明的。——哲学解开我们思想中的结;所以它的结果一定是简明的,但哲学探索却像它去解的那些结一样复杂。〔Z,§452〕

"慢慢来!"哲学家就该这样互相问候。〔CV,109 页〕

在哲学中,胜出的是最后到达终点的人。〔CV,48 页〕

一个新词就像一颗新鲜的种子撒到讨论的园地里。〔CV,4 页〕

尼采曾写道,最优秀的诗人和思想家也写下过平庸的低劣的东西,只不过他们把优秀的东西与之分开了。但不完全如此。园丁在园子里当然不只有玫瑰，他还有肥料、**垃圾**、**杂草**，但它们不仅在善好的等级上有别，更重要的是它们在园子里的作用有别。

一个看上去低劣的句子却可以是一个出色句子的**胚芽**。〔CV，81 页〕

在蠢笨那山谷里为哲学家生长的草木总是多于在明智那荒芜的山峰上。〔CV，109 页〕

你请总是从明智那荒芜的山峰降行到蠢笨那郁郁葱葱的山谷。〔CV，103 页〕

一个平庸的写作者必须留意，不要太急于用正确的表达式替换掉那个粗陋的、不正确的表达式。这样一来，他扼杀了那个初降的想法，它反倒还曾是个活生生的幼苗。而现在它枯死了，**毫无价值**。现在可以把它丢到垃圾堆里去了。而那个可怜的小幼苗却还曾有点儿用处。〔CV，107 页〕

可以说，哲学中的焦灼不安来自我们对哲学的错误看法，哲学仿佛分割为一些〈其长无尽的〉纵条，而不是一些〈有限界的〉横条。这幅转动过了的图像造成了**极大的**困难。我们仿佛是要掌握那些无限界的线条，抱怨说，这不可能一片段一片段进行。当然不可能，如果把一个片断理解为一条无尽的线条。但若把一个片断理解为一个横条，却可能一片断一片断进行。——可这么一来却又不可能到达我们工作的尽头啦！——当然不可能，因为它没有端点。〔Z，§ 447〕

〈有人说，〉只要尚未解决所有的哲学问题，就没有任何哲学问题得到解决；这意味着，只要哲学问题没有得到全部解决，每一个新的难题都会使我们先前的所有结论变成可疑问的。我们若以这么宽泛的方式说到哲学，那么对上述说法就只能给予十分粗略的回答。事情是这样的：我们曾得出一些部分的结论，它们在最终的画面上各有自己的位置，新出现的问题有可能使它们占据的**位置**成为可疑问的。〔BB，44 页〕

需要克服的是意志的抵抗

哲学的困难不像科学的困难，那不是智性上的困难，而是皈依的困难。需要被征服的是意志的抵抗。

像我经常说的，哲学并不要求我做出任何牺牲，因为我并不禁止自己去说任何东西，而只是因某些语词组合无意义而放弃它们。但在另一种意义上，哲学的确要求一种弃绝，但那是感情上的弃绝，而非理解上的弃绝。也许正是这一点使得哲学对很多人这么困难。弃而不用某个表达式，可以像忍泪或制怒一样困难。〔KMS，263 页〕

托尔斯泰："事物的意义在于它的普遍的可理解性。"这句话对错参半。如果一样事物是富有意义的，是重要的，使它难以理解的，并不在于要理解它就需要某些关于晦涩难解之事的特殊教导，而在于对它的正确理解与大多数人**愿望**看到的东西相冲突。因此，恰恰是最切近的事物可以成为最难以理解的。

有待克服的不是理解方面的困难，而是意志方面的困难。

哲学中要做的工作——像常常在建筑中一样——其实更多的是做自己的工作。针对自己的观点做工作。针对怎样看待事物。（以及从事物那里所要的是什么。）〔KMS，263 页〕

我正在对你们做的也是劝说。******Jeans 写了本书，叫做"神秘的宇宙"。我讨厌这本书，说它误人子弟。就说书名，这个书名我就说它误人子弟。****** 我也许可以说"神秘的宇宙"这个书名包含了一种偶像崇拜，偶像是科学和科学家。

在某种意义上我是在宣传一种思想风格，反对另一思想风格。对那另一种我真是讨厌得很。我也尝试说出我在想什么。但我会停下来对你说："天哪，别这么做。"我停下自己的困惑，劝说你用另一种方式思考。****** 例如那种表达式："所有整数的整数。"****** 我可以把这些表达式放在一种新的上下文中，让它们对很多人失去魅力，肯定对我是失去了魅力。******

我们所做的很大一部分事情是改变思想风格的问题。〔LCA，354—355 页〕

一个时代的疾病只能通过人类生活方式的改变治愈，哲学上的疾病只能通过思想方式和生活方式的改变才能治愈；都不是靠某个人发明出一种药物。

我们可以设想，使用汽车产生并助长了某些疾病，直到人类由于某种原因，作为某种社会发展的结果，驾车出行的习惯又消失了，直到那时，人类一直为这种疾病所苦。〔RFM Ⅱ，§23〕

哲学中最危险的观念之一是——说起来很奇怪——我们用头脑思想，或我们在头脑中思想。〔Z，§605〕

我会说，人只有在需要**作诗**那样时才需要写哲学；我相信这话概括了我对哲学的态度。我觉得，由此一定看得出我的思想在何种程度上属于现在、将来或过去。因为说这话也就承认了，我自己不能完全做到我所愿做的。〔CV，34页〕

在哲学中，我们必须区分表达我们思想倾向的命题和**解决**问题的命题。〔LWI，§109〕

谁要是不愿解决哲学问题，——他干吗不放弃这些努力？因为解决哲学问题意味着改变他的立场，改变旧的思想方式。你不愿改变，那你应该把这些问题当作无法解决的。〔LW Ⅱ，84页〕

哲学才能在于从一个语法事实那里接受到强烈而持久的印象的能力。

人类深深陷在哲学混乱亦即语法混乱之中。形形色色的联想绑住了他们，不先从这些联想中解脱出来，就无法使他们获得自由。就仿佛你需要重构他们的全部语言。——但他们的语言如此长成是因为人类曾——且今天仍然——倾向于这样思想。因此，你只能成功地解脱那些生活在反抗语言的本能之中的人；至于另一些人，他们的全部本能都是生活在羊群之中，这个羊群创造了这种语言，把它当作适合于自己的表达方式，对这些人，你无能为力。〔KMS，272页〕

你觉得自己在某个问题上滞留不前的时候，不要一再去思考它，否则你就会被粘在那上面。我们倒是必须在我们完全胜任愉快之处开始思考。切勿硬来！艰硬的问题必须在我们面前自行松解。〔NB Ⅱ，83 页〕

研究哲学如果给你的只不过是使你能够似是而非地谈论一些深奥的逻辑之类的问题，如果它不能改善你关于日常生活中重要问题的思考，如果它不能使你在使用**危险的**词句时比任何一个记者都更为谨慎（而这种人是为了他们自己的目的而使用这些词句的），那么，它有什么用处？你知道，我懂得要彻底地思考"确定性""或然性""知觉"等是很困难的。但是，要对或者**力求**对你的生活和别人的生活进行真正诚实的思考，如果可能这样做的话，那就还要困难得多。麻烦在于思考这些事情并**不紧张激动**，倒常常是明显令人不快。而既然它是令人不快的，它就是最重要的。〔NMM，33 页〕

设想有人以为他找到了对"生命问题"的解答，对他自己说现在一切都顺利了。要看到自己弄错了，他只需提醒自己，他过去不曾发现这个"解答"，但**那时候**人们也照样要生活。这么看，他发现的解答似乎无足轻重。说到逻辑也是一样。若说对逻辑问题（哲学问题）有什么"解答"，我们只需回想一下，曾经有一段时间它们不曾得到解答，而那时候人们照样要能够生活、思考。〔KMS，271 页〕

在这里我想就哲学问题的本性做个一般的评论。哲学缺乏清晰性，这颇折磨人。这会让人感到羞愧。我们觉得：在**原能够**辨清门径之处我们却辨不清。但事情**并非如此**。无需这些区分，也无须在这里辨清门径，我们满可以生活得很好。〔BF Ⅲ，§ 33〕

进入澄明

考虑一下这个问题："我们这里从事的工作为什么该称为'哲学'？为什么这种工作应该被视作以前冠有'哲学'之名的那些各种各样活动的唯一合法继承者？"〔BB，62 页〕

从前的哲学问题从何处获得其重要性？

例如，同一律似乎具有某种基本的重要性。然而，"这一'定律'是个无意义的句子"这一命题取代了它的重要性。〔KMS，266 页〕

哲学没有任何进步吗？——你搔你的痒处，这里一定看得到什么进步吗？否则那就不是真正的搔真正的痒？对刺激的这种反应不能继续很长的时间直到发现一种治好发痒的药物？〔CV，118 页〕

从事哲学，你须得降入那古老的混沌，在那里如鱼得水。〔CV，89 页〕

哲学家发疯一般，无助呼叫，直到他到达自己迷乱之团的核心。〔KMS，271 页〕

一个哲学问题就是对我们概念无序的一种意识，这种无序可以

通过梳理整顿消除。〔KMS，271 页〕

哲学问题就像研究一个社会的建制。就仿佛，这个社会没有明文法，但在一个情势下必须遵行规则：人们有一种本能，从而能够在共同办理事务时遵守某些规则，但没有明确宣告议题，没有对规则做出澄清，因而造成更大的困难。他们把某个成员视作主席，但他并不坐在桌子的顶端，也没有任何办法识别他，这使得交易变得更加困难。于是我们来了，带来了明确的秩序。我们让主席坐在一个很容易分辨其地位的位置上，让他的秘书坐在他旁边特设的一张小桌边，让其他普通成员坐在长桌的两边，等等。〔KMS，268 页〕

我们想在关于语言使用的知识中建立一种秩序：为了某种特定目的的秩序；许多可能秩序中的一种；而不是**唯一的**秩序。我们将为了这个目的不断**突出**我们的日常语言形式容易加以忽视的种种区别。由此可能会产生一种印象，似乎我们是以改革语言为己任。

为了特定的实用目的改革语言，为了避免实际使用中的误解而改善我们的术语，这些当然是可能的。但这些不是我们必须处理的事。让我们操心的那种迷乱发生在语言仿佛是在空转的时候，而不是它正常工作的时候。〔PU，§132〕

我们要做的不是用前所未闻的方式把语词用法的规则系统弄得精粹或完善。

我们所追求的清晰当然是**一种完全的**清晰。而这只是说：哲学问题应当**完全**消失。

真正的发现是这一发现——它使我能够做到只要我愿意我就可

以打断哲学研究。——这种发现给哲学以安宁，从而它不再为那些**使哲学自身**的存在成为疑问的问题所折磨。——现在毋宁是：我们用举例来表明一种方法，而这一串例子是可以从中打断的。—— 一些问题得到解决（困难被消除了），而不是**单独一个**问题。

并没有**单独一种**哲学方法，但确有哲学方法，就像有各式各样的治疗法。〔PU，§133〕

一个命题的语法得到了充分澄清，它就是在逻辑上得到了完全的分析。〔KMS，269页〕

我凡是说：我们在这里处在语言的边界，听起来就仿佛必然是某种类型的自我否定；但正相反，我们达到了完全的满意，因为这里**没有**什么问题留下来了。〔KMS，271页〕

问题在严格的意义上消解了：像放进水里的一块糖。

若在其论证中不觉得有对清晰明澈的需求，那他是为了哲学而被废掉了。〔KMS，272页〕

在哲学中，我们只要碰到困难，就给出语法规则。我们也许觉得完备的逻辑分析会给出一个词的完备的语法。然而，没有完备语法这回事。不过，给出一个规则仍是有用的——如果有人提出一个相反的规则而我们不愿遵行它。我们发现怎样使用一个已知语词的规则，并不是要给出怎样使用它的完备知识，并不是要告诉别人怎么使用它，就好像人们还不知道怎么使用它似的。逻辑分析是一种解药。其意义在于终止人们在反思语词时的胡搅。〔AWL，

151—152 页〕

　　所有哲学问题的解决就是这个样子的。唯当回答是平白日常的，它们才会是正确的回答。〔KMS，266 页〕

哲 学 先 贤

哲学家不是任何一个思想教区的公民。正是这一点使他成为哲学家。〔Z，§455〕

在某种意义上，对待哲学迷误，再小心也不为过，它们包含这么多真理。〔Z，§460〕

不要认为我蔑视形而上学。我把过去时代的某些伟大哲学著作视作人类心智最为高贵的作品。〔APF，23 页〕

〈听到 Drury 建议他把当时尚未定名的《哲学研究》题作《哲学》。〉这是胡言乱语。我怎么可以用这个名称？它在人类历史中意味着这么多的东西。仿佛我的工作不止是哲学的一个小小片断。〔APF，24 页〕

苏格拉底总是迫使智术师哑口无言——但他是**有权**迫使智术师噤声吗？的确，智术师不知道他自认为知道的东西；但这并非苏格拉底的胜利。"看哪，你并不知道！"——或得意洋洋："所以我们大家都是什么都不知道！"，都不能叫做胜利。

因为我去思考，不会**只是**为了向我自己判定，甚至向别人判定，

我是否当真在努力理解某种东西这一点并不清楚，不会**只是**为了看到我尚不理解。〔CV，77 页〕

读苏格拉底对话的时候有这样的感觉：多么可怕地浪费时间！这些争辩什么也没证明，什么也没澄清，它们要做什么呢？〔CV，20 页〕

奥古斯丁的《忏悔录》也许是所有书里面最严肃的一本。〔APF，34 页〕

某个哥白尼或某个达尔文的真正功绩并不在于发现一个真理论，而在于发现一个富有成果的新视角。〔CV，26 页〕

我认为培根不是个**精确的思想家**。他有伟大的或所谓广阔的眼界。但若谁所有的只是这个眼界，他必定慷慨于承诺，不足于兑现。

你可以**设想**一个飞行器，对其细节则不甚了了。你可以设想其外形，这设想颇为接近一架真实的飞机，可以绘声绘色地描述其性能。我们也不清楚，这类设想是否一定没有价值。它也许会激发另一些人去做另一类工作。——是的，后一类人，可以说，一路辛苦，做各种准备工作来建造一架真能飞行的飞机，你还在忙着假想这架飞机看上去一定是怎样的，它将怎样飞行。关于这种假想有没有价值，我们到此仍然没说出什么。梦想者所做的**也许**没有价值，——另外那些人所做的也可能没有。〔CV，74 页〕

关于休谟我说不出什么。我从来没读过休谟。〔APF，26页〕

卢梭的本性中有某种犹太因素。〔CV，28页〕

在我看来，康德和贝克莱是非常深刻的思想者。而在叔本华那里，我好像很快就看得到底。〔APF，25页〕

唯理论者正确地看到哲学不是经验的，即，一旦变成经验的，它就成为某一门科学的问题。

但他们错误地认为存在着先天综合判断。他们企图用理性来解决所有问题，坐在摇椅里检查语词——他们让语词对他们说话。

经验论者看到，我们只能描述世界。他们想使得哲学成为经验的，这时他们错失了要点，但他们正确地主张理性并不能解决所有问题，综合命题是归经验管的。〔LWL，86—87页〕

尼采对基督教的敌视态度深深地触动了我。因为他的著作还是包含了一些真理的。毫无疑问，基督教信仰是通向幸福的唯一可靠的途径。但是，如果一个人鄙弃这种幸福，情况又会是怎么样？！这样做难道不可能更好吗？——在与外部世界的毫无希望的斗争中不幸地走向毁灭？但是，这样的一种人生是没有意义的。但是，为什么不能过一种无意义的生活？它不体面吗？它如何与严格的唯我论立场相协调？但我必须怎样做才能使我的生命不至丧失？我必须总是心怀它——总是心怀精神。〔NB Ⅱ，88—89页〕

在上世纪的思想家里，祁克果是最深刻的，远比别人深刻。祁

克果是个圣徒。〔APF，32 页〕

　　但我现在无法再读祁克果。太冗长啰嗦。我读他的时候总想说："是啊，对的，我同意，我同意，可请你说到点子上。"〔APF，33 页〕

　　石里克：一个哲学家认为现象学命题是先天综合判断，我们能怎样回答他呢？

　　维特根斯坦：我说"我没有胃疼"，这句话预设了胃疼状态的可能性。我目前的状态和胃疼状态就像处在同一逻辑空间。（就像我说：我没有钱。这一命题已经预设了我有钱的可能性。它指示钱币空间中的零点。）否定命题预设了肯定命题，反之亦然。

　　我们现在来看看这个命题："一个对象不会同时既是红的又是绿色。"我用这个命题只是说我至今尚未见到过这样的对象吗？显然不是。我是说："我**不可能**见到这样的对象"，"红色和绿色**不可能**在同一位置。"我现在要问："**可能**"这个词在这里是什么意思？"可能"这个词显然是一个语法（逻辑）概念，而不是一个事质概念。

　　现在，假设命题"一个对象不可能既是红色的又是绿色的"是一个综合判断，而且"不可能"这话意指逻辑的不可能性。由于一个命题是其否定的否定，因此，必然也存在着"一个对象可能既是红色的和绿色的"这样一个命题，这个命题也将是综合的。作为一个综合命题，它具有意义，而这意味着它所表现的事态**能够存在**。如果"不可能"意指**逻辑的**不可能性，那么，我们由此就得出这样的结论：不可能的东西是可能的。

这里只给胡塞尔留下一条出路：他宣称存在着第三种可能性。我对此会回答说：人们可以发明一些话语；但我在这些话语下面不能思想任何东西。〔WWK，35 页〕

我很能想象海德格尔所说的存在与畏是什么意思。人有冲撞语言界线的冲动。例如，您请想一想对竟有什么存在而生的惊异。这种惊异不能用问题的形式来表达，这里根本不存在答案。我们能说的一切先天注定只是些蠢话。尽管如此，我们仍然去冲撞语言的界线。祁克果也看到了这种冲撞，他的描述（作为向着悖论的冲撞）甚至〈与海德格尔〉极为相似。这种对语言界线的冲撞是**伦理学**。我认为，终止所有关于伦理学的喋喋不休肯定是重要的——伦理知识是否存在，价值是否存在，善好是否可定义，等等。在伦理学中，我们一再试图去说些什么，而所说的不涉及而且也不可能涉及事情的本质。先天就已确定的是：无论给出什么来作为善好的定义，都只是误解，（******）但是，这种冲向界限的倾向**指向某种东西**。圣奥古斯丁已经知道这一点，他说：怎么，你这蠢货，你从不说蠢话吗？说点儿蠢话吧，无伤大雅！〔WWK，36—37 页〕

人们如果能够读到《斯特瑞德和史密斯》〈一种著名美国侦探杂志〉，他们怎么还能读《心》，这真使我奇怪。如果哲学同智慧多少有点关系，那么在《心》里面肯定一点儿这种东西也没有，而在侦探小说里倒常常是有一点的。〔NMM，29 页〕

有些哲学家〈或随你愿怎么称呼他们〉患一种可以称之为"问

题阙失症"的病。他们觉得一切都似乎很简单，似乎不再存在深
刻的问题，世界变得宽广平坦，失去了任何一点儿深度；他们写的
东西无比浅薄琐碎。罗素和威尔斯〈H. G. Wells〉有这种病。〔Z，
§ 456〕

摩尔只有罗素的智力的一小部分，但摩尔具有罗素失掉了的东
西：真诚。这就是为什么和摩尔讨论问题仍然能够受益，而很多年
来和罗素讨论问题就不可能受益。〔APF，15 页〕

艾耶尔有些什么要说的，但他浅薄得不可思议。〔APF，26 页〕

自　画　像

　　科学问题会让人感兴趣，但从来不真正抓牢我。只有**概念问题和美学问题**能抓牢我。归根到底，科学问题是否得到解决于我无所谓；这些问题是否解决却不是那样。〔CV，108 页〕

　　我不是一个信徒，但我禁不住会从宗教角度来看待每一个问题。〔APF，25 页〕

　　我还是一直不领悟：我履行我的义务只因为那是我的义务，而我整个人都是为精神生活准备的。我或许在一个钟头后死掉，或许在两个钟头后死掉，或许在一个月后死掉，或许在几年以后才死掉；对此我无从知晓，无从做任何事情来促进之或反对之。**这就是人生**。那么，我必须如何生活才能存在于每个瞬间之中？——在善和美之中生活，直至生命自行终止。〔NB Ⅱ，21 页〕

　　我从事哲学的方式对我自己来说仍然显得新异，一再显得新异，因此我不得不经常重复自己。另一代人会熟谙这种方式，他们会觉得这种重复无味。但它们对我是必需的。——这种方法从根本上说是从寻问真转向寻问意义。〔CV，3 页〕

　　我经常琢磨，我的文化理想是新的、当代的抑或是来自舒曼那个时代的。至少我自己觉得它是那个时代的文化理想的延续，但不是在舒曼时代之后现实中发生的那种延续，就是说，19世纪下半叶被排除在外。我得说，这纯粹是本能使然而不是深思熟虑的结果。〔CV，5页〕

　　至少现在在我看来，我1913—1914年在挪威的时候，我曾有过自己的思想。我的意思是，在我看来，似乎当时在我心里诞生了一场新的思想运动（但也许我错了）。而我现在看来只是更多地在运用旧的。〔CV，28页〕

　　我的文句的风格极其强烈地受到弗雷格的影响。乍一看谁都看不到这一点，但若我愿意，我可以确证这种影响。〔Z，§712〕

　　我的写作几乎总是与自己的对话。我在四目相对之际所说的事情。〔CV，105页〕

　　我不让自己受别人影响，这是好事！〔CV，3页〕

　　安息日不只是歇息休整的日子。我们应当从外部来看看自己的工作，而不只是从内部。〔CV，109页〕

　　对我的思想之乐是对我自己的怪异生活之乐。它可是生活之乐？〔CV，31页〕

　　每个早晨都不得不重新掘开无生命的石砾去接近那生机勃勃

的温暖的种子。〔CV，4 页〕

当我只是为自己思考而不打算写本书，我围绕主题跳来跳去；这对我是唯一自然的思考方式。迫使思想循序渐进于我不啻折磨。我现在应该哪怕试一下这种方式吗？

我**抛掷**数不清的努力来使思想班分部列，但那也许根本没有任何价值。〔CV，40 页〕

在哲学思考过程中，不断变换我的姿势，不在**一条**腿上站得太久直至它变僵，这对我很重要。

就像一路上行的登山人，回过头来走一小段，恢复气力，活动活动别的肌肉。〔CV，38 页〕

我的理想是某种冷静的东西。一座教堂，为各种激情提供环境，但不掺入其中。〔CV，5 页〕

有些评注在播种，有些评注在收获。〔CV，107 页〕

思想者很像制图员。制图员要把所有联系都描画出来。〔CV，17 页〕

有时，一个句子只有以**适当的语速**读出来才能听懂。我的句子全都要**慢慢地**读出来。〔CV，78 页〕

这个思想已经磨损了，不再有用了。（我有一次听到 Labor 对音乐思想做过类似的评论。）像一张锡纸，一旦揉皱，再也无法完全

抚平。我的所有思想差不多都有点儿揉皱了。〔CV，24 页〕

我的思想上，就像每个人的思想上一样，挂附着我从前的（已经枯死的）思想的皱缩外皮。〔CV，32 页〕

我相信，一个哲学家，一个能独立思考的人，会有兴趣读我的笔记。因为即使我很少击中靶心，他也会看出我在不懈地射向什么靶子。〔C，§387〕

我费九牛二虎之力要写出来的东西，在一个〔心智〕不那么败坏的人看来，也许本是明明白白的。〔BF Ⅲ，§295〕

我始终只是"一半成功"地表达出我所要表达的。连这都不到，也许只是十分之一。这说明了点儿什么。我的写作经常只是"跌跌撞撞"。〔CV，26 页〕

我在我的书里没办法说出音乐在我的一生中都意味着什么，关于这一切一个字都说不出。那我怎能指望被人理解呢？〔APF，25 页〕

〈《哲学研究》序的草稿。〉我把这本书交付出版，不无勉强。它将落入谁的手，那些手多半不是我所乐于想见的。但愿——我为它祈愿——它很快被哲学记者们忘个精光，于是它也许会保留在那些较高尚的读者手中。〔CV，90 页〕

我所做的可值得如此殚尽心力？唯当它领受到来自上方的光

照。果如此，——我何必操心于我劳作的果实不被偷走？如果我所写的东西真有价值，怎么可能把其中的价值从我这里偷走？如果来自上方的光照**阙如**，我所能者无非巧智而已。〔CV，79 页〕

我们的工作简简单单就是公正。亦即，我们只是需要辨识出哲学的不公正，并予以消除，同时不建立新党派、新教宗。〔KMS，271 页〕

我创建不了一个学派；只是**我**不能，抑或凡哲学家都从来不能？我不能创建一个学派，因为我当真不愿被模仿。至少不愿被那些在哲学杂志上发表论文的人模仿。〔CV，83 页〕

我完全不清楚，我所希望的是自己的工作后继有人而不是生活方式的转变并因而使得所有这些问题都变得多余。（因此我不可能建立一个学派。）〔CV，84 页〕

我心上的皱褶总要一瓣瓣粘连在一起，为了敞开它，我就不得不总是重新把它们撕开。〔CV，79 页〕

要做出重要的成就，我太软太弱了，并因此太懒惰了。伟大人物的勤勉，不说别的，那是其**力量**的一个标志，且不说他们内在的丰富。〔CV，99 页〕

我不能跪下来祈祷，因为，仿佛我的膝盖是僵直的。我恐怕，我若变得软弱，我怕自己会散架。〔CV，77 页〕

上帝可以对我这样说："我用你自己嘴里吐出的话来裁判你。你对自己的行为厌恶得发抖——当你在别人那里看到这些行为的时候。"〔CV，118 页〕

没有比不自欺更难的事。

朗斐楼：在艺术的古昔岁月，

　　　　直至不可见的细节，

　　　　匠人无不殚尽精心，

　　　　因为诸神洞察一切。

（这可以成为我的座右铭。）〔CV，47—48 页〕

告诉他们，我度过了极为美好的一生。〔NMM，90 页〕

世界、事实、事态

世界是一切实际情况。〔TLP，1〕

世界是事实的总和，不是物的总和。〔TLP，1.1〕

世界由全部事实所确定，由它们即是**全部**事实所确定。〔TLP，1.11〕

因为事实的总和既确定了实际情况，也确定了所有非实际情况。〔TLP，1.12〕

在逻辑空间中的全部事实是世界。〔TLP，1.13〕

世界分解为诸事实。〔TLP，1.2〕

一件事情可以是实际情况或不是实际情况，而其余一切则仍保持原样。〔TLP，1.21〕

实际情况，即事实，是基本事态的存在。〔TLP，2〕

基本事态是对象（事质、物）的结合。〔TLP，2.01〕

物能够是基本事态的组成部分，这对于物是本质的。〔TLP，2.011〕

逻辑中没有偶然：如果一个物**能够**出现在一个基本事态中，那么该基本事态的可能性就必定已经预含于该**物**之中。〔TLP，2.012〕

假使一物能够单独自为存在，那么后来有某种事态适合于它显得像是偶然之事。

如果一物能够出现于事态之中，那么这一可能性必定已伏于该物之中。

（逻辑的东西不可能是仅仅可能而已。逻辑处理每一种可能性，一切可能性都是逻辑的事实。）

就像我们根本不能在空间之外思想空间对象、在时间之外思想时间对象一样，我们也**不能**离开跟其他对象结合的可能性来思想**任何**对象。

如果我能够在基本事态的结合中来思想一个对象，我就不能离开这种结合的**可能性**来思想它。〔TLP，2.0121〕

一物就其能够出现在一切**可能的**事态中而言它是独立的，但独立性的这种形式是与基本事态相联系的一种形式，即依赖的一种形式。（语词不可能单独地和在命题中以两种不同的方式出现。）〔TLP，2.0122〕

如果我知道一个对象，我也就知道它出现于基本事态中的所有可能性。

（每一个这种可能性必定都伏于该对象的本性中。）

不可能后来发现新的可能性。〔TLP，2.0123〕

要知道一个对象，虽然我不一定要知道它的外在性质，但是我必须知道它的所有内在性质。〔TLP，2.01231〕

如果给出所有的对象，那么同时也就给出了所有可能的基本事态。〔TLP，2.0124〕

对象出现在基本事态中的可能性就是对象的形式。〔TLP，2.0141〕

对象是简单的。〔TLP，2.02〕

每一个关于复合物的陈述可以分解为关于其各组成部分的陈述，分解为充分地描述这些复合物的命题。〔TLP，2.0201〕

对象构成世界的实质。因此它们不能是复合的。〔TLP，2.021〕

假使世界没有实质，那么一个命题是否有意义就依赖于另一个命题是否为真。〔TLP，2.0211〕

在这种情况下就不可能勾画出世界的图像（无论真的或假的）。〔TLP，2.0212〕

固定者、持存者和对象是一回事。〔TLP，2.027〕

对象是固定的和持存的；它们的配置则是变易的、非持存的。
〔TLP，2.0271〕

在基本事态中，对象有如一条链子的诸环节那样互相勾连。
〔TLP，2.03〕

事实的结构由诸基本事态的结构组成。〔TLP，2.034〕

实存的基本事态的总和是世界。〔TLP，2.04〕

诸基本事态相互间是独立的。〔TLP，2.061〕

"世界是一切实际情况。"（TLP，1）这话意在与"世界是一切存在的物"对照，并予以纠正；世界不是由物及关于这些物的事实的清单组成的。因为，"世界是事实的总和，不是物的总和。"（TLP，1.1）世界之所是由对对象的描述而非由对象的清单给出。所以，语词不在命题里就没有意义，命题是语言的单位。

"因为事实的总和既确定了实际情况，也确定了所有非实际情况。"（TLP，1.12）这和如下想法相联系：存在着基本命题，每个基本命题都描述基本事态，所有命题都可以分析成基本命题。这是个错误的想法。它有两个来源。（1）把无限当成了一个数，并认为可以有无限多的命题存在。（2）表达质的程度的命题。"这是红的"与"这是白的"相矛盾。但基本命题理论却会不得不说：如果 P 与 q 相矛盾，那么 P 和 q 就能够被进一步分析，产生出例如 r、s、t、和 v、w 和 -t。事实是自足自治的。

"在逻辑空间中的全部事实是世界。"（TLP，1.13）逻辑空间的意思和语法空间一样。几何学是一种语法。语法空间包括所有可能性。"逻辑处理每一种可能性。"（TLP，2.0121）

"基本事态是对象（事质、物）的结合。"（TLP，2.01）对象等在这里用来指颜色、视觉空间中的点等等；并参见上述"语词不在命题里就没有意义"。"对象"也包括关系；一个命题不是两个物通过一种关系联系起来。"物"和"关系"处在同一层面上。就仿佛对象系在一条链子上。

（TLP，2.012）如果你知道怎么使用一个词，懂得这个词，那你一定已经知道它不能用在哪些结合中，何时使用它只会产生无意义，它的一切可能性。因此，在逻辑中没有惊奇；我们一定知道所有可能性。我们发现新的**事实**，而非新的可能性。问"红存在吗"没有意义。〔LWL，123—124 页〕

思想和语言之为世界的图画

思想是有意义的命题。〔TLP，4〕

命题的总和即是语言。〔TLP，4.001〕

人具有构造语言的能力，可用它表达任何意义，而无须想到各个词怎样具有指称、指称的是什么。——就像人们说话时无须知道各个声音是怎样产生的。

日常语言是人的机体的一部分，它像机体一样复杂。

人不可能从日常语言中直接获取语言逻辑。

语言掩饰思想。这就像不能根据衣服的外形来推断出它所遮盖的思想的形式一样；因为衣服外形的制做另有目的，而不是为了让人认出身体的形状。

理解日常语言所借的默会约定是极其复杂的。〔TLP，4.002〕

命题是实在的图像。

命题是我们所认为的实在的模型。〔TLP，4.01〕

只因为命题是实在的图像，命题才能为真或为假。〔TLP，4.06〕

图像表象逻辑空间中的事态，表象基本事态的存在和不存在。
〔TLP，2.11〕

图像是实在的一种模型。〔TLP，2.12〕

在图像中，图像的元素与对象相对应。〔TLP，2.13〕

在图像中，图像的元素代表对象。〔TLP，2.131〕

图像之为图像在于图像的元素以一定的方式相互关联。〔TLP，2.14〕

图像是一事实。〔TLP，2.141〕

图像的元素以一定的方式相互关联，这表象着，事物是这样互相关联的。

图像元素的这种联系称为图像的结构，而这种结构的可能性则称为图像的摹画形式。〔TLP，2.15〕

摹画形式是这种可能性：事物有可能像图像元素之间那样互相关联。〔TLP，2.151〕

如是，图像与实在连结；它直接触及实在。〔TLP，2.1511〕

它像一把测量实在的标尺。〔TLP，2.1512〕

只有分度线的端点才接触到它所测量的对象。〔TLP, 2.15121〕

按照这种理解，连那使图像成其为图像的摹画关系也属于图像。〔TLP, 2.1513〕

事实要成为图像，它和被摹画出来的东西必须有某种共同的东西。〔TLP, 2.16〕

为了以自己的方式——正确地或错误地——摹画实在，图像必须和实在共有某种东西，这种东西是图像的摹画形式。〔TLP, 2.17〕

一种实在的形式只要为图像所具有，图像就能够摹画这种实在。

空间图像能够摹画一切空间的东西，颜色图像能够摹画一切有色的东西，等等。〔TLP, 2.171〕

然而图像不能摹画它的摹画形式；图像显示它的摹画形式。〔TLP, 2.172〕

图像从外部表现它的对象（它的立足点就是它的表现形式），因此图像会正确地或错误地表现它的对象。〔TLP, 2.173〕

然而图像本身不能处在它的表现形式之外。〔TLP, 2.174〕

任何图像，无论具有什么形式，凡为了能够正确地或错误地摹画实在而必须和实在共有的东西，是逻辑形式，那就是，实在的形

式。〔TLP, 2.18〕

摹画形式若是逻辑形式，图像就称为逻辑图像。〔TLP, 2.181〕

每一个图像同时**也**是一个逻辑图像。（另一方面，并非每一个图像都是一个，例如，空间图像。）〔TLP, 2.182〕

逻辑图像可以摹画世界。〔TLP, 2.19〕

图像和被摹画的东西共有逻辑上的摹画形式。〔TLP, 2.2〕

图像通过表现基本事态的存在和不存在的可能性来摹画实在。〔TLP, 2.201〕

图像表现逻辑空间中的一种可能事态。〔TLP, 2.202〕

图像包含它所表现的事态的可能性。〔TLP, 2.203〕

图像与实在符合或不符合；它是正确的或错误的，真的或假的。〔TLP, 2.21〕

图像通过摹画形式表现它所表现的东西，无关乎图像为真或为假。〔TLP, 2.22〕

图像所表现的东西是图像的意义。〔TLP, 2.221〕

图像的真或假在于它的意义与实在符合或不符合。〔TLP,

2.222〕

要认识图像的真假，我们必须将它同实在比较。〔TLP, 2.223〕

没有先天为真的图像。〔TLP, 2.225〕

事实的逻辑图像是思想。〔TLP, 3〕

"一个基本事态是可以思想的"，是说：我们可以为自己构造它的图像。〔TLP, 3.001〕

真的思想的总和是世界的一幅图像。〔TLP, 3.01〕

思想包含它所思想的事态的可能性。可以思想的东西就也是可能的东西。〔TLP, 3.02〕

我们不能思想非逻辑的东西，因为，否则我们就必须非逻辑地思想。〔TLP, 3.03〕

在语言中不能表现"违反逻辑"的东西，就像在几何学中不能用坐标来表现违反空间规则的图形，或给出一个并不存在的点的坐标。〔TLP, 3.032〕

思想在命题中通过可由感官感知的方式表达出来。〔TLP, 3.1〕

实际上，我们日常语言中的所有命题如其所是的那样在逻辑上

就是完全有条理的。〔TLP, 5.5563〕

我做的这一切成就了什么？

在解释概念的时候，我用用法取代了图画。〔LW Ⅰ，§271〕

听到一句话后是不是根据它勾画一幅图画，这对理解一句话
无关紧要；听到一句话时是不是想象出某种东西也并不更重要些。
〔PU，§396〕

我相信人有灵魂，我相信的是什么？我相信这种物质包含两个
碳环，我相信的是什么？在这两个例子中，前景都有一幅图画，意
义却远远在背景里；即：不容易综观图画的应用。〔PU，§422〕

无疑，所有这些事情都在你心里发生。——不过现在让我来
理解我们使用的表达式。——图画在那里。在特殊的例子里图画
是有效的，这我不想争辩。——不过现在我还要理解图画的应用。
〔PU，§423〕

在无数情况下，我们努力去发现一幅图画，一旦发现了，其应
用就仿佛不召自来，于是我们已经有了一幅摆脱不掉的图画，如影
随形，——但这幅图画并不帮助我们摆脱困难；困难在这里刚刚
开始。

例如，我问："我应该怎样设想把**这个**机械放入**这个**机架？"——
一幅按比例缩小的图纸也许可以作为回答。然后人们可以对我说：
"你瞧，它是**这样**进去的"；甚或可以说："有什么可奇怪的？你在

这里看见的是什么样子，它在那里就是什么样子"。后者当然并没有提供更多的解释；而只是要求我琢磨出怎样应用已经给予我的那幅图画。〔PU，§425〕

唤起一幅图画，似乎就**毫无歧义地**确定了意义。和这幅图画的典范用法相比较，实际应用似乎是变得不大纯粹的东西。〔PU，§426〕

人们摆脱不开那种想法：使用一个句子就在于依每一个词设想出某种东西。

人们没考虑到：我们用语词**计算**、操作，逐渐把语词翻译成这样的图画或那样的图画。——人们仿佛以为，向我订购一头牛送去这样的书面指示总须伴随着一头牛的意象，否则订单就会失去意义。〔PU，§449〕

语言的界限于此显示：除了重复同一个句子，你不可能描述与这个句子相应的事实〔作为这个句子的翻译的事实〕。

（我们在这里涉及对哲学问题的康德式解决。）〔CV，15页〕

若摹写的方式如此复杂、如此不规则，就**几乎**不能再把它称作摹写。〔CV，61页〕

命题与名称

名称指称对象・对指称论的批判・对"简单成分"的质疑

名称指称对象

最简单的命题,即基本命题,断言一个基本事态的存在。〔TLP,4.21〕

基本命题的一个标志是不可能有任何基本命题同它相矛盾。〔TLP,4.211〕

基本命题由名称组成。它是名称的一种联系,一种链结。〔TLP,4.22〕

显然,我们对命题的分析必须达到由名称的直接结合而成的基本命题。

这里要问的是:命题中的结合是怎样出现的?〔TLP,4.221〕

即使世界无限复杂,乃至每个事实都由无限多个基本事态组成,而每个基本事态都由无限多个对象组合起来,那也必定有对象

和基本事态。〔TLP，4.2211〕

名称只有同基本命题相关联才出现在命题中。〔TLP，4.23〕

命题是与基本命题的真值可能性相符合和不相符合的表达式。〔TLP，4.4〕

命题是基本命题的真值函项。

（基本命题是它自身的真值函项。）〔TLP，5〕

如果 P 从 q 得出来，则"P"的意义包含在"q"的意义之中。〔TLP，5.122〕

如果一个命题是从另一个命题得出来的，那么后者较前者说出的更多，前者较后者说出的为少。〔TLP，5.14〕

在命题中，思想可以这样来表达，使得命题记号的要素与思想的对象相对应。〔TLP，3.2〕

我称这些要素为"简单记号"，称这命题为"完全分析了的"。〔TLP，3.201〕

命题中使用的简单记号称为名称。〔TLP，3.202〕

名称指称对象。对象是名称的指称。（"A"和"A"是同一个记号。）〔TLP，3.203〕

简单记号在命题记号中的配置对应于对象在事态中的配置。〔TLP，3.21〕

名称在命题中代表对象。〔TLP，3.22〕

我只能命名对象。记号代表对象。我只能说及对象，而不能**述说它们**。命题只能说物是怎样的，而不能说它是什么。〔TLP，3.221〕

要求简单记号的可能性，就是要求意义的确定性。〔TLP，3.23〕

命题有一个而且只有一个完全的分析。〔TLP，3.25〕

名称不可能通过定义被进一步分解：名称是原始记号。〔TLP，3.26〕

唯命题有意义；名称唯在命题的联系中有指称。〔TLP，3.3〕

事态可以描述但不能命名。
（名称像是一些点，命题像是一些箭头——它们具有意义。）〔TLP，3.144〕

命题表现基本事态的存在和不存在。〔TLP，4.1〕

对指称论的批判

奥古斯丁《忏悔录》卷一第八节："当成年人称谓某个对象，同时转向这个对象的时候，我会对此有所觉察，并明了当他们要指向**这个对象**的时候，他们就发出声音，通过这声音来指称它。而他们要指向对象，这一点我是从他们的姿态上了解到的；这些姿态是所有种族的自然语言，这种语言通过表情和眼神的变化，通过肢体动作和声调口气来展示心灵的种种感受，例如心灵或欲求某物或守护某物或拒绝某事或逃避某事。就这样，我一再听到人们在不同句子中的特定位置上说出这些语词，从而渐渐学会了去理解这些语词指涉的是哪些对象。后来我的口舌也会自如地吐出这些音符，我也就通过这些符号来表达自己的愿望了。"

在我看来，我们在上面这段话里得到的是人类语言本质的一幅特定的图画，即：语言中的语词是对象的名称——句子是这样一些名称的连系。——在语言的这幅图画里，我们发现了以下观念的根源：每个词都有一个含义；含义与语词一一对应；含义即语词所代表的对象。

奥古斯丁没有讲到词类的区别。我以为，这样来描述语言学习的人，首先想到的是"桌子""椅子""面包"以及人名之类的名词，其次才会想到某些活动和属性的名称以及其他词类，仿佛其他词类自会各就各位。〔PU，§1〕

我们也许可以说，奥古斯丁的确描述了一个交流系统，只不过我们称为语言的，并不都是这样的交流系统。要有人问："奥古斯丁那样的表述合用不合用？"我们在很多情况下不得不像上面这样说。这时的回答是："是的，你的表述合用；但它只适用于这一狭窄限定的范围，而不适用于你原本声称要加以描述的整体。"

这就像有人定义说："游戏就是按照某些规则在一个平面上移动一些东西……"——我们会回答他说：看来你想到的是棋类游戏；但并非所有的游戏都是那样的。你要是把你的定义明确限定在棋类游戏上，你这个定义就对了。〔PU，§3〕

在我们看来，思想、语言似乎是世界的独特的对应物，世界的图画。句子、语言、思想、世界，这些概念前后排成一列，每一个都和另一个相等。〔PU，§96〕

人们以为学习语言就在于叫出事物的名称。即叫出人、形状、色彩、痛疼、情绪、数字，等等的名称。我们已经说过——命名就像给一件东西贴上标签。可以说这是使用语词前的一种准备工作。但这种准备为的是作什么呢？〔PU，§26〕

"我们给事物命名，然后我们就可以谈论事物；在谈论中指涉它们。"——似乎一旦命名，下面再作什么就都给定了。似乎只有一种事情叫做"谈论事物"。其实我们用句子作着各式各样的事情。我们只需想一想各种呼叫。它们起着完全不同的作用。

水！

走开！

啊唷！

救命！

好极了！

不！

你仍然要把这些语词都称作"为事物命名"吗?〔PU，§27〕

〈有人愿意说，所有语词的共同之处是它们都指称某种东西。〉这样一来，人们把对语词用法的描述弄得相似了，但语词的用法本身却没有因此变得相似。〔PU，§10〕

我们可以用指物方式来定义一个人名、一个颜色词、一个材料名称、一个数字名称、一个方位词，等等。我指着两个核桃给二这个数字下定义说:"这叫'二'"——这个定义充分准确。——然而怎样可以这样来定义二呢?听到这个定义的人并不知道你要把什么称为"二";他会以为你要把这对核桃称作"二"呢!——他可能这样以为;但也可能不这样以为。反过来，我现在要给这对核桃起个名称，这时他也可能把这个名称误解成了一个数目字。同样，我现在用指物方式定义一个人名，他也可能把它当成了颜色名称、种族的名称甚至方位的名称。这就是说:指物定义在每一种情况下都可以有不同的解说。〔PU，§28〕

人们也许会说:只能这样来用指物方式定义二:"这个数字叫'二'。"因为"数字"一词在这里标明了我们把"二"这个词放在语言的、语法的什么位置上。但这就是说要理解这个指物定义就要先定义"数字"一词。——定义里的"数字"一词当然标明了这个位置，标明了我们安放"二"这个词的岗位。我们说:"这种颜色叫什么什么"，"这个长度叫什么什么"，等等，借此预防误解。这是说:有时可以这样避免误解。然而，只能这样来把握"颜色"或"长度"等词吗?——我们只需给出它们的定义就行了。——于是又是通过别的语词来定义!那么到了这个链条上的最终定义又该怎么样呢?(不要说:"没有'最终的'定义。"那恰恰就像你要说:"这条路上没有最后一座房子;人们总可以再盖一座。")

"二"的指物定义是否需要"数字"这个词?这取决于若没有这个词,别人对"二"的理解是否和我所希望的理解不一样。而这又要取决于我在什么情况之下以及对什么人给予这个定义。

从他怎样使用所定义的词将显示出他是怎样"把握"这个定义的。〔PU,§29〕

于是可以说:要是一个词在语言里一般应扮演何种角色已经清楚了,指物定义就能解释它的用法——它的含义。如果我知道某人是要给我解释一个颜色词,"那叫'褐墨色'",这个指物定义就会有助于我理解这个词。——是可以这样说,只要没忘记种种问题现在都系于"知道"或"清楚"这些词上。

为了能够询问一件东西的名称,必须已经知道(或能够做到)某些事情。但必须知道的是些什么呢?〔PU,§30〕

命名和描述并不在**同一个**平面上:命名是描述的准备。命名还根本不是语言游戏中的一步——就像在棋盘上把棋子摆好并非走了一步棋。可以说:为一个事物命名,还**什么都没有**完成。除了在语言游戏里,事物甚至**没有**名称。〔PU,§49〕

指着象棋里的王对一个人说"这是王",这并没有对他解释这个棋子的用法——除非他已经知道了这种游戏的诸项规则，只是还不曾确定最后这一点：王这颗棋子的样子。我们可以设想他已经学会了象棋的诸项规则却从没有见过实际的棋子是什么样子的。棋子的模样在这里与一个语词的声音或形象相对应。

可以说：只有已经知道名称是干什么的人，才能有意义地问到一个名称。〔PU，§31〕

这样说会是挺可笑的——"一件事情发生时和它不发生时看起来是不一样的"，或者"一块红斑在那里时和它不在那里时看起来是不一样的——但语言从这种区别中加以抽象，因为无论红斑在那里还是不在那里，语言都说到一块红斑"。〔PU，§446〕

这里的感觉似乎是：一个否定句既然要否定一个命题，就必须在某种意义上使它成为真的。

（否定命题的断言包含着被否定的命题，但不包含对被否定的命题的断言。）〔PU，§447〕

"如果我说我昨夜**没**做梦，那我必定知道在哪里寻找这个梦；即：'我做梦了'这个句子应用于实际情形时可能是假的，但不可能是没意义的。"——那么，这是不是说你觉察到了某种东西，就像说觉察到了一个梦的提示，它使你意识到一个梦本来会占据的位置？

或者，如果我说"我胳膊不疼"，就等于说我有一个疼痛感的影子，它似乎提示着疼痛可能发生的部位？〔PU，§448〕

他不在这儿我可以寻找他；他不在这儿我却无法吊死他。

有人可能要说："如果我在找他，他也就一定在个什么地方。"——要这么说，那他总在个什么地方，哪怕我找不到他，甚至哪怕他根本不存在。〔PU，§462〕

对"简单成分"的质疑

名称本来标示着简单物，——这一说法里面是些什么？——苏格拉底在《泰阿泰德篇》中说："假如我没有弄错，我曾听有人这样说过：对于**基本元素**——姑且这样称谓它们——即对于我们以及其它万物都由它们复合而成的东西来说，是不存在任何解释的；因为凡自在自为者，只能用名称加以**标示**而已；其它任何一种规定性都是不可能的，既不能确定**其是**又不能确定**其不是**……但我们只好不靠其它所有规定性……为自在自为者命名。因此，我们不可能用解释的方式谈论任何基本元素；因为对它来说，只有名称，别无其它；它所有的只是它的名称。由这些基本元素编织起了复杂的景物，同样，它们的名称这样编织成了可以用来解释的言语；因为言语的本质是名称的编织。"

罗素所讲的"个体"和我讲的"对象"（见《逻辑哲学论》）也都是这种基本元素。〔PU，§46〕

然而，什么是合成实在的简单成分呢？——一把椅子的简单成分是什么？——是制成椅子的小木块吗？抑或是分子，是原子？——"简单"的意思是：非复合的。这里的要点是：在什么意义上"复合"？谈论"一把椅子的简单成分本身"毫无意义。

　　或者：我对这棵树、这把椅子的视觉图像是由部分组成的吗？它们的简单成分是什么？复合色是复合性的**一种**；另一种，如由一小段一小段直线组成的间断轮廓。

　　如果我对某人说"我现在眼前看到的东西是复合的"而不做任何进一步的解释，他就有理由问我："你说'复合的'是什么意思？因为什么都可以这样说！"——已经确定了所问的是哪一种复合，即确定了这个词的哪一种特别用法，"你看见的东西是复合的吗"这个问句当然是有意义的。假使已经确定，只要我们不仅看到树干，而且也看到树枝，我们对树的视觉图像就应称作"复合的"，那么"这棵树的视觉图像是简单的还是复合的"或"它的简单成分是什么"这些问题才会有清楚的意义——有清楚的用法。当然，第二个问句的答案不是"树枝"（这样就是在回答一个**语法**问题："在这里什么**叫做**'简单成分'？"），而是对一根一根树枝的描述。

　　然而，像棋盘这样的东西不是明显地、绝对地复合的吗？——你想的大概是三十二个白格子和三十二个黑格子的复合。但是我们不也可以说，例如，棋盘由黑白两种颜色以及方格的网状图案复合而成吗？既然我们有完全不同的方式观看棋盘，你仍然要说棋盘是绝对"复合的"吗？——在一个特定的语言游戏**之外**问"这个对象是复合的吗"，这就像曾有一个小男孩所作的那样：他本应回答某些例句里所用的那些动词是主动态还是被动态，孩子却绞尽脑汁去琢磨诸如"睡觉"这样的动词所意味的事情是主动的还是被动的。

　　我们以无数不同的而互相又有着不同联系的方式使用"复合的"（因而还有"简单的"）这个词。（棋盘上方格的颜色是简单的还是由纯白色和纯黄色组成的？白色是简单的还是由彩虹的颜色组成的？——两公分的长度是简单的还是由两个各长一公分的长度组成的？但为什么不是由三公分长的一段和否定意义上的一公分长的一段组成的？）

"这棵树的视觉图像是复合的吗？它们的组成部分是什么？"若这是从**哲学上提出的**问题，正确的回答是："那要看你怎样理解什么是'复合的'。"（这当然不是一个答案，而是对这个问题的拒斥。）〔PU，§47〕

我说："我的扫帚在墙角那里。"——这真是关于扫帚把和扫帚头的命题吗？反正可以用说明扫帚把和扫帚头位置的命题来代替它。这个命题是第一个命题的进一步分析过的形式。——但是为什么我称它是"进一步分析过"的？——扫帚在那里，就意味着扫帚把和扫帚头也在那里，而且两者相互所处的位置是确定的；这一点先前仿佛隐藏在句子的意思里，而在经过分析的句子里**说了出来**。那么，说扫帚放在墙角的人真的意谓：扫帚把和扫帚头都在那里，扫帚把插在扫帚头上？——我们随便问哪个人他是不是这个意思，他大概都会说他根本没有特别想到扫帚把或扫帚头。这恐怕是**正确的**回答，因为他既没有特别想谈扫帚把也没有特别想谈扫帚头。设想你对某人说："给我把扫帚把和插在扫帚把上的扫帚头拿来！"而不说："给我把扫帚拿来！"——你听到的回答岂不是："你是要扫帚吗？你干嘛把话说得这么别扭？"——他会更清楚地领会进一步分析过的句子吗？——有人会说，这个句子和通常的句子效果是一样的，只不过绕了个弯。——设想一个语言游戏：某人得到命令，把某些由许多部分组成的东西递过来，或搬来搬去，或诸如此类。有两种玩法：一种（A），复合物（扫帚、椅子、桌子等）各有名称，如同在第十五节中；另一种（B），只有组成部分有名称，而整体物要借助它们的名称来描述。——在何种程度上第二个游戏的命令是第一个游戏的命令的分析形式？前一个命令隐含在第二个命令里而只有通过分析才抽取出来？——不错，把扫帚把和扫帚头分开，扫帚就拆散了；但拿扫帚来这个命令因此也是由相应的部分组成的吗？〔PU，§60〕

而说（B）里的句子是（A）里的句子的"经过分析"的形式，容易误导我们把前者认作是更加基本的形式；认为只有它才把后者的意思明白地表示出来，等等。我们会想：谁只具有未经分析的形式，就漏掉了分析；但若谁知道经过分析的形式，就样样占全了。——但难道我不能说：后面这个人**正像**前面那个人一样，也失去了事情的一种景貌（Aspekt）？〔PU，§63〕

有人会说：不能把存在作为元素的属性，是因为假如元素不存在，我们甚至无法给它命名，更不可能谈论它了。——但我们来考察一下一个类似的例子！有**一件**东西，我们既不能说它是一米长，也不能说它不是一米长；这就是巴黎的标准米。——但是，这当然不是把某种奇异的属性加在它上面，而只是标明它在用米尺度量的游戏中起着一种独特的作用。——让我们设想，像标准米一样，在巴黎存放着各种颜色的色样。我们定义："褐墨色"即是在巴黎密封保存的那个标准褐墨色的颜色。那么无论说这个色样有这种颜色或没有这种颜色就都没有意义。〔PU，§50〕

对 象 与 属 性

　　我想说：旧逻辑中内含的习见与物理学的成分比人们原认为的要多得多。如果在一种逻辑中，名词是**物体**的名称，动词大体用来标示运动，形容词则与物体的性质对应，那么显而易见，这种逻辑设定了相当多的前提；同样有理由推测，这些原初前提也会达乎更深层次的语词应用和语句逻辑。

　　设想我们要完成这样一项任务：把平面Ⅰ上形状各异的图形投影到平面Ⅱ上去。我们可以确定下一种投影方法（比方说垂直投影），并依照这种方法成像。我们也很容易根据平面Ⅱ上的图画推断出平面Ⅰ上图形的形状。但是，也可以采取另一种做法：我们决定（也许因为我们觉得这种表现方式最有品味），第二个平面中的图画必须全部是圆形，——而不论第一个平面中的图形原型可能是什么样子。也就是说，第一个平面上的不同图形依照不同的投影方法在第二个平面上成像。这种情况下，我必须获知平面Ⅱ中的每个圆圈的投影方法，才能把它们作为平面Ⅰ图形的图画加以解说。单单是平面Ⅰ中的图形在平面Ⅱ中被表现为圆圈这一事实本身，还没有说出关于图形原型的任何东西。平面Ⅱ中的图画都是圆形，这恰恰是我们确立下的成像规范。——当我们依照主-谓词规范让现实在语言中成像时，发生的正是同一件事情。主-谓词格式充当了无数种不同逻辑形式的投影方式。

弗雷格的"概念与对象"，这与主词和谓词并无区别。

一张桌子被漆成褐色，那么我们很容易想到，木头是褐色这一属性的承担者；我们不难设想颜色变化时什么是保持不变的。即使下面的例子也是这样：**一个**特定的圆圈，一会儿变成红色，一会儿又变成蓝色。也就是说，很容易想象这样来提问："**什么**是红的?"却很难想象这样提问："什么是**圆形**的?"如果形状和颜色变化了，**不变**的是什么？因为位置是形状的一部分，如果我规定，中心点应保持不变，形状发生的改变只能是半径的改变，这个规定原是随意的。

我们说一个**斑点**是圆形的，这时我们必定也是守着日常语言这样说的。很清楚，在这里，"属性的承担者"这一短语给出的是一个完全错误的——不可能的——意象。——我有一块黏土，我会把它认作某种形状的承担者，而上述那种意象大概就是从这儿来的。

"这块斑点改变了形状"与"这块黏土改变了形状"是两种不同的句子形式。

我们会说"测量一下**这个**是不是一个圆圈"或"看一下那边**那个**是不是一顶帽子"。我们也会说"测量一下**这个**是一个圆圈还是一个椭圆"，却不会说"这是一个圆圈还是一顶帽子"，也不会说"看一下这是一顶帽子还是红的"。

我指着一条曲线说"那是一个圆圈"，有人会反对说：如果它不是一个圆圈，那它也不再是**那个**。他的意思是：我用"那个"所意指的东西，必须独立于关于那个东西的性质描述。

（"**那**是雷鸣还是枪声?"这里，我们却不能问："那是一个声音吗？"）

大小相同的两个圆圈之间区别何在？这个问题听起来似乎是说这两个圆圈差一点就是同一个东西了，只靠着一点细小的差别才得以相互区分。

如果我们采用的是方程的表现形式，两者的相同是通过方程形式表现的，不同则是通过中心点坐标的不同表现的。

于是，与归属于同一概念之下的各个对象相对应的东西似乎是中心点坐标。

我们难道不能把"这是一个圆圈"改写为"这个点是一个圆的中心点"吗？因为，是不是一个圆的中心点，对于这个点而言是一种外在属性。

要描述——比如，一本书在一个特定的位置，什么是必不可少的？这本书的、亦即这个概念的内在描述；以及其位置的描述；后者可以是给出三个点的坐标。于是，"这样一本书在**这里**"这句话的意思也就是：它有**这**三个定位坐标。因为把"这里"确定下来不可预先判定是**什么**在这里。

但我说"**这**是一本书"还是说"**这里**是一本书"，不都是一码事吗？于是这句话就相当于说："这些是这样一本书的三个顶角。"

类似地，我们也可以说"这个圆是一个球的投影"，或者"这是一个人的外表"。

我的所有这些话可以归结为：F(x) 必定是对 x 的**外在**描述。

在这种意义上，我在三维空间中一次说"这里是一个圆"，另一次说"这里是一个球"，那么，这两个**这里**是同样的吗？我想问的是：对于同一个"对象"，我们能不能有意义地说，它是一个圆，并且，它是一个球？在这两句话中，谓词的主词是不是同一类型的主词？这两个主词所表示的都可能是对象中心点的坐标。但上述的圆在三维空间中的位置却不是由它的中心点坐标确定的。

会有人觉得"这不是声音，而是颜色"是个有意义的句子吗？另一方面，我们当然可以说"让我烦躁的不是声音，而是颜色"，这一表达会带来这样一种印象，似乎颜色和声音是一个自变元可能取的两个值。（"声音和颜色都可以充当语言的表达手段。"）上面那句话属于这一类表达："如果你听到枪响，或看到我招手，就赶紧跑。"这是因为这一类约定是可听语言或可视语言以之为基础的约定。

"可以设想两样东西的所有属性都是相同的吗？"——如果这不可设想，那么其对立面也不可设想。

是的，我们讨论一个圆，讨论这个圆的半径，等等，就仿佛我们讨论一个概念时只描述它的属性，完全不关心有哪些对象归于这个概念之下。——但在这里，"圆"根本不是原初意义上的谓词。在几何学那里，不同领域的概念根本是混杂在一起的。〔PG Ⅰ，附录，192—196 页〕

"在某种意义上，对象是不可描述的。"（柏拉图也说过："对象不能被解释，而只能被命名。"）这里，"对象"被用来意指"一个不可被进一步定义的语词的指称"，"描述"与"解释"则实际上被用来意指"定义"。因为当然没有人会否认，对象可以"从外部加以描述"，比方说，可以通过属性来描述对象，等等。

当我们说上面所引的那句话时，我们想到的是一种以无法定义的——更好的说法是：未经定义的——符号或曰名称进行的演算，并且把这些符号说成是无法解释的。

"一个句子无法说出一个语词的含义。"

蓝和红到底如何区分？

我们的意思毕竟不是：一种颜色有一种属性，另一种颜色有另一种属性。说起来，蓝色和红色的属性就表现在：这个物体（或地方）是蓝的，那个是红的。

对于"红和蓝有哪些区别"这个问题，人们或许这样来回答：这一个是蓝的，另一个是红的。不过这当然什么也没说，人们想到的实际上是具有这两种颜色的表面或地方之间的区别。否则的话，上面的问题实在毫无意义。

反过来，比较一下这个问题：橙色和粉色如何区分？一个是黄色与红色的混合，一个是白色与红色的混合。相应地我们也可以说：蓝色源于紫色。因为如果紫色不断变得蓝一点，最后就会成为蓝色；如果紫色不断变得红一点，最后会成为红色。

我要说的是：红色无法描述。但是，我们不也可以把某种东西画成红色，从而以绘画的方式表达出红色吗？

不，这并不是对"红"这个词的含义的绘画式表达。（不存在这样的表达。）

给红画肖像。

但这无论如何不是偶然的吧——人们会自然而然地倾向于指向一个红色的对象以解释"红"这个词的含义？

（这里，自然的东西就表现在"红"这个词在上面的句子里出现了两次。）

说：蓝色位于"蓝-红色"泛蓝色的一侧，红色位于泛红色的一侧,是说出了一个语法句子,因此,这句话近似于一个定义。我们当然也可以这样说:比较蓝的=更像蓝的。

"谁把绿色叫做一种对象,他也就得说,这样一种对象出现在符号体系里。因为否则符号体系的意义,亦即它之成其为一个符号体系,就没了保证。"

但是,这番话对于绿色,或对于"绿色"这个词,又说出了什么呢?(这句话涉及一种对含义关系的特定理解,也涉及这种含义关系引发的问题的一种特定提法。)〔PG Ⅰ,附录,196—197 页〕

逻辑与日常语言

早期关于逻辑的思想·逻辑与逻辑语言·回到自然语言的粗糙地面上来

早期关于逻辑的思想

命题显示它所说的，重言式和矛盾式则显示它们什么也没有说。

重言式没有真值条件，因为它无条件地为真；而矛盾式则不在任何条件下为真。

重言式和矛盾式无关意义。

（就像两个箭头由之指向相反方向的点。）

（例如，当我知道或在下雨或不在下雨，我就根本不知道天气如何。）〔TLP，4.461〕

但是，重言式和矛盾式不是无意义的。它们是符号系统的一部分，就像"0"是算术符号系统的一部分。〔TLP，4.4611〕

逻辑必须自己照顾自己。

如果一个记号是**可能的**，它就必定能有所标记。凡逻辑中可能的都是容许的。******

在某种意义上，我们在逻辑中不可能犯错误。〔TLP, 5.473〕

我们的基本原则是：凡可以通过逻辑决定的问题，必定能够当下决定。

（如果我们陷入必须通过观察世界来回答这类问题的境地，那就表明我们已经走上了完全错误的道路。）〔TLP, 5.551〕

逻辑命题是重言式。〔TLP, 6.1〕

因此，逻辑命题什么也没有说。（它们是分析命题。）〔TLP, 6.11〕

在逻辑中，过程和结果等值。（因此没有出乎意料的东西。）〔TLP, 6.1261〕

所有逻辑命题的论证地位都同等，本质上并不存在基础法则和派生命题之分。

每个重言式本身表明它是一个重言式。〔TLP, 6.127〕

逻辑中的证明只是一种机械的辅助手段，使复杂的重言式成为易于辨识的重言式。〔TLP, 6.1262〕

逻辑命题的特有标志是，仅仅从符号人们就能认出它们为真，而这个事实包含着全部的逻辑哲学。于是，一个同样非常重要的

事实是：非逻辑命题的真或假**不能**单从命题本身看出来。〔TLP，6.113〕

逻辑命题的特征**不是**普遍有效性。

是普遍的，这只不过是说：偶然地适合于一切事物。未普遍化的命题和普遍化的命题一样当然也可以是重言式的。〔TLP，6.1231〕

逻辑的探究是对一切合规则之事的探究。逻辑之外，一切都是偶然的。〔TLP，6.3〕

所谓归纳法则无论如何不可能是一条逻辑法则，因为它显然是一个有意义的命题。——因此它也不可能是一条先天法则。〔TLP，6.31〕

因果律不是法则，而是一类法则的形式。〔TLP，6.32〕

太阳明天会升起，这是一个假设；这是说：我们不**知道**它是否会升起。〔TLP，6.36311〕

逻辑与逻辑语言

拉姆西跟我谈话时曾经强调说，逻辑是一门"规范性科学"。我虽然不知道他当时的确切想法，但这想法无疑同我后来渐渐悟出的道理紧密相关，即：我们在哲学里常常把使用语词和具有固定规则的游戏和演算**相比较**,但我们不能说使用语言的人一**定**在做这样一种游戏。——但你若说我们的语言表达**只是近似于**这类演算,那么你就紧站在误解的边缘上了。因为这样就显得我们在逻辑里好像谈的是一种**理想**语言。好像我们的逻辑是为真空而设的逻辑。——其实,不能像说自然科学处理一种自然现象那样来说逻辑处理语言——以及思想,最多可以说,我们**构筑**种种理想语言。但这里的"理想"一词很容易引起误解。因为听起来好像这些语言比我们日常交往所用的语言更好、更完善;好像得有个逻辑学家,好让他最终向人类指明一个正确的句子是什么样子的。

******是什么会误导我们(确曾误导过我)去认为:说出一句话并且**意谓**这句话或**理解**这句话,就是在按照确定的规则进行演算。〔PU,§81〕

利希滕贝格说,只有少数人看见过纯粹的白色。那么,大多数人都把这个词用错了?而**他**是怎么学会了正确用法的呢?——毋宁说,他根据日常用法构造了一个理想用法。这并不叫做较好的用法,而是在某种方向上推向极致的、更精细的用法。〔BF Ⅰ,§3〕

我们的研究并非旨在**找到**语词的真正的、精确的意义;尽管在我们的研究进程中我们经常**给予**精确的意义。〔Z,§467〕

我们可以对"纯粹声学的"这个用语提出异议。

谁说什么是"纯粹"声学的东西?——好,"纯粹声学的"是这样一种描述:我们能够根据它来再现听到的东西而把其他所有关系

都排除在外。〔LW Ⅰ，§749〕

　　"如果也可以把命题看作一种可能事态的图画，说命题显示这种事态的可能性，那么命题所能作的，最多像一幅图画、浮雕或照片所作的：而且它因此无论如何都无法说出实际上所不是的情况。那么，把什么不把什么称作（逻辑上）可能的，就完全依赖于我们的语法啦——即：那无非是语法允许或不允许的东西啦？"——但那样就成了任意而为了！——是任意而为吗？——并非每一个像句子的组合我们都知道拿它派什么用场，并非每一种技术在我们的生活中都有个应用；我们在哲学中误把毫无用处的东西算作命题，那往往是因为我们没有充分考虑它的应用。〔PU，§520〕

　　比较一下"逻辑上可能"和"化学上可能"。如果某个化合式具有适当的化合价（如：H-O-O-O-H），也许可以称这种化合物为化学上可能的。当然，这种化合不一定存在；但即使 HO_2 这样一个化合式，最多也不过在现实中没有与之对应的化合物罢了。〔PU，§521〕

　　"一物与自身相同一"——没有更好的例子来说明一个无用的命题了，但它仍然和想象的某种把戏有关。这就像我们在想象中把一个东西塞到它自己的外形里，看见它正好吻合。
　　我们也可以说："每个东西都自相吻合。"换个说法："每个东西都合乎自己的形状。"这时我们看着一样东西，想象那里原是空白的，而它现在恰恰嵌入这处空白。******
　　"每个色块都与它的周界正好吻合"是多多少少经过特殊化的

同一律。〔PU，§216〕

可以这样表示摩尔悖论："我相信事情如此这般"这话的用法和"事情如此这般"这一断言的用法相似；然而"我相信事情如此这般这个假设"的用法却和"事情如此这般这个假设"的用法不相类似。〔PU，十 §2〕

于是看上去"我相信"这一断言就仿佛不是在断言"我相信"这一假设所假设的东西！〔PU，十 §3〕

同样，"我相信要下雨"这命题和"要下雨"的意义相似，即用法相似，但"我当时曾相信要下雨"和"当时下了雨"的意义却不相似。

"但'我曾相信'就过去所说的和'我（现在）相信'就目前所说的必定是同一回事情！"——当然，$\sqrt{-1}$ 对 -1 所意味的，必定就是 $\sqrt{1}$ 对 1 所意味的！根本什么也没说。〔PU，十 §4〕

我要对语言（词、句等等）有所说，我就必须说日常语言。这种语言是否对我们想说的东西有点太粗糙太笨重了？**另外构造一种怎么样？**——真奇怪，我们竟多多少少用得上我们现有的语言！

在对语言进行解释的时候，我已经必须使用成熟完备的（而不是某种预备性的或临时的）语言，这已经表明，我关于语言只能提供出外部事实。

是啊，但这样的作法怎么能使我们满意呢？——可你的问题恰恰是用这种语言做成的；如果确有一问，它们就必须用这种语言表达！

而你的疑虑是些误解。

你的问题关系到语词，所以我必须谈谈语词。

你说：问题不在于语词，而在于语词的含义；而你在这里又把含义想成是即使和语词有别也总是和语词同类的东西。这儿是词，这儿是含义。这是钱，那是可以用钱买的牛。（与钱和牛对照的是：钱和钱的用法。）〔PU，§120〕

有人可能以为：如果哲学又谈论"哲学"一词的用法，那就必须有一种第二层次的哲学。并不是这样；这里倒很像正音法中的情况，正音法也可以为"正音法"一词正音，而这里并不需要一种第二层次的正音法。〔PU，§121〕

如果逻辑研究的是某种"理想的"语言而不是**我们的**语言，那就怪了。因为，这种理想语言要表达什么呢？当然是我们现在用我们的日常语言所表达的东西；那么逻辑必定是去研究日常语言。或许是某种别的东西：但我该怎么知道那是什么东西？——逻辑分析是去分析某种我们有的东西，而非分析某种我们没有的东西。因此，它是**就句子所是的那样**去对句子进行分析。〔PR，§3〕

回到自然语言的粗糙地面上来

我们的语言形式于是却似乎有一种最终分析那样的东西，从而一个表达式就有**唯一一种**充分解析的形式。即，我们习用的表达形式似乎就本质而言是尚未分析的。似乎有某种东西藏在其中,需要加以揭示。做到了这一点,表达就充分澄清了,我们的任务就解决了。

　　也可以这样说:把我们的表达弄得更加精确,就可以消除一些误解;现在我们却好像在追求一种特定的状态,完全精确的状态;似乎这就是我们进行探索的真正目的。〔PU,§91〕

　　这表现在对语言、句子、思想的**本质**的追问中。——若说我们的探索也试图理解语言的本质——它的功能、它的结构,——那**这**却不是那些追问的着眼点。因为这些追问就本质所看到的,并不是已经敞亮的、经过整理就可以**综观**的东西;而是某种表层**下面**的东西。某种内部的东西,某种我们得透过事情来看才看得见的东西,某种得由分析挖掘出来的东西。

　　"本质对我们隐藏着":这是我们的问题现在所取的形式。我们问:**"什么是语言?"**,**"什么是句子?"**对于这些问题要给予一劳永逸、独立于任何未来经验的答案。〔PU,§92〕

　　思想被一个光轮环绕。——思想的本质,即逻辑,表现着一种秩序,世界的先验秩序;即世界和思想必定共同具有的**种种可能性**的秩序。但这种秩序似乎必定是**最最简单的**。它先于一切经验,必定贯穿一切经验;它自己却不可沾染任何经验的浑浊或不确——它倒必定是最纯粹的晶体。这种晶体却又不是作为抽象出现的,而是作为某种具体的东西,简直是最具体的,就像是世界上**最坚实的**东西。〔TLP,5.5563〕

我们有一种幻觉，好像我们的探索中特殊的、深刻的、对我们而言具有本质性的东西，在于试图抓住语言的无可与之相比的本质。那也就是句子、语词、推理、真理、经验等等概念之间的秩序。这种秩序是——可以说——**超级**概念之间的**超级**秩序。其实，只要"语言""经验""世界"这些词有用处，它们的用处一定像"桌子""灯""门"这些词一样卑微。〔PU，§97〕

在这里很难保持清醒，——看到我们必须耽留在我们日常思考的事情上，而不要误以为我们好像必须描述至精至极的东西；于是又觉得用我们的手段远不够描述它们。我们觉得仿佛要我们用手指来修补一片撕破的蜘蛛网。〔PU，§106〕

愈细致地考查实际语言，它同我们的要求之间的冲突就愈尖锐。（逻辑的水晶般的纯粹原不是我得出的**结果**；而是对我的要求。）这种冲突变得不可容忍；这个要求面临落空的危险。——我们踏上了光滑的冰面，没有摩擦，因此在某种意义上条件是理想的，但我们也正因此无法前行。我们要前行；所以我们需要**摩擦**。回到粗糙的地面上来吧！〔PU，§107〕

当哲学家使用一个语词——"知""在""对象""我""句子""名称"——并试图抓住事情的**本质**时，我们必须不断问自己：这个语词在语言里——语言是语词的家——实际上是这么用的吗？

我们把语词从形而上学的用法重新带回到日常用法。〔PU，§116〕

在使用"推导"一词的语例里,这个词的含义通常很清楚。但我们对自己说,这只是推导的一个很特殊的例子,穿着很特殊的外衣;假如我们想认识推导的本质,就必须剥除这外衣。于是我们剥掉了那些特殊的遮盖;然而此时推导本身也消失了。——为了发现真正的洋蓟,我们剥光了它的叶子。每个使用"推导"的语例当然只是推导的一个特殊的例子;但推导的本质的东西并非隐藏在这个例子的外表下面;这个"外表"就是来自推导事例的家族里的一例。〔PU,§164〕

语 言 游 戏

语言·语言是人的自然活动·话语即行为·原始语言与语言游戏·语言游戏的多样性·语言与实在

语 言

我要说：我们称为"语言"的，**首先**是我们寻常语言的建制、字词语言的建制；然后才是其他东西——和这种建制类似的东西，或和这种类似的东西有可比性的东西。〈例如公鸡的啼鸣。〉〔PU，§494〕

耸肩、摇头、点头，等等，我们把这些称作符号，首先因为它们坐落在我们的**字词语言**的使用之中。〔Z，§651〕

我们的语言是完备的吗？——把化学符号和微积分符号纳入我们的语言之前，我们的语言是否完备呢？因为这些新符号就像我们语言的郊区。（应该有多少房舍和街道，一座城市才成其为城市？）我们的语言可以被看作是一座老城，错综的小巷和广场，新旧房舍，以及在不同时期增建改建过的房舍。这座老城四周是一个个新城

区，街道笔直规则，房舍整齐划一。〔PU，§18〕

对于我们来说，语言不是界定为为了完成某种目的的设备。语言对于我们来说是一个集合名词，我把它理解为包括德语、英语等等，以及其他形形色色与这些语言或多或少有亲缘的符号系统。〔Z，§322〕

知道多种语言使我们对那些用任何一种语言形式写下来的哲学不那么较真看待。同时，我们总是忽视：我们自己对赞同或反对某些表达式抱有强烈成见；总是忽视：即使多种语言以这种特殊方式叠加在一起对我们生成的仍然是一幅特定的图画。〔Z，§323〕

我是怎么达至"句子"概念或"语言"概念的？只有通过我习得的语言。——但我觉得它们似乎在某种意义上发展到超出了它们自身，因为我现在能够建构一种新语言，例如，发明新词。——从而，这种建构仍然属于语言概念。但只有当我愿意这样规定语言概念时才是如此。〔Z，§325〕

生物概念像语言概念那样具有同样的不确定性。〔Z，§326〕

比较：发明一种游戏——发明语言——发明一种机器。〔Z，§327〕

发明一种语言，可以是说为特定目的依据自然法则（或同自然法则一致）发明一种设施；但它还有另一种意思，类似于我们说到

发明一种游戏时的意思。〔PU，§492〕

理解一个句子就是说：理解一种语言。理解一种语言就是说：掌握一种技术。〔PU，§199〕

如此这般的句子没意义，这在哲学上是件重要的事情。这听起来可笑，——这一点也很重要。〔Z，§328〕

我画一张图纸，不只是为了让别人懂得，而且也为了让自己明白这件事情。〈亦即，语言不只是交流手段。〉〔Z，§329〕

语言是人的自然活动

语词只在生活之流中具有意义。〔LW Ⅰ，§913〕

你须记住，语言游戏可以说是某种不可预测的事情。我的意思是：它并不根据什么理由。它不是合乎道理的（也不是没有道理的）。

语言游戏就在那里——就像我们的生活一样。〔C，§559〕

一个人会说："句子，那是世界上最寻常的东西。"另一个会说："句子——那可是个很奇特的东西！"——后者不会简简单单地查看一下句子是怎样起作用的。因为我们谈论句子和思想时的表达形式挡住了他的路。

为什么我们说句子是某种奇特的东西？一方面，因为它被赋予极大的重要性（这是对的）。另一方面，这一重要性以及对语言逻辑的误解诱使我们以为：句子必定有某种非同小可、独一无二的功能。——由于一种**误解**，我们竟觉得句子在**做着**些稀奇的事情。〔PU，§93〕

"句子，好奇特的东西！"这里已含有把全体表达〈形式〉拔高的倾向；在句子**符号**和事实之间假定纯粹中介者的倾向；甚至要纯化、拔高符号本身的倾向。——因为，我们的表达形式把我们送上了猎取奇兽的道路，多方面地妨碍了我们看清句子符号是在和寻常的东西打交道。〔PU，§94〕

并非："没有语言我们就不能交流"——而是：没有语言我们就不能以如此这般的方式影响别人；不能建造街衢和机器，等等。而且：不使用话语和文字，人就不能交流。〔PU，§491〕

人们有时说动物不说话是因为它们缺少心智能力。也就是说："动物不思想，因此它们不说话。"然而：它们就是不说话而已。或者说得恰当些：它们不使用语言——如果我们不算最原始的语言形式。——命令、询问、讲述、聊天，这些都和吃喝、走路、玩闹一样，属于我们的自然历史。〔PU，§25〕

这么说对吗——生活在我们的概念中得到反映？
我们的概念就在我们的生活之中。〔BF Ⅲ，§302〕

语言的合规则性贯穿我们的生活。〔BF Ⅲ，§303〕

话语即行为

话语即行为。〔CV，64 页〕

语言游戏的源泉和原始形式是反应；**唯根基于此，复杂形式才能生长**。

语言——我要说——是一个精炼过程，"泰初有为"。〔CV，43 页〕

语言游戏的原始形式是确定性，不是不确定性。因为不确定性无法导向行动。〔PO，281 页〕

这真正说来不就是：我们不可能从**哲学思辨**开始——？〔PO，282 页〕

语言游戏的根本在于一种实践方式（行动方式）——不是思辨，不是闲扯。〔PO，282 页〕

我说，"把糖拿给我"和"把牛奶拿给我"这些命令有意义而"牛奶我糖"这种组合没意义，但这不是说：说出这串语词毫无效果。如果说它的效果是别人对着我目瞪口呆，我却并不因此把它称作请对我目瞪口呆的命令，即使这正是我要造成的效果。〔PU，§498〕

原始语言与语言游戏

我以后将一再强调我将称之为"语言游戏"的东西。相比于那些我们使用高度复杂的日常语言符号的方式，它们是些更为简单的使用符号的方式。语言游戏是孩子借以开始使用语词的语言形式。关于语言游戏的研究是关于语言的各种原始形式或各种原始语言的研究。如果我们要研究有关真与假，研究命题和事实的一致与不一致，研究断言、假定、疑问的本性等问题，我们将大大得益于观察语言的原始形式；在这些原始形式中，上述思考的形式没有高度复杂的思想过程〈所依托〉的令人困惑的背景。当我们观察这样的简单语言形式时，似乎笼罩着语言的日常使用的那团心智的迷雾消失了。我们看到活动、反应，它们边界分明、内容显豁。另一方面，我们从这些简单的过程中认出并没有与我们更复杂的语言形式断裂开来的一些语言形式。我们看到，通过逐渐增添新的形式，我们能从原始的形式构建出那些复杂的形式。〔BB，23—24页〕

语词含义的通常概念形成了多浓的一团雾气，使我们无法看清楚语言是怎么起作用的。而在某些运用语言的原始方式那里，我们可以清楚地综观语词的目的以及语词是怎么起作用的；因此，从这些原始方式来研究语言现象有助于驱散迷雾。

孩子学说话时用的就是这一类原始形式。教孩子说话靠的不是解释或定义，而是训练。〔PU，§5〕

建筑师傅 A 在用各种石料盖房子，这些石料是：方石、柱石、板石和条石。他的助手 B 必须依照 A 需要石料的顺序把这些石料递给他。为了这个目的他们使用一种由"方石""柱石""板石"和"条石"这几个词组成的语言。A 喊出这些词，B 把石料递过来——

他已经学过按照这种喊声传递石料。——请把这看作一种完整的原始语言。〔PU，§2〕

我们可以设想，这里使用话语的整个过程是孩子们借以学习母语的诸种游戏之一。我将把这些游戏称为"**语言游戏**"；我有时说到某种原始语言，也把它说作语言游戏。

说出石头的名称，跟着别人说的念，这些也可以称作语言游戏。

我还将把语言和活动——那些和语言编织成一片的活动——所组成的整体称作"语言游戏"。〔PU，§7〕

语言游戏的多样性

句子的种类有多少呢？比如：断言、疑问、命令？——这样的种类多到**无数**：我们称之为"符号""语词""句子"的，所有这些都有无数种不同的用法。这种多样性绝不是什么固定的东西，一旦给定就一成不变；新的语言类型，新的语言游戏，我们可以说，会产生出来，而另一些则会变得陈旧，被人遗忘。（对这一点，数学的演变可以为我们提供一幅**粗略的**图画。）

"语言游戏"这个用语在这里是要强调，用语言来说话是某种行为举止的一部分，或某种生活形式的一部分。

请从下面的例子及其他例子来看一看语言游戏的多样性：

下达命令，以及服从命令——

按照一个对象的外观来描述它，或按照它的量度来描述它——

根据描述（绘图）构造一个对象——

报道一个事件——

对这个事件的经过作出推测——

提出及检验一种假设——

用图表表示一个实验的结果——

编故事；读故事——

演戏——

唱歌——

猜谜——

编笑话；讲笑话——

解一道应用算术题——

把一种语言翻译成另一种语言——

请求、感谢、谩骂、问候、祈祷。

——把多种多样的语言工具及对语言工具的多种多样的用法，把语词和句子的多种多样的种类同逻辑学家们对语言结构所说的比较一下，那是很有意思的。（包括《逻辑哲学论》的作者在内。）〔PU，§23〕

想一想有多少种不同的东西被称为"描述"：根据坐标来描述物体的位置；描述面部表情；描述触觉；描述心情。〔PU，§24〕

请自问：我们怎样使用"完整的描述"和"不完整的描述"这些表达式？

完整地（或不完整地）复述一场演说。这是否也包括重复语气、表情变化、诚恳或不诚恳、演讲人的意图、吐字的力道？对我们来

说，这一点或那一点是否包括在内，要看描述的目的，要看听话人用这个描述干什么。〔Z，§311〕

"语言的目的是表达思想。"——那么说每个句子的目的都是表达一个思想啦。那么，像"下雨了"这样的句子表达的是什么思想？——〔PU，§501〕

我们在不同意义上讲到理解一个句子：在一种意义上这个句子可以由另一个所说相同的句子代替，但在另一种意义上则不能由另一个句子代替。（就像一个音乐主题不能由另一个代替。）

在一种情况下，句子的思想是不同的句子共有的；在另一种情况下，只有这些语词，这样排列，才表达这一思想。（理解一首诗。）〔PU，§531〕

我们意识不到一切日常语言游戏的超乎言表的多样性，因为我们语言的衣裳把一切都弄成一个样了。

新东西（自发的东西，"特别的东西"）总是个语言游戏。〔PU，十一 §223〕

语言与实在

我的语言的界限意味着世界的界限。〔TLP，5.6〕

人们说，上帝的本质保证了他的存在——这实际上是说，这里的关切所在与是否存在无涉。

因为，难道不能说颜色的本质保证了它的存在？与说"白象的本质保证了它的存在"相对照。因为这只是说：除非我手上有个颜色样本，否则我无法解释"颜色"是什么，"颜色"这个词的意思是什么。因此，"如果不**存在**颜色会**是**什么样子"在这里没有解释。〔CV，111 页〕

我们之所以很难设想与我们的概念不同的概念，原因在于，我们从来没意识到某些十分普遍的自然事实。我们想不到把它们设想为与它们实际所是不同的样子。但若我们设想了，我们就不再觉得与我们的寻常概念不同的概念是不自然的了。〔LW Ⅰ，§ 209〕

象棋规则也可以被视作人类自然史的命题。（就像动物活动在自然史著作中得到描述。）〔KMS，264 页〕

你说："虚拟式的使用基于对自然法则的信念。"——可以回应你说："它**并非基于**这种信念；它和这种信念处在同一个层面上。"（在一个电影里我听到父亲对女儿说，他当时应该娶另一个女人做老婆："那**她**就会是你妈妈了！"为什么这话不对头？）〔Z，§ 679〕

像所有形而上学的东西一样，思想与现实的和谐一致要从语言的语法中来发现。〔PG Ⅰ，§ 112〕

生活形式与语境

须得接受下来的东西,给定的东西——可以说——是生活形式。
〔PU,十一 §233〕

有色盲,有确定色盲的手段。测试正常的人对颜色的判断一般是充分一致的。这指称出了颜色判断的概念。〔PU,十一 §239〕

在感情表达得真确还是不真确的问题上一般不存在这种一致。〔PU,十一 §240〕

"你真是什么都不明白!"我们这样说——当这个人对我们明明白白认之为真的东西仍存疑惑,——而我们又提不出任何证明的时候。〔PU,十一 §242〕

"那么你是说,人们的一致决定什么是对,什么是错?"——人们**所说的内容**有对有错;就所用的**语言**来说,人们是一致的。这不是意见的一致,而是生活形式的一致。〔PU,§241〕

通过语言进行交流不仅包括定义上的一致,而且也包括(无论这听起来多么奇怪)判断上的一致。这似乎要废除逻辑,其实不然。——描述度量方法是一回事，获得并陈述度量的结果是另一回事。但我们叫做"度量"的，也是由度量结果的某种稳定性来确定的。〔PU，§242〕

我们有时也说某个人是透明的。但对这一观察颇为重要的是：一个人对另一个人可能完全是个谜。我们来到一个具有完全陌异传统的陌异国度所经验到的就是这样；即使我们掌握了这地方的语言仍是这样。我们不懂那里的人。（不是因为不知道他们互相说些什么。）我们在他们中间找不到自己的位置。〔PU，十一　§213〕

设想你来到一个陌生的国度进行考察，完全不通那里的语言。在什么情况下你会说那里的人在下达命令，理解命令，服从命令，抗拒命令，等等？

共同的人类行为方式是我们借以对自己解释一种未知语言的参照系。〔PU，§206〕

即使狮子会说话，我们也理解不了它。〔PU，十一　§215〕

我们可以想象一个动物生气、害怕、伤心、快乐、吃惊。但能够想象它满怀希望吗？为什么不能？

一只狗相信它的主人就在门口。但它也能够相信它的主人后天回来吗？——它在这里无法做到的是什么？——那我又是怎样做得到的？——我该怎样回答这个问题呢？

唯能讲话者才能够希望吗？只有掌握了一种语言的用法者。也就是说，希望的诸种现象是从这种复杂的生活形式中产生出来的

某些样式。(如果一个概念的靶子是人的书写的特征,它就用不到不写字的生物身上。)〔PU,一 §1〕

婴儿的笑不是假装的,——我们这种假定也许过于草率?——我们的假定基于哪些经验?〔PU, §249〕

为什么狗不会伪装疼?是它太诚实了吗?能教会一条狗假装疼吗?也许可以教会它在某些特定场合虽然不疼却好像疼得吠叫。但它的行为总还是缺少正当的周边情况以成为真正的伪装行为。〔PU, §250〕

一个孩子要能伪装先得学得好多东西。(狗不会虚伪,但它也不会诚恳。)〔PU,十一 §251〕

的确会出现这样的情况,在那里我们会说:"这人以为他在伪装。"〔PU,十一 §252〕

我说:"你知道什么叫'这里是五点钟';而且你也知道什么叫'太阳上是五点钟'。这就是说:这里五点钟的时候,那里的钟点和这里的钟点一样。"******

听到"那时太阳上是下午五点整"这话,我也可以想象某种东西——例如一台指着五点的摆钟。——但应用于地球的"上"和"下"这个例子会更好些。我们在这里对"上"和"下"的含义都有十分明晰的意象。我看得明明白白,我在上面,地球在我下面!(别笑话这个例子。虽然小学老师已经教给我们只有蠢人才说这样的话。

但掩埋一个难题要比解决它容易得多。)须得思忖一番我们才明白，在这个例子里我们不能以通常方式来使用"上"和"下"。(例如，我们可以说地球那一边的人在我们这一半地球的"下面"，但这时必须承认他们用同样的说法说到我们也是正确的。)〔PU，§350—351〕

为什么我的右手不能把钱赠送给我的左手？——我的右手满可以把钱交给我的左手。我的右手可以写一张赠送书而左手可以写一张收据。——但再往后的实际后果却不会是赠送的后果。〔PU，§268〕

"我害怕"这话是对心理状态的描述吗？〔PU，九 §6〕

我说"我害怕"；别人问我："那是什么？是害怕的喊叫？是你想告诉我你的心情吗？还是对你目前状态的考察？"我总能给他一个明确的答案吗？我从不能给他一个明确的答案吗？〔PU，九 §7〕

这里我们可以想象出千差万别的东西，例如："不，不！我害怕！"

"我害怕。很遗憾我必须承认。"

"我还是有点儿害怕，但不像从前怕得那么厉害了。"

"其实我还是害怕，尽管我不愿对自己承认。"

"我用各种让人害怕的念头折磨自己。"

"我害怕，——偏偏这时候我不该害怕的！"

这些句子每一个都带有一个特殊的语调，不同的语境。

可以想象有一种人，他们思考起来就好像说比我们要确切得多，我们用同一个词的地方，他们用好几个不同的。〔PU，九 §8〕

若问："'我害怕'的含义到底是什么？我说这话指的是什么？"我们当然找不到答案，或找不到充分的答案。

"这话是在哪一种语境中出现的？"才是个问题。〔PU，九 §9〕

要劲的不是人们说出的**话**或说这话时想的东西，而是这话在人生的不同站点上带来的区别。两个人都说自己相信上帝，我怎么知道这两个人是同样的意思？说到三位一体也一模一样。即使神学规定必须使用某些**特定的**语词、禁用另一些语词，这也不会让任何事情变得更清楚些。（卡尔·巴特）

这样的神学仿佛一边说话一边指手画脚，因为它有什么要说，却不知道怎么表达。**实践**赋予话语以意义。〔CV，116 页〕

我知道有个病人躺在这里吗？无意义的胡话！我就坐在他床边，关注地看着他的样子。——那么我就不知道有个病人躺在那里吗？——这个问题和这个陈言都没有意义。就像"我在这里"这个陈言一样没有意义，当然，出现了适当的情况，我却随时可以用得上这话——那么，除非在特定的场合，"2×2=4"也同样没有意义，不是真的算术命题了吗？"2×2=4"是个真的算术命题——既非"在特定场合"，也非"永远"——但是用汉语说出或写下的"2×2=4"这些符号可以有一种不同的意义，或者完全无意义，而由此可以看出，这个命题只有在使用时才有意义。"我知道有个病人躺在这里"，用在**不适当**的场合，似乎不是胡言而是自明的，这只是因为很容易设想一种适合于它的场合，只是因为人们以为只要不存在怀疑就总可以用上"我知道"这话（因而甚至可以用在表达怀疑让人不可理解的场合）。〔C，§10〕

"我知道那是一棵树。"为什么我会觉得好像听不懂这句话？尽管它是个极简单极寻常的句子？就好像我不能把我的心智调准到某种意义上。就因为我并未在这种意义所在的范围里去调准。我一旦抛开哲学用法去考虑这个句子的日常用法，其意义马上变得清楚而寻常。〔C，§347〕

正如"我在这里"这句话只在一定的语境中才有意义，而在我对某个坐在我面前把我看得很清楚的人讲这句话时则没有意义一样，并非因为这句话是多余的，而是因为这句话的意义未由这个情境确定，然而它却需要某种〈依靠情境的〉确定。〔C，§348〕

"我知道那是一棵树"——这可能表示各种各样的意思：我观看一棵植物，认为是一棵幼榉，而另一个人则认为是一棵酸栗。他说"那是一棵灌木"，我说"那是一棵树"。我们在雾中看见某种东西，我们当中有人认为是个人，而另一个人则说"我知道那是一棵树"。某个人想试一下我的眼力，等等，等等。每次我宣称是树的"那个东西"都属于不同的种类。******
一个句子意谓什么，可以通过对这个句子进行某种补充来表达，因此可以成为这个扩展句子的一个部分。〔C，§349〕

"你意指的东西——怎样找出它？我们必须耐心地检查这个句子会怎样得到应用。〈检查〉它的周边情况看起来是怎样的。这时，其意义将显现出来。"〔Z，§272〕

"说完这个，像前一天一样，他就离开了她。"——我理解这句话吗？我对它的理解就像在一番叙事中间听到它一样吗？如果它孤立地放在那里，我就会说我不知道它在讲什么。但我会知道人们大概可以怎样使用这个句子；我自己可以为它发明一个上下文。

（许多熟悉的小径从这话引向四面八方。）〔PU，§525〕

符号与意指

同一个词·语言必须自己表明自己·心里指张三·符号不是死的

同一个词

语言学中"词"这个概念。我们怎么使用"同一个词"？

"have"和"had"是同一个词。

他说了同一个词，一次出声说的，一次没出声说的。

"切面"〈横切面〉和"切面"〈面条〉是同一个词吗？

我们说"得到"和"了得"，两次说的是同一个"得"吗？〔RPP Ⅰ，§ 92〕

语言必须自己表明自己

如何能够谈论对一句话的"理解"和"不理解"？难道不是只有我们理解了一句话，它才成其为一句话吗？

指着一片树丛问"你理解这片树丛在说什么吗"，这有没有意义？——一般来说没有；不过，我们不是也可以通过把树加以排列表达某种意义吗？这不也可以是一种暗语吗？

于是，我们可以把我们理解的那些树丛称作"句子"；但也可以把我们不理解的那些树丛称作"句子"，只要我们认为种植它们的人是理解它们的。

"理解不总是对一句话的理解、对一整句话的理解吗？我们能**理解**半句话吗？"——半段句子不是一个整句。——不过或许也可以这样来理解这一提问的意思：设想在国际象棋中总是移动两下来跳马（直移一格，斜移一格）；那么，一个人也许就可以说"在国际象棋中不存在马跳半步的情况"，他意指的是：半步马跳与一整步马跳的关系不同于半个面包与一整个面包的关系。人们要说：半步马跳与一整步马跳的区别不是程度上的区别。

但奇怪的是：科学和数学使用句子，却不谈论对这些句子的理解。〔PG Ⅰ，§1〕

我们把理解视作根本性的东西，把符号视作附属的。——那么，又要符号干吗呢？——如果我们说，使用符号只是为了让自己能被他人理解，——那我们大概是把符号看成了一种药物，这种药物会在另一个人心中引发与我具有的状态相同的状态。

有人问："你这个手势意指什么？"如果本来的回答是："我意指你应该出去"，那么，"我意指的是我用'你应该出去'这句话所意指的东西"这个句子并不是一个更准确的回答。

弗雷格反对算术的形式主义观念，他大致是说：只要我们**理解**了符号，对符号的那些琐碎的解释就是无用的。理解似乎就相当于看到一张图表，从这张图表可以推出所有规则，或它会使所有规则变得可被理解。但弗雷格似乎没看到，这张图表本身也是一个符号，或是一种向我们解释书面符号的演算。

说到"理解一种语言"，我们指的往往是这样一类理解：我们由于了解了一类演算产生的历史或了解了它的具体应用，从而理解了这类演算。这时候，我们去了解的同样不是一个对我们而言陌生的符号系统，而是一个易于综观的符号系统。******

这里，"理解"是某种类似于"综观"的东西。

向一个人下命令，对我而言，只要给他符号就足够了。我得到一个命令，我不会说："这不过是些语词而已，我必须识破语词背后的东西。"我向一个人打听事情，他给我一个回答，我就满足了；——那正是我期待的东西——我不会反对说："可这单单只是一个回答啊。"

如果有人说："我怎么能知道他意指的是什么呢？我看到的只不过是他的符号。"那么我会说："**他**怎么能知道他意指的是什么呢？他有的也不过是他的符号。"

只有借助语言，我们才能解释所言说的东西，因此，在这个意义上我们不能解释语言本身。

语言必须自己表明自己。〔PG Ⅰ，§2〕

可以这么说：意指从语言中脱落不存，因为一个句子意指的东西又由另一个句子说出来了。

"你用这些话意指什么？""你**意指**的是这些话吗？〈这真是你要说的话吗？〉"第一个问题并不是对第二个问题进一步的界定。第一个问题的答案是一个句子，这个句子替换了那个没有被理解的句子。第二个问题则类似于在问："你是认真的，还是开玩笑？"

比较一下这种情况："你这个手势意指了什么吗？——那意指的是什么？"

"理解""意指"这些词的有一类用法是指听一句话、读一句话或说一句话时的心理反应。这时候，理解所指的现象只有在我听到用熟悉的语言说出的一句话时才会发生，在我听到用陌生的语言说出的一句话时则不会发生。

学习语言**产生**我们对语言的理解。不过这属于这种反应的历史。——我理解一个句子，就像我听到这个句子，是一件〈与我的主观努力无关的〉发生的事情，理解伴随着听发生。

我可以谈论对一个句子的"体验"。"我不只是说说，我的确有所意指"：我们若要寻思一下，当我们**意指**这些话（而不只是说说）时我们心中到底发生了什么，那么，我们会觉得似乎有什么东西与这些话相连接，否则这些话就会空转。仿佛这些话与我们心中的什么东西**咬合**在一起。〔PG Ⅰ，§3〕

理解一个句子与理解一段乐曲比人们认为的更为相近。为什么必须这样来演奏这些节拍？为什么我恰恰要把强度与速度的张弛变化表现为这样一幅图画？——我也许会说："因为我明白这些都是怎么回事儿。"但到底是怎么回事儿？——我也许不知道该怎么说了。作为解释，我只能把音乐图画翻译成表现另一件事情的图画，让这幅图画对音乐图画做出说明。

理解一句话，也可以与我们称之为"理解一幅图画"的东西进行比较。设想有一幅静物写生，我们没能把它看作立体的表现，而仅仅在画布上看到了些色块和线条。在这种情形下，我们可以说"我们没有理解这幅图画"。或者，虽然我们把这幅图画看作了立体的图画，但没能在这些立体的图像中认出那些为我们熟知的物品（书本、动物、瓶子），我们也可以在另一种不同的意义上说："我们没有理解这幅图画。"

设想这样一幅风俗画，画上的人物只有大约一英寸高。我假若见到过这么高的真人，就有可能在这幅画上认出这类人，从而认为这幅画是在真实的尺度上对这类人的呈现。在这种情形下，我对这幅画的视觉体验就与我在正常情形下把这幅画作为一种微缩呈现来看时的视觉体验**不同**，尽管这两种情形涉及的是同一种空间视觉错觉。——见到过一英寸高的真人在这里只是作为这种视觉体验的可能原因提出来的；除此以外，两者并无联系。类似地，一个人也许只有看到过许多实实在在的立方体，才会把画出来的立方体看作立体的：但在对于立体视觉图像的描述中，却找不到把真实立方体与图画立方体区别开来的表达。

对一幅图画我这一刻这么看，那一刻那么看，由此获得的不同体验，可以与我有所理解地读一个句子和无所理解地读一个句子所获得的不同体验相比较。

（回想一下这种情况：一个人用错误的语调读一个句子，结果无法理解这句话，——后来才明白他应该用什么样的语调读这句话。）

（把钟表看作钟表，也就是说，看作一个带指针的数字盘，类似于把猎户座看作一个正在行走的人。）〔PG Ⅰ，§4〕

很奇怪，我们一方面想把对姿态的理解解释为从姿态到语词的翻译，一方面又想把对语词的理解解释为从语词到姿态的翻译。

我们倒的确会用姿态解释语词，用语词解释姿态。

另一方面，我们也在如下意义上说"我理解了这个姿态"："我理解了这个主题"，"它对我有所说"，而这里的意思是：我以某种特定的体验对它做出反应。

想一想这种情况：一句话中的一个词，我一时觉得它与这个词连着，一时又觉得它与另一个词连着，而我对句子的理解从而就有所不同。我本来也可以说：这个词一时是与这个词一时是与那个词连在一起来看待、理解、看到、说出的。

我们既可以用"句子"来称呼被这样或那样看待的东西，又可以用"句子"来称呼这样看待或那样看待本身。这是产生混乱的一个来源。

我在一篇故事的半截读到这样一个句子："他说了这话，像前一天一样离开了她。"我理不理解这句话？——这个问题并不容易回答。这是一个德语句子，就此而言我理解了。我知道人们会怎样使用这句话，我能够为它编一个上下文。不过，在一个意义上，我得读过这个故事才理解这句话，在这个意义上我现在不理解它。（比较一下不同的语言游戏：描述事态，编故事，等等。在这种或那种情况下，什么才是一个有意义的句子？）

我们**理解**克里斯蒂安·莫根斯泰恩[①]的诗，或者路易斯·卡洛

---

① Christian Morgenstern，1871—1914，德国诗人，其幽默诗中往往充满了各种文字游戏。

尔的《杰伯沃基》^①吗？这里可以明确地看到，理解这一概念是流动的。〔PG Ⅰ，§5〕

　　你给我一个用我不熟悉的符号写成的句子，同时给我破译它的密码钥匙，那么从在某种意义上来讲，你也就给了我与理解这句话有关的所有东西。不过，问我是否理解了这句话，我仍然会说："我必须首先破译它。"直到这句话译成了德语，摆在我眼前，我才会说："现在我理解它了。"

　　"在把这句话译成德语的过程中，理解是从哪一刻开始的？"我们提出这一问题，就会对我们称之为"理解"的东西的本质获得一种洞见。

　　我说一句话："我看到那儿有一个黑斑；"而这些词不过是随意的：于是我把这些词依次替换为字母表中的头 6 个字母。现在这句话就变成了"a b c d e f"。但我马上会注意到，我无法——人们会说——直接用这一新的表达式来想前一句话的意思。或者我也可以这么说：我还没有习惯不说"我"而说"a"，不说"看到"而说"b"，不说"那儿"而说"c"，等等。而我的意思并不是：我还没有习惯见到"a"这个符号就联想到"我"；而是：我还没有习惯在"我"的位置上使用"a"。******

　　一种常见的观点认为，人们只能不完全地**展示**他的理解。仿佛人们只能从远处对它指指点点，即便可以接近，却永无可能实实在在地触摸到它。最终的东西注定是无法言说的。——人们会说："理

---

　　① Jabberwocky，路易斯・卡洛尔在《爱丽丝镜中奇遇记》中的一首荒诞诗。诗中很多词是卡洛尔以拟声或词语拼接的方式自创的。

解当然**不同于**理解的表达。**理解**是无法展示的；它是某种在内的、心灵中的东西。"——又或者会说："无论我怎样用符号来表达理解，无论我怎样重复对一个词的解释，或者执行一项命令，以此作为我理解了这项命令的标志，这些行为仍然**不一定**能被解说为理解的证据。"这就类似于说："我无法向另一个人展示我的牙疼；我无法向他**证明**我牙疼。"但这里谈到的"不可能"应是一种逻辑上的不可能性。"理解的表达难道不恰恰是一种不完全的表达吗？"而这就是说：表达阙失某种东西，而那种东西是本质上**不可表达**的东西；因为否则的话我总可以找到一种更好的表达。而"本质上不可表达"的意思是：谈论完全的表达是毫无意义的。

我们对在经验意义上伴随一个句子的心理过程不感兴趣。我们感兴趣的是体现在对句子意义的解释中的理解。〔PG Ⅰ，§6〕

要理解"意指"一词的语法，我们须问一下自己，一个表达式被用来意指**这个**的标准是什么。应该把什么视作意指的标准？——对"这意指的是什么"这一问题的回答建立了两种语言表达式之间的联系。也就是说，这一问题问的也就是这种联系。

我们所说的对一个句子或一个描述的理解，在某些情况下指的是从一个符号体系转译到另一符号体系的过程；这个过程指的是对图画的复描，从一种表达方式到另一种表达方式的拷贝、转换。

这时候，理解一个描述相当于向自己提供一幅被描述对象的图画。这一过程大体类似于：根据一个描述画一张图。

我们也说："我完全理解了这幅画，我满可以用陶土把它捏出来。"〔PG Ⅰ，§7〕

　　我们谈到对一个句子的理解，把它作为我们能够应用这个句子的前提。我们会说"如果没有理解一个命令，我就无法遵行这个命令"，或者说"我在理解一个命令之前无法遵行它。"

　　为了能够依照一个句子来行动，我是不是真地必须理解这个句子？——"一定的，否则你当然就不知道要做的到底是什么了。"——可知道这个对我又有什么用呢；由"知"到"行"同样是一个飞跃啊。

　　"为了能够遵照命令来行动，我必须理解这一命令"——可疑的是这里的这个"必须"。如果它是逻辑上的必须，那么，这个句子就是一个语法说明。

　　可以这样问：你**必须**在遵行命令之前多久理解这一命令？——但"我理解一个命令之前无法遵行它"这句话当然有一个切实的意思。只不过不是元逻辑意义上的意思。——"理解""意指"都不是元逻辑概念。

　　如果"理解一个句子"指的是以任何一种方式依照句子来行动，那么，理解就不可能成为我们依照句子行动的前提。不过，从经验的角度上讲，特定的理解行为的确可能是遵行命令的先决条件。

　　"我无法执行命令，因为我不理解你意指的是什么。——啊，现在我理解你了。"——我突然间理解了另一个人时，到底发生了什么？有**许多**种可能。比如：命令是用我熟悉的语言、但以错误的语调给出的，而我突然间想到了正确的语调。于是，我会对第三者说："现在我理解他了；他意指的是……"，这时我以正确的语调重复这一命令。把握了这一熟悉的句子的意思，我也就理解了这一命令。我的意思是：我毋须先去把握一个抽象的意思。——或者：我在**这种**意义上理解了这个命令，这个命令是一个正确的德语句子；但在我看来相当荒唐。在这种情况下我会说："我并不理解你；因为**这**不可能是你的意思。"随后，我却又想到了一种对你的命令更说得通的解说。还有可能：在没有理解这一命令之前，有若干种解说也即解释在我心中浮现出来，而我选择了其中一种。

（在这种情形下的理解：一个心不在焉的人听到"向右转"的命令先是转向了左边，随后拍一下额头说"哦，是'向右转'"，同时转向右边。）〔PG Ⅰ，§8〕

我们用如下表格的形式表达"求一系列数字的平方"这个命令：

x	1	2	3
x			

2

——我们似乎觉得，借助对这一命令的理解，我们给这个命令附加了某种东西，而正是这种东西填平了命令与执行之间的裂缝。基于此，若听到有人说"可你的确理解这个命令啊，可见这并不是一个不完整的命令"，我们或许就会回答说："是，我理解这个命令，不过这全赖于我又附加了某种东西；准确地说，附加了解说。"——可又是什么促使你恰恰做出了**这种**解说呢？是这个命令？——那么，这个命令本来就是清楚的，因为正是这个命令令你做出这种解说。或者，解说是你随意附加的？——那么，你理解的其实也不是这个命令，而只是你把这个命令弄成的东西。

（我们做哲学思考之际在没有问题的地方看到问题。而哲学应该表明的是，那里没有问题。）

一种解释却也是某种用符号给出的东西。它是对照于另一种（字面不同的）解释的**这个**解释。因此，如果有人说"任何句子都仍有待于解释"，这句话就会是说：不另作补充，任何句子都无法被理解。

我**解说**符号、赋予符号一种解说，这类情况当然存在；但显然不是只要我去理解一个符号这类情况就一定发生！（当有人问我"几点钟了"，我并不在心里做什么"解说"；我只是对我所看到的、所听到的做出反应。有人拿刀顶着我，我不会说："我把这解说为一种威胁。"）〔PG Ⅰ，§9〕

"理解一个词"可以是说：**知道**这个词是如何使用的；**会**运用这个词。

"你能举起这个球吗？"——"能。"于是我试了试，却没举起来。这时我或许会说："**我刚才弄错了**，我不能。"但或许也会说："现在我不能，因为我太累了；可刚才我说我能举起这个球的时候，我的确能。"类似地，我会说："我原以为我会下象棋，但实际上我已经忘了怎么下了。"但另一方面或许也会说："当我说'我会下象棋'时，我还会的，现在我却全忘了。"——到底什么是我当时能／会做一件事情的标准？——我当时怎么知道我能／会做？对于这一问题，人们也许会回答"我原先一直都可以举起这样的重量"，"我刚刚还举起来过呢"，"就在不久前我还下过象棋，而且我的记忆力很好"，"我刚刚重述了那些规则"，等等。我把什么东西看作这一问题的答案，会向我表明，我是以哪种方式使用"能／会（Können）"

这个词的。

　　人们会想把知道、能、能力叫做一种**状态**。比较下列句子，它们每一个都从不同的意义上描述一种状态：

　　"我从昨天起一直牙疼。"

　　"我从昨天起一直在想他。"

　　"我从昨天起一直在等他。"

　　"我从昨天起就知道他会来。"

　　"我从昨天起会下象棋了。"

　　能不能说"我从昨天起就不间断地知道他会来"？上述的哪些句子中可以有意义地加入"不间断地"这个词？

　　如果我们把知道叫做一种"状态"，那么我们就是在平常说到"身体状态""物理状态"的意义上使用"状态"这个词的。于是我们也会在生理学的意义上，以至在一种心理学——这种心理学讨论到"无意识的心灵状态"——的意义上使用"状态"这个词。当然，人人都会承认这种说法，不过我们必须清楚一点：我们已经从"有意识的状态"这一语法领域转换到了另一个不同的语法领域。我大概可以谈论无意识的牙疼，只要"我在无意识地牙疼"这句话相当于说"我有颗感觉不到疼的坏牙"。不过，"（在从前意义上的）有意识状态"与"无意识状态"的关系不同于"我看到的椅子"与"放在我身后、因此我无法看到的椅子"的关系。

　　也可以把"知道某某"换成另一个说法："随身携带记有某某的字条。"

　　如果"理解一个词的意义"说的是"认识这个词应用的各种语法可能性"，那么我就可以这么问："我怎么可能在说出一个词的同时知道我是怎样意指这个词的呢？我当然不可能在脑子里同一瞬间装着这个词的全部用法。"

在如下意义上，我可以把一个词的各种可能用法装在脑子里：就像象棋手把所有象棋规则装在脑子里；装在脑子里的同时又包括字母表和乘法表。知识是一个假说式的蓄水池，可见的水由那里流出。〔PG Ⅰ，§10〕

由此，我们不能把对语词的理解、意指想象为对语法的一种瞬时的、可说是"非推论"（nicht-diskursive）的掌握。仿佛我们可以把语法一下子吞下去似的。

这就像我在语言的工具箱里为工具日后的使用作好准备。

"我会使用'黄'这个词"，可与之类比的是："我会在象棋中走王这个棋子。"

这里在象棋中我们可以再一次发现"理解"这个词的歧义。两个人观看对弈，会下棋的人对于一步棋的体验一般不同于不理解这种游戏的旁观者。（也不同于根本不知道这是一种游戏的人。）可以说，是对象棋规则的认识把第一个观弈人与第二个区别了开来，也同样是对规则的认识使得第一个观弈人以他特殊的方式体会那步棋。不过，这种体验并不就是对规则的认识。我们却倾向于把两者都称作"理解"。

对语言的理解，相当于对游戏的理解，像是一个背景，依托于这个背景，一个特定的句子才获得意义。——但这种理解，这种对语言的认识，并不是与语言中的句子相伴随的意识状态。即便这种理解导致了这样的状态。对语言的理解更像对演算的理解、掌握，

也就是说，类似于**会做乘法**。〔PG Ⅰ，§11〕

如果有人问："你什么时候会下象棋？一直就会吗？或者只在你说你会的时候？或者只在你走一步棋的时候？"你会怎么回答？——多么奇怪，会下棋需要的时间这么短，下一盘棋需要的时间却长这么多！

（奥古斯丁："我**在什么时候**测量一个时间段？"）

我们可能会觉得：在某种意义上，语法规则似乎就是对使用语词时获得的瞬间体验加以条分缕析的结果。

为了弄清"理解"一词的语法，我们来问一下自己：我们**在什么时候**理解一个句子？——在我们说出整个句子之后？或者是我们说这句话的时候？——理解一句话是不是像说这句话一样是一个分环勾连的过程？如果是，这两个分环勾连的过程又是否一一对应？或者，对一句话的理解并不是一个分环勾连的过程，而是像管风琴长音伴随一个音乐主题那样伴随一句话？

理解一句话，这到底需要多长时间？

如果我们在一小时的时间段里理解一句话，那么我们是不是总要不断地从头开始理解它？〔PG Ⅰ，§12〕

象棋的规则（象棋规则一览表）规定了象棋的特征。如果我以象棋规则定义象棋（从而与皇后跳棋相区别），那么象棋规则就归属于"象棋"这个词的语法。那么这是否意味着，当一个人有意义地使用"象棋"这个词时，这个词的定义就必定会在他心中浮现出来？肯定不是。——只有当人问起他如何理解"象棋"这个词的时候，他才会给出一个定义。

我问他："刚才说出这个词的时候，你用它意指什么？"——如果他这样回答："我意指的就是我们平常如此这般来玩的那种游戏，等等"，我就会看到，这一解释根本没有在他使用这个词的过程中在他心中浮现出来；我会看到，他并不是在**这种**意义上回答我的问题：仿佛他是在告诉我当他说出这个词时"在他心中发生了"什么。

一个人在这种或那种意义上解说、理解一个符号时，他就是在做一步演算（相当于一种计算）。他所**做**的，大体上就是他在表达一种解说时所做的事情。

我们把"思想"理解为与说出一句话相伴出现的特定心理过程；但我们也把"思想"理解为处在语言系统中的句子本身。

"他说了这话，可当时什么也没想。"——"不，我还是想了些什么。"——"那你想的是**什么**？"——"嗯，就是我说的那些话。"

对"这句话有意义"这一表达，实际上不能问："哪种意义？"就像对"这些词的组合构成了一个句子"这句话也不能问："哪个句子？"〔PG Ⅰ，§13〕

心里指张三

"这应该是**他**"（这幅图画表象的是**他**），关于表现（Darstellung）的全部问题都体现在这句话里。

这幅图画是这一对象的肖像——也就是说，这幅图画表现的**应该**是他，这么说标准何在？如何证明？图画与对象的相像无法使图画成为这一对象的肖像（这幅图画可能与一个人像到了以假乱真的程度，同时却是另一个并非那么相像的人的肖像）。

我怎么知道他用这幅图画意指的是 N 的肖像？——嗯，大概是根据他是这么说的，或者，他是在图画的下方这么写的。

N 的肖像与 N 之间是哪种关系？大概是这样一种：我们用写在肖像下方的名字来称呼这个人。

我回忆起我的朋友，"在想象中看到"他，这里，记忆中的图画与这一图画的对象的联系是什么？是二者的相像吗？

意象作为图画当然与他只不过能相像而已。

关于他的意象是一幅没有画出来的肖像。

我同样必须在意象中把他的名字写在图画下方，从而使这幅图画成其为关于他的意象。

我打算执行一项特定的行动，我定下一个计划。这个计划在我心里，想必是这么回事儿：我看到我做这做那。可我怎么知道我看到的那个人是**我**呢？其实我看到的也不是我，而是那么一幅图画。但为什么我把它叫做**我的**图画呢？

"我怎么知道那是**我**呢？"如果这问的是："我怎么知道我在那里看到的那个人是我？"那么这个问题有意义。这个问题的回答会给出我的诸种特征，可以参照这些特征辨认那是不是我。

但我的意象图画代表的是我，这却是我自己的决定。我也同样可以问："我从何知道'我'这个词代表的是我？"因为我在那幅图画中的样子也不过是另一个词"我"而已。

"我能想象你将从这道门走出去。"我们会陷入一种古怪的错觉，仿佛在句子中，在思想中，对象在做着句子说他做的事情。仿佛在命令中包含着执行命令时那些做法的影子。但恰恰只是执行这道命令的影子。是**你在**命令中走了出去。——否则那就是**另一道**命令了。

是啊，这种同一性的确是与两个不同命令的多样性相对照而言的同一性。

"我原以为拿破仑是 1805 年加冕的。"——你的思想与拿破仑有什么关系？你的思想与拿破仑之间存在什么样的联系？——可以是这样一种联系，例如："拿破仑"这个词出现在我的思想表达中，而"拿破仑"这个词又与它的承担者相关；这包括，拿破仑用这个词来署名，人们用这个词来称呼他，等等。

"但当你说'拿破仑'的时候，你是用这个词标示的是这个人而非别的任何人。"——"在你看来，这一标示行为究竟是怎么发生的？是瞬时发生的？还是需要一段时间？"——"可是，你要是被问到'你刚才意指的是打赢奥斯特里茨战役的那个人吗'，你的确会说：'是'。可见，**你最初说到'拿破仑'时，你已经意指这个人了！**"——不错，不过只是在这种意义上：我在那时候也已经知道 $6 \times 6 = 36$。

"我刚才意指的是奥斯特里茨战役的胜利者"这一回答在我们的演算中是新的一步。把我们搞迷糊的是这话中的过去时态，似乎它是在描述我当时说话时"在我心中"发生的事情。

（"可我刚才意指的是**他**。"这个"意指"，好古怪的活动过程！我们能不能在欧洲意指一个在美洲的人？即使他已经不再存在？）〔PG I，§62〕

如果你告诉我你刚才骂人的时候意谓的是 N，那么，你那时可曾看着他的画像，可曾想象过他，可曾说出他的名字，等等，这些对我都无所谓。从你骂的是 N 这一事实中得出的、使我感到兴趣的那些结论和这些都无何关系。〔PU，§680〕

我画了一幅头像。你问："画的该是谁呢？"——我："该是 N。"——你："可看上去不像他；和 M 还更像点儿。"——我说画的是 N 的时候，——我是在建立一种联系还是在报道一种联系？当时已经存在的是什么联系？〔PU，§683〕

是什么使我们更赞成说我的话描述一种已经存在的联系？好，我的话涉及的很多事情并不随着我的话直接显现出来。〔PU，§684〕

"我当时要乙而不是要甲到我这儿来，我要他是来做……"——这一切都提示出一个更广大的联系网。〔PU，§686〕

"我想到的是 N。""我谈到的是 N。"

我怎么谈到他的？我会说："我今天一定得拜访 N。"——但这可不够！用"N"一词我可以意谓形形色色有这个姓的人。——"那我的话一定和 N 还有另外一种联系，否则我就不能恰恰意谓的是他。"

当然，有这样一种联系。只不过不像你想象的那样：即通过某种心灵机制。

（比较一下"意谓他"和"瞄着他"。）〔PU，§689〕

〈一个人的名字叫"武汉人"。〉我说"武汉人先生不是武汉人"，第一个"武汉人"我意谓一个专名，第二个"武汉人"意谓一个通名。那么，******说第一个"武汉人"时我心里就一定要浮现出和说第二个"武汉人"时不同的东西吗？——请试试把第一个"武汉人"作为通名来意谓而把第二个"武汉人"作为专名来意谓。——怎么才能作到呢？我在尝试的时候，因为要在说出这两个词时竭力向自己展示正确的含义而眼睛乱眨。——但我通常使用这些词时竟这样向自己展示它们的含义吗？〔PU，二 §10〕

有谁曾向我展示过蓝颜色的意象并告诉我**它**就是蓝颜色的意象？〔PU，§382〕

我们可以在说话的时候指着一样东西，以此来指涉它。这一指在这里是这个语言游戏的一部分。于是我们觉得，仿佛我们说到一种感觉，靠的是说话时把注意力集中在这种感觉上。但类似之处何在？显然在于我们可以通过观看和倾听指向某种东西。

但在有些情况下，就连指向所谈的对象对于语言游戏对于思想来说也可能一点都不重要。〔PU，§669〕

令人误入歧途的比较：喊叫，疼痛的表达——句子，思想的表达。

似乎句子的目的让一个人了解另一个人的内部状态何如：只不过，这里仿佛说的是他思想器官里的状态而不是他肠胃里的。〔PU，§317〕

符号不是死的

"把一把尺子放在这个物体上；它并不说物体如此这般长。尺子本身——我倒要说——是死的，它丝毫成就不了思想才能成就的。"就仿佛我们想象活人的本质是他的外形，于是我们用一块木头做了这样一个外形，看到这块死气沉沉的东西一点也不像活人而感羞惭。〔PU，§430〕

符号**自身**似乎都是死的。**是什么**给了它生命？它在使用中有了**生命**。它在使用中注入了生命的气息？——抑或**使用**就是它的生命？〔PU，§432〕

若问："句子怎么一来就有所表达了？"——回答可以是："你难道不知道吗？可你使用句子的时候明明看见了。"这里无遮无盖。

句子怎样一来就做到了？——你难道不知道吗？这里无隐无藏。

"你明明知道句子怎么一来就做到了，这里无遮无盖。"对这样的回答，人们会反驳说："不错，但一切都飞驰而过，而我想要的就像是把它摊开看个仔细。"〔PU，§435〕

这里很容易陷进弄哲学的死胡同，以为面临的困难在于我们须得描述难以捕捉的现象，疾速滑走的当下经验，或诸如此类。这时我们觉得普通语言似乎太粗糙了，似乎我们不是在和日常所讲的那些现象打交道,而是在和那些"稍纵即逝的现象"打交道,"这些现象在瞬息生灭之际的同时产生出与日常所讲的那些现象近似的现象"。(奥古斯丁:"多少时间前""花了多少时间"等等是些最明白最寻常的话,但其意义又深深隐藏着,发现其意义实为新事。)〔PU,§436〕

家　族　相　似

　　我们有一种倾向，在我们通常置于一普遍词项下的事物那里寻找它们的共同点。——我们倾向于认为，例如所有游戏都必定有某种共同的东西，而我们就是依据这种共同的性质把普遍词项"游戏"应用于各式各样的游戏；然而，各种游戏形成一个**家族**，其成员有着家族相似。它们之中，有些有一样的鼻子，另一些有一样的眉毛，还有一些有一样的步态；这些相似之处重叠交叉。认为普遍概念是其诸个例的共同性质的观念与关于语言结构的另一个原始的、过于简单的观念联系在一起。它可以比作这样的观念：**性质**是具有该性质的事物的组成成分；例如，美是所有美的事物的成分，就像酒精是啤酒和葡萄酒的成分那样，于是我们可以有纯粹的美，不与任何美的事物掺杂的纯粹美。〔BB，24 页〕

　　人们可以反驳我说："你避重就轻！你谈到了各种可能的语言游戏，但一直没有说什么是语言游戏的、亦即语言的本质。什么是所有这些活动的共同之处？什么使它们成为语言或语言的组成部分？可见你恰恰避开了探讨中曾让你自己最头痛的部分，即涉及**命题和语言的普遍形式**的那部分。"

　　这是真的。——我无意提出所有我们称为语言的东西的共同之处何在，我说的倒是：我们根本不是因为这些现象有一个共同点而用同一个词来称谓所有这些现象，——不过它们通过很多不同的方式具有亲缘关系。由于这一亲缘关系，或由于这些亲缘关系，我们才能把它们都称为"语言"。我将尝试解释这一点。〔PU，§65〕

　　例如，我们可以考察一下我们称为"游戏"的活动。我指的是棋类游戏，牌类游戏，球类游戏，角力游戏，等等。它们的共同之处是什么？——不要说"它们**一定**有某种共同之处，否则它们不会都叫做'游戏'"——而要**看看**所有这些究竟有没有某种共同之处——因为你睁着眼睛看，看不到**所有这些活动**有什么共同之处，但你会看到相似之处、亲缘关系，看到一整系列这样的东西。像上面说的：不要想，而要看！——例如看看棋类游戏，看看它们的各式各样的亲缘关系。现在转到牌类游戏上：你在这里发现有很多和第一类游戏相应的东西，但很多共同点不见了，另一些共同点出现了。再转到球类游戏，有些共同点还在，但很多没有了。——它们都是"**消闲**"吗？比较一下象棋和三子连珠棋。抑或总有输家赢家或在游戏者之间总有竞争？想一想单人牌戏。球类游戏有输赢；可小孩对着墙扔球接球玩，这个特点又消失了。看看技巧和运气在游戏中扮演的角色；再看看下棋的技巧和打网球的技巧之间的不同。再想一想跳圈圈这种游戏：这里有消闲的成分，但是多少其他的特点又不见了！我们可以这样把很多很多其他种类的游戏过一遍；可以看到种种相似之处浮现出来，又消失不见。

　　这种考察的结果是这样的：我们看到了相似之处盘根错节的复杂网络——粗略精微的各种相似。〔PU，§66〕

　　我想不出比"家族相似"更好的说法来表达这些相似性的特征；因为家族成员之间的各式各样的相似性就是这样盘根错节的：身材、面相、眼睛的颜色、步态、脾性，等等，等等。——我要说：各种"游戏"构成了一个家族。

　　同样，各种数也构成一个家族。我们为什么要称某种东西为"数"？有时因为它与一向被称为数的某些东西有一种——直接的——亲缘关系；于是又可以说它和另一些我们也称为数的东西有着一种间接的亲缘关系。我们延展数的概念，就像我们纺线时把纤维同纤维拧在一起。线的强度不在于任何一根纤维贯穿了整根线，而在于很多根纤维互相交缠。〔PU，§67〕

　　有人对我说："教这些孩子玩种游戏。"我教他们掷骰子赌博，那人就说："我指的不是这种游戏。"他给我下命令的时候，一定事先排除了掷骰子的游戏吗？〔PU，§69后插语〕

　　我们的认识是，我们称为"句子""语言"的东西不具有我前面想象的形式上的统一，而是或多或少具有亲缘的家族。——但现在逻辑成了怎样的？它的严格性在这里好像脱胶了。——但这样一来逻辑不就完全消失了吗？——因为逻辑怎么可以失去严格性？当然不是因为我们对它的严格性打了折扣，逻辑就会完全消失。——只有把我们的整个考察扭转过来才能消除这晶体般纯粹的**先入之见**。（可以说：必须把考察旋转过来，然而要以我们的真实需要为轴心。）

　　逻辑哲学谈到句子和语词，和我们日常谈到句子和语词，意义没什么两样。例如我们日常说"这里写着一句希腊文"，或"不，它只是看起来像文字，其实是装饰"，等等。〔PU，§108〕

意义在于使用

符号的生命在于使用·意义与使用规则·语言就像工具

符号的生命在于使用

什么是一个词的意义？

让我们首先询问对一个词的意义的解释是什么？对一个词的解释看上去是什么样的？通过这些来讨论这个问题。

这个问法有助于我们理解什么是一个词的意义，就好像通过问"怎么测量一个长度"来帮助我们理解"什么是长度"。

"什么是长度"，"什么是意义"，"什么是数字1"之类的问题让我们的思想痉挛。我们感到我们无法靠指向任何东西来回答它们，然而我们应该指向某种东西。（我们现在面对的是哲学困惑的主要根源之一：一个名词促使我们去寻找一种与它对应的东西。）

首先问"意义的解释是什么"有两个好处。在一种意义上，你把"什么是意义"这个问题拉回到地面上了。要理解"意义"的意义，你当然也应该理解"意义的解释"的意义。这大致是说，"我们来问一问意义的解释是什么，因为，无论提供了解释的是什么，它就是意义"。研究"意义的解释"这一表达式的语法将教给你有关"意义"这个词的语法的某些东西，并且有助于克服一种诱惑：四下寻找你也许会称之为"意义"的某种对象。

人们通常所说的"一个词的意义的解释"可以**非常粗略地**划分为语词定义和指物定义。后面将会看到，在何种意义上，这个划分仅仅是粗略的和暂时的（它确实是如此，这一点很重要）。语词定义把我们从一个语词表达式带到另一个语词表达式，因此在某种意义上没有带我们前进。然而在指物定义中，我们似乎是朝学习意义的方向迈出了远为更真实的一步。

我们面临的一个突出困难是，我们语言中的许多词似乎并没有指物定义与之对应；例如像"一""数字""不"等等。

问题：指物定义自身是否有待被理解？——指物定义不会被误解吗？

假如定义解释了一个词的意义，那么，你从前是否听到过这个词当然就无关紧要。指物定义的任务就是**赋予**这个词一种意义。好，我们指向一支铅笔并说"这是 tove"，以此解释"tove"这个词。（在这里我也可以说"这被称作'tove'"而不说"这是 tove"。我指出这一点是为了一劳永逸地消除这样的观念，即指物定义的语词是在述谓被定义者的某种东西；这混淆了两种句子：一种是"这是红的"，这个句子把红色这种属性指派给某物，一种是指物定义"这被称为'红的'"。）在这里，指物定义"这是 tove"可以以各种方式被解释。我将给出一些可能的解释，用的是具有确定用法的汉语语词。这个定义能够被解释为意谓：

"这是一支铅笔"，

"这是圆形的"，

"这是木头"，

"这是一"，

"这是硬的"，如此等等。

人们也许因为所有这些解释都预设了另一组字词语言而反对上述论证。假如说到"解释"我们仅仅意谓"翻译成另一组字词语言"，那么这个反驳是有意义的。让我给出一些提示，它们或许能使这一点清楚些。我们问一下，当我们说某人以特定方式对指物定义做出了解释，我们的标准是什么。设想我给一个中国人这个指物定义："这是德国人称之为'Buch'的东西。"这时，这个中国人心里会出现中文词"书"，至少在绝大多数情况下会是这样。我们会说他把"Buch"解释为意谓"书"。假如我们指着一样他此前从没见过的东西，说"这是一个班卓〈琴〉"，那么情况就会有所不同。他心里也许会出现"吉他"这个词，也许没出现任何语词，只有一个相似的乐器的意象，或者也可能什么都没出现。现在设想我给他一道指令："从这些东西中拣出班卓。"假如他拣出了我们称为"班卓"的那样东西，我们会说"他正确地解释了'班卓'这个词"；如果他拣出了一样别的乐器，我们会说"他把'班卓'解释成意谓'弦乐器'了"。

我们说"他给'班卓'这个词这样或那样的解释"，我们倾向于认为在选择行为之外，他还做出了一种确定的解释。

我们的问题与下面这种情况类似：

假如我给某人一个指令："从那片草场上摘一朵红花给我"，我仅仅给了他一个**词**，他怎么知道该带哪一种花给我？

人们首先可能回答说，他心里带着红的意象去找红花，拿这个意象与各种花作比较，看哪朵花具有这个意象的颜色。的确，有这样一种找寻的方式，而且，我们使用的意象是不是心理意象，这一点根本无关紧要。实际情况可以是：我拿着一张配有名称的色块图表。我听到"拿给我某某"的指令，我就用手指在图表上从"红"这个词指向与"红"相应的色块，然后去找那朵与这个色块颜色相同的花。但是这并不是寻找的唯一方式，而且也不是通常的方式。我们走进草场，四下看看，走向一朵花，把它摘下来，并没有把它和任何东西比较。要看到我们可以以这种方式遵行一个指令，请想一想**想象**一片红色"这个指令。在这个例子中，你不会被诱惑去认为：在你遵行这个指令**之前**你必须先想象一片红色，把它作为那个你被指令去想象的那片红色的样本。

现在你会问：在我们遵行指令之前是否先对语词作了**解释**？在有些情况下你会发现在遵行之前你确实做了可被称为解释的事情，有些情况下则否。

似乎存在着**某些确定的**心理过程，与语言的运作系在一起，语言只有通过这些心理过程才能起作用。我指的是理解过程和意谓过程。如果没有这些心理过程，我们语言的符号似乎是僵死的；符号的唯一作用似乎就是引发这些心理过程，它们才是我们应该真正的兴趣所在。因而，如果问你什么是一个名称和它所称的事物之间的关系，你将倾向于回答说这是一种心理上的关系，你这么说的时候，也许你特别想到的是联想机制。——我们被诱惑去认为，语言的运作由两部分组成：一个是无机的部分，即符号操作，一个是有机的部分，我们可以称之为对符号的理解、意谓、解释、思考。后面这些活动似乎是在心智这种奇妙的媒介中发生的；心智的机制能产生任何物质机制所不能产生的效果——尽管看起来我们还不很了解心智机制具有何种性质。因此，一个思想（它就是这样的一种心理过程）可以与现实一致或者不一致；我能够思想一个不在现场的人；我能够想象他，能够在一句谈到他的话里"意指他"，尽管他也许在千里之外甚至已经死了。有人也许会说："愿望的机制是多么奇妙的机制啊，我竟能够愿望永远不会发生的事情。"

有一种方法可以帮助我们至少部分地避免为思想过程套上玄秘的光轮，这就是，在这些过程中始终用观看实物来替代所有想象活动。我听到"红"这个词并有所理解，一个红色的意象应出现在我心智的眼睛之前，这一点也许像是极其重要的，至少在有些情况下极其重要。但是为什么我们不能用看见一小片红纸来代替想象一小片红色呢？眼睛看到的图像只会更加鲜活。******

****** 没有意义或者没有思想，一个命题将是一堆僵死的碎屑。而且，看来非常明显，再添加多少无机的符号也不能使这个命题获得生命。人们从这里得出的结论是：为了赋予命题以生命，需要为僵死的符号增添的是某种非物质的东西，它具有所有单纯符号所不具有的属性。

但若符号确有生命而我们非得给这种生命命名，我们只好说，那是符号的**用法**。

如果符号的意义（粗略地说，即对于符号是重要的东西）是我们看到或听到这个符号时在我们心里建立起来的意象，那么首先让我们采用刚刚描述过的办法，用某种可见的外部实物，例如画出来的或塑出来的形象，来代替这种心理意象。然而为什么单是写下来的符号是僵死的，而写下来的符号加上这个画出来的形象就变成活的了？——实际上，一旦你想到用画出来的形象等等来代替心理意象，一旦心理意象因此失去了它的玄秘性质，它就完全不再像是在给句子输送生命活力了。（实际上，恰恰是心理过程的这种玄秘性质是你刚才为了你的目的所需要的东西。）

我们易犯的错误可以这样表达：我们在寻找符号的用法，但我们却像寻找一个与符号**并存**的物体那样去寻找它。（这个错误的原因之一复又是我们寻找一个"与名词对应的东西"。）

符号（句子）从符号系统、从它所属的语言中获得意义。大致说来：理解一个句子意味着理解一种语言。

可以说，句子作为语言系统的一部分而拥有生命。但是人们被诱惑去设想给予句子以生命的是玄秘之域中的某种伴随着句子的东西。但若有什么伴随着句子，无论它是什么，对我们来说它都只是另一个符号。〔BB，1—5 页〕

现在来想一下语言的这种用法：我派某人去买东西，给他一张纸条，上面写着"五个红苹果"。他拿着这张纸条到了水果店，店主打开标有"苹果"字样的贮藏柜，然后在一张表格上找出"红"这个词，在其相应的位置上找到一个色样，嘴里数着一串基数词——假定他能熟记这些数字——一直数到"五"，每数一个数字就从柜子里拿出一个和色样颜色相同的苹果。——人们以这种方式或类似的方式和语词打交道。——"但他怎么知道应该在什么地方用什么办法查找'红'这个词呢？他怎么知道他该拿'五'这个词干什么呢？"——那我假定他就是像我所描述的那样**行动**的。任何解释总有到头的时候。——但"五"这个词的含义是什么？——刚才根本

不是在谈什么含义;谈的只是"五"这个词是怎样使用的。〔PU,§1〕

我们并非通过学会什么是长度什么是确定而学会"确定长度"说的是什么;我们倒是通过学会什么是确定长度等等学到"长度"一词的含义的。〔PU,§226〕

在使用"含义"一词的一**大**类情况下——尽管不是在**所有**情况下——可以这样解释"含义":一个词的含义是它在语言中的用法。〔PU,§43〕

意义与使用规则

我愿这样解说:词在语法中的位置就是它的意义。

但我也可以说:一个词的意义就是对意义的解释所解释的东西。

******

意义的解释解释了语词的用法。

语词在语言中的用法是语词的意义。

语法描述语词在语言中的用法。

所以,语法对语言的关系,相当于游戏的描述,或曰游戏规则,对游戏的关系。〔PG Ⅰ,§23〕

语法规则允许或禁止的表达式对应于"意义"和"无意义"这两个词。〔PR,英文版,附录二,322 页〕

一个词的一种意义就是该词的一种使用。

因为这意义就是在该词被我们的语言所吸纳时我们所学会的东西。〔C，§61〕

这就是为什么在"规则"和"意义"这两个概念之间有一种对应。〔C，§62〕

让我们设想，事实不同于实际所是，那么，某些语言游戏就会失去一部分重要性，另一些语言游戏则变得重要了。语言中词汇的用法会随之改变——逐渐的改变。〔C，§63〕

比较一下一个词的意义与一个官员的"职能"。比较一下"不同的意义"与"不同的职能"。〔C，§64〕

语言游戏发生改变，概念也就随之改变，语词的意义又随着概念改变。〔C，§65〕

当罗素对"当今法国国王不是秃子"进行分析的时候他是在提出一个语法规则。〔LWL，116页〕

语言就像工具

想一下工具箱里的工具：有锤子、钳子、锯子、螺丝刀、尺子、胶水盆、胶、钉子、螺丝。——这些东西的功能各不相同；同样，语词的功能也各不相同。（它们的功能在这一点那一点上会有相似之处。）

当然，我们听到这些语词，看到写出来印出来的语词，它们的外观整齐划一，而这让我们感到迷惑。它们的用法却并非明明白白地摆在眼前——尤其在我们从事哲学的时候！〔PU，§11〕

这就像观看机车驾驶室里的各种手柄。它们看上去都大同小异。（自然是这样的，因为它们都是要用手抓住来操作的。）但它们一个是曲轴的手柄，可以停在各种位置上（它是用来调节阀门开启的大小的）；另一个是离合器的手柄，只有两个有效位置，或离或合；第三个是刹车闸的手柄，拉得越猛，车刹得就越猛；第四个是气泵的手柄，只有在来回拉动的时候才起作用。〔PU，§12〕

设想有人说："所有的工具都是用来改变某种东西的，例如，锤子改变钉子的位置，锯子改变板子的形状，等等。"——尺子改变的是什么？胶水盆和钉子改变的是什么？"改变我们对某样东西的了解，改变胶的温度和箱子的稳固程度。"——表达法是弄得一致了，但我们得到了什么呢？〔PU，§14〕

语言是一种工具。它的各种概念是一些工具。于是有人会以为，我们使用哪些概念不会有很大区别。正如归根到底用德尺德寸也像用公尺公分一样可以进行物理学研究；差异只是便利程度的差异。但连这一点也不是真的，因为采用某种度量系统来进行计算所需的时间和努力就可能超出我们力所能及的范围。〔PU，§569〕

语 词 的 氛 围

你对我说:"你懂得这句话吧？那好——那我就是在你所熟悉的那个含义上使用它的。"——仿佛含义是一种氛围,语词无论被用到哪里,都随身携带着这种氛围。

例如,你说"这个在这儿"这句话对你有意义(你同时指着面前的一件东西),这时你应当问问自己:事实上你是在哪些特定情况下用到这句话的。那这句话就在这些情况下有意义。〔PU, §117〕

的确有这种情况,你感到你要说的东西的意义浮现在心里,比你能用话语表达出来的清楚得多。(这于我颇为经常。)就像你清楚地记得一个梦,却讲述不清。的确,对于写作者(我),那幅图画一直留在话语背后,乃至于话语**似乎**是在**为我**描写它。〔CV, 107页〕

设想有人说,在我们心里,我们熟悉的每一个词,例如一本书里的每一个词,都已经带着一种氛围,一个"晕环",隐约提示着各种用法。〔PU,六 §1〕

含义不是听或说出一个词时的经验,句子的意义不是这些经验的复合。——("我还一直没有看见他"这句话的意义是怎么由

句子里各个词的含义组成的？）句子由词组成，这就够了。〔PU，六
§3〕

你肯定有唯一一种对"如果"的感觉吗？不会有好几种吗？
〔PU，六　§5〕

设想我们发现有个人向我们讲到他对语词的感觉：他对"如果"
和"但是"的感觉是一样的。——我们不可以相信他这话吗？

如果他像我们一样使用"如果"和"但是"，我们难道不该认为
这个人理解这两个词一如我们理解这两个词吗？〔PU，六　§6〕

把对"如果"的感觉看作含义的理所当然的关联物，是对这种
感觉的心理学兴趣作了错误估价；我们倒必须在另一种联系中来
看这种感觉，即在这种感觉出现于其中的特殊环境之中来看待它。
〔PU，六　§7〕

一个人不说出"如果"这个词就从没有"如果"的感觉吗？
〔PU，六　§8〕

彼此密切联系的事物，密切联系到了一起的事物，看起来彼
此般配。但怎么就看起来般配了？"看起来般配"是怎么表现出来
的？大概是这样：我们无法想象叫这个名字、生这副面孔、写这种
字体的人写出的不是这些作品而是另外某些作品（另一个伟人的
作品）。

我们无法想象吗？那我们来试一试？——〔PU，六　§15〕

　　可能是这样：我听说有人在画一幅画，"贝多芬创作第九交响乐"；我很容易想象在这样一幅画上会看到什么。但若有人想表现歌德创作第九交响乐是什么样子，他怎么个表现法？除了难堪和可笑的东西，我想象不出什么别的东西。〔PU，六 §16〕

　　我和某人约定了一种暗语；"塔"的含义是银行。我对他说"现在到塔那里去！"——他懂得我的话，也照着作了，但他觉得这样使用"塔"这个词挺怪的，这个词还没有"吸收"这个含义。〔PU，十一 §151〕

　　我声情并茂地阅读，念出这个词，这时它整个由它的含义充实着。——"如果含义即语词的使用，这又怎么可能呢？"好，我的表达是个形象的表达。但并非我仿佛选择了这个形象，而是这形象迫人而来。——但这个词的形象用法却不可能和它的原始用法陷入冲突。〔PU，十一 §153〕

　　为什么向我呈现的偏偏是这幅图画，这也许是可以解释的。（只要想一下"一语中的"这个表达式及其含义。）〔PU，十一 §154〕

　　但若我可能觉得句子像一幅话语的图画而句子里的每个词都像其中的一个形象，那就无怪乎即使孤立地不派用场地说出一个词，它也会似乎带有一种特定的含义。〔PU，十一 §155〕

　　想一下一个特别种类的迷误会对这里讨论的事情有所启发。——我和一个熟人在城郊散步。我在交谈中显露出我以为城在

我们的右面。我的这个假设不仅没有任何自己意识到的根据，而且
稍加考虑我就会肯定城是在我们的左前方。问到我为什么以为城
在这个方向，我一开始什么都答不上来。我没有根据这样认为。但
我虽然看不出根据，却似乎看得到某些心理上的原因。要之，是些
联想和回忆。例如：我们是在沿着一条运河散步，而我从前曾在相
似的情形里沿着一条运河走，那一次城是在我们右面。——这就仿
佛是种心理分析，我借此可以尝试为我的没有根据的信念找到原
因。〔PU，十一 §156〕

"我觉得好像知道城在那一边儿似的。"——"我觉得'舒伯特'
这名字好像和舒伯特的作品、和他的面孔挺相配的似的。"〔PU，
十一 §158〕

我们为什么在语词经验的这个游戏中也说"含义"、说"意
谓"？——这是另一种类的问题。——指称这一语言游戏的现象特
征是：我们是在下面这种境况下使用这个表达式的：我们刚才是在
那种特别的含义上说这个词的，这个表达式是从那另一个语言游戏
拿过来的。

把这种语词经验称作一个梦吧；它什么也不改变。〔PU，十一
§161〕

给你"胖""瘦"两个概念，你会倾向于说星期三胖而星期四瘦
呢还是反过来？（我倾向于前者。）"胖""瘦"在这里的含义和它们
通常的含义不一样吗？——它们在这里的用法不一样。******——

现在我完全不是在说这现象的原因。原因可能来自我小时候的联想。〔PU，十一　§162〕

问我"你在这里究竟用'胖''瘦'意谓什么？"——我只能用完全通常的方式解释它们的含义。我不能以星期四和星期三为例来表明这含义。〔PU，十一　§163〕

人们在这里可能会说一个词有"原初的含义"和"次级的含义"。唯当这个词对你有原初的含义，你才能在次级的含义上使用它。〔PU，十一　§164〕

唯当你学过计算——笔算或口算，——才可能借助这样的计算概念让你把握什么是心算。〔PU，十一　§165〕

一个人对我说："请在银行那儿等我。"问：你说出这个词的时候是意谓着这个银行吗？——这和下面这个问题是同一种类的："你在去见他的路上是打算如此这般对他说的吗？"这类问题涉及的是某个特定的时间（说话的那个时间，走在路上的那段时间）——而不是那段时间中的某种经验。意谓不是一种经验，就像打算不是一种经验。

但什么把它们和经验区别开来？——它们没有经验内容。因为伴随它们的以及为它们提供图解的内容（例如种种意象）并不是意谓或打算。〔PU，十一　§167〕

词的意义是由使用这个词的规则而不是由连在这个词上的感

觉定义的。

"一个词是怎么使用的"和"这个词的语法是什么",我愿把它们看作同样的问题。〔AWL，131页〕

当我用语言思想，语词表达式之外并不再有"含义"向我浮现；而语言本身就是思想的载体。〔PU，§329〕

如果某个人对我说"张三给我写了信"，我问他："你意指哪个张三？"——为了能够回答我的问题，他是否必须连到他在说出这个名字时的体验？〔RPP Ⅰ，§181〕

〈一个句子里包括 Bank，既可指银行，又可指河岸。〉你要理解这个句子，听到它的时候就必须有什么特殊的事情发生吗？难道理解的所有体验在这里不是都被使用、被语言游戏的实践遮盖了？而这就是说：我们对这些体验不感兴趣。〔RPP Ⅰ，§184〕

为了弄清"想"这个词的含义，我们在想的时候盯着自己看；我们观察到的竟会是这个词的含义是什么！——但这个概念不是像这样使用的。(这就像我不懂象棋，却想通过仔细观察某盘棋的最后一步琢磨出"将死"一词的含义是什么。)〔PU，§316〕

内省从不能导向一个定义。它只能导向一个有关这名内省者的心理学陈述。〔RPP Ⅰ，§212〕

遵 行 规 则

规则的语法 · 规则/语法的任意性 · 我盲目地遵从规则 · 未明述的规则、修改规则 · 不仅要规则，还要示范

规则的语法

让我们想一下都在哪些情况下我们会说一个游戏是根据一个特定的规则进行的！

规则可以是教人玩游戏的一种辅助。学习者被告知规则，练习应用这个规则。——或者它是游戏本身的一种工具。——或者规则既不用于教人，也不用于游戏自身；而且也不列在一张规则表上。我们可以通过看别人玩一种游戏学会它。但我们说，这个游戏是按照某些规则进行的，因为旁观者能够从实际进行着的游戏看出这些规则，——就像游戏所服从的一项自然法则。——可是在这种情况下，旁观者怎样区分出游戏者的错误和正确的玩法呢？——游戏者的行为举止为此提供出某些标记。想一下一个人话没说对想要纠正自己时的那种颇具特征的样子。即使我们不懂他的语言，我们似乎也能够看出这种情况。〔PU，§54〕

"规则"一词的用法和"一致""同样"的用法交织在一起。〔PU，§225〕

一个人日复一日答应说"明天我来看你"——他每天说的都一样，还是每天说的都不一样?〔PU，§226〕

规则／语法的任意性

语法不说明语言必须怎样构造才能达到其目的，才能如此这般对人起作用。语法只描述符号的用法而不以任何方式定义符号的用法。〔PU，§496〕

可以把语法规则称作"任意的"，如果这说的是：语法的**目的**无非是语言的目的罢了。

若有人说"我们的语言假如没有这样的语法，就不能表达这些事实"——那他应该问问自己，"**能**"在这里是什么意思。〔PU，§497〕

为什么我不把烹饪规则称作任意的，为什么我倾向于把语法规则称作任意的? 因为"烹饪"由它的目的界定，"说话"则否。因此语言的用法在某种意义上是自治的，烹饪和洗涤在同一种意义上却不是。谁烹饪时要是遵行正确规则之外的规则，谁的饭菜就烧不好；但谁要是遵行不同于象棋规则的规则，那他就是在玩**另一种游戏**；谁要是遵行不同于如此这般规则的另一种语法规则，那他并不因此是说错了，而是在说另外什么东西。〔Z，§320〕

　　人们受到诱惑，用"然而实际上存在的是四种原色"这类方式来为语法规则提供理据。这种理据是依照如下模式建造的，即通过指向句子的证实来为一个句子提供理据。"语法规则是任意的"这话针对的就是有可能这样提供理据的想法。

　　但难道不能在某种意义上说，颜色词的语法按世界实际所是的那样刻画了世界？人们也许会说：我去寻找第五种原色实际上岂非只会是一场徒劳？我们把几种原色归为一类，难道不是因为它们相似？或至少，我们把**颜色**归为一类，区别于各种形状或声音，难道不是因为各种颜色相似？或，我把对世界的如此这般的分割立为正确的分割，这时我心里已经有某种预先形成的观念作为范本？对此，我大致只能说"是的，这是我们看待事情的方式"，或"我们恰恰是要画这样一幅图画"。因为，当我说"几种原色的确具有某种相似性"——我从哪里得来这种相似性的概念？难道不是这样——"原色"概念无非"蓝或红或绿或黄"，同样，那种相似性概念也只是通过这四种颜色被给出的？是的，这些颜色不是一样的吗？——"是的，那么我们也可以把红、绿和圆形归到一起啦？"——为什么不可以？〔Z，§331〕

　　别以为你心里有颜色概念是因为你看着有色的物体——无论你怎么看。

　　〈就像你有负数概念不是由于你负债。〉〔Z，§332〕

我盲目地遵从规则

　　一条规则立在那里，就像一个路标。——路标不容我疑问我该走的是哪条路吗？它是否指示出我走过路标之后该往哪个方向走？是沿着大路还是小径，抑或越野而行？但哪里又写着我应该在什么意义上跟从路标——是沿着箭头的方向还是（例如）沿着箭头的反方向？——但若不是一个路标，而是一串相互衔接的路标，或者地上用粉笔做的记号——难道它们只有**一种**解释吗？——那么，我可以说，路标并没有留下任何怀疑的余地。或更恰当的是说：它有时留下了，有时没留下。而这已不再是一个哲学命题，而是一个经验命题了。〔PU，§85〕

A 给 B 一些书写符号。B 有一张图表；第一列是游戏中使用的符号，第二列是建筑石料的图画。A 对 B 显示这样一个书写符号；B 在图表上把它查出来，然后看与它位置对应的图画，等等。因此图表是他执行命令时遵循的一项规则。——在图表上查找图画是通过训练学会的，训练的一部分是学生学着用手指在图表上自左至右水平移动：于是也就学会了画一系列水平直线。

现在来设想采用了各式各样的读表方式。其中一种如上所述，是按照下面的格式：

另一种则按照这样的格式：

或按其他格式。——于是，这些格式就成为图表的补充，提供如何使用图表的规则。

但我们就不能想象出进一步的规则来解释**这一**规则吗？另一

方面，第一张图表没有这些箭头格式就不完整吗？其他图表没有它们的格式就不完整吗？〔PU，§86〕

我看见一幅图画：它表现的是一个老人拄着拐杖上一个陡坡。——何以是这个？假如他以那个姿势在往下滑，看上去不可能是一个样吗？也许火星人会这样描述这幅图画。我无需解释**我们**为什么不这样描述。〔PU，§139后插语（B）〕

遵从一条规则类似于服从一道命令。我们通过训练学会服从命令，以一种特定的方式对命令作出反应。〔PU，§206〕

"但一条规则怎么能告诉我在**这个**地方必须作的是什么呢？无论我怎么作，经过某种解说都会和规则一致。"——不，不应这样说。而是：任何解说都像它所解说的东西一样悬在空中，不能为它提供支撑。各种解说本身不决定含义。

"那么无论我怎么做都和规则一致啦？"——我这样来问：一条规则的表达——譬如一个路标——同我的行动有什么关系？这里有什么样的联系？好，可以是这样：我被训练来对这个符号做出某种特定的反应，而我现在就是这样反应的。

但你这样只提供了一种因果联系；只说明了我们现在照着这个路标走是怎么来的；你没有说明这个"遵循符号"真正是怎么回事。不然，我也已经提示出，唯当存在着一种稳定的用法，一种习俗，才说得上一个人依照路标走。〔PU，§198〕

》》——→ 这个箭头怎么一来就**有所指**了？它在自身中不是似

乎已经带着自身之外的什么东西了吗？——"不，能有所指的不是无生命的线条，只有心灵的东西，只有含义，能有所指。"——这话又对又不对。箭头只有在应用之中、只有在有生命的东西对它的应用之中才有所指。

这种指向**不**是唯心灵才能表演的戏法。〔PU，§454〕

对规则的掌握**不**尽是〈对规则的〉**解说**；这种掌握从一例又一例的应用表现在我们称之为"遵从规则"和"违反规则"的情况中。

于是人们想说：每一个遵照规则的行动都是一种解说。但"解说"所称的却应该是：用规则的一种表达式来替换另一种表达式。〔PU，§201〕

我给某人下命令，给予他符号就**足够**了。我从不会说：这只是些词儿，我必须深入到语词背后。〔PU，§503〕

因此"遵从规则"是一种实践。**以为**自己在遵从规则并不是遵从规则。因此不可能"私自"遵从规则：否则以为自己在遵从规则就同遵从规则成为一回事了。〔PU，§202〕

我们称为"遵从一条规则"的事情，会不会是只有**一个**人能做，在他一生中能只做**一次**的事情？——这当然是对"遵从规则"这个表达式的**语法**注解。

只有一个人只那么一次遵从一条规则是不可能的。不可能只那么一次只作了一个报告、只下达了或只理解了一个命令，等等。——遵从一条规则，作一个报告，下一个命令，下一盘棋，这些都是**习惯**（风俗、建制）。

理解一个句子就是说：理解一种语言。理解一种语言就是说：掌握一种技术。〔PU，§199〕

如果我把道理说完了，我就被逼到了墙角，亮出我的底牌。我就会说："反正我就这么做。"〔PU，§217〕

我遵从规则时并不选择。

我**盲目地**遵从规则。〔PU，§219〕

未明述的规则、修改规则

我们很可以设想一群人以这样的方式来打球娱乐：他们开始时玩的是各式各样现有的游戏，但有些游戏却不进行到底，而是在中间把球漫无目标地扔到空中，笑着闹着拿球扔这个砸那个，等等。而现在有人说：这些人这段时间一直在玩一种球类游戏，从而是按照某些确定的规则来扔每一个球的。

我们不是也有"边玩边制订规则"这样的情况吗？而且也有我们边玩边修改规则的情况。〔PU，§83〕

人们会说，句子的意义当然可能在某些方面不很确定，但它必须有**唯一一种**确定的意义。不确定的意义——那其实就是**根本没有**意义。——这就像是：画一条不鲜明的界线，那其实就是根本没画出界线。人们在这里想的大概是：我说"我把这个人锁在了屋子里——只有**一扇**门还敞开着"。那我等于根本没有把他锁起来。他只是假模假样被锁在那里。在这里，人们也许会倾向于说："所以你等于什么都没作。"一圈围墙，上面有个洞，等于**根本没有**围墙。——但真是那样吗？〔PU，§99〕

〈游戏〉并非处处被规则限定着；打网球时没有规则限制你把球扔多高或打多重；网球却仍然是一个游戏，仍然是有规则的。〔PU，§68〕

一个处处都受规则限定的游戏会是什么样子？——这个游戏的规则天衣无缝，不容任何怀疑可乘之隙。——我们不能设想要有一种规则来规定如何应用这个游戏的规则吗？不能设想一个要由**这个**规则来排除的疑问吗？——等等。〔PU，§84〕

我为一种游戏制定了规则。对方走了一步，完全合乎这些规则，我事先没有预见到可以这样走，而这种走法打乱了游戏，即打乱了我曾想要的那种游戏。我这时不得不说"我制定了糟糕的规则"；我不得不改变或增添规则。

那么我事先就有这种游戏的一幅图画了？在某种意义上：是的！

例如，我可能不曾预见二次方程不一定有实数解。

这里，规则引出一种结果，使得我说："我不曾料想到那种情形；我当时始终是**这样**来设想解的……"〔Z，§293〕

在一种情形中，我们在现有游戏中走出一步，在另一种情形中，

我们制定游戏规则。我们也可以用这两种方式来看待走一步棋：作为将来走棋的范例，或作为现有游戏的一步。〔Z，§294〕

你必须考虑到，可以有这样一种语言游戏，"把一个数字系列继续下去"，在这个游戏里不给出规则，不给出关于规则的任何表达式，学习**仅仅**通过例子进行。因此，这些人完全不会有这样的想法：每一步都要由我们心中的某种确定的东西、某种样本作为理据。〔Z，§295〕

"他靠直觉掌握了这条规则。"但为什么说掌握规则？为什么不〔直接〕说他现在掌握了应该怎样继续下去？〔Z，§303〕

多奇怪：似乎，一个物理的〈机械的〉导向装置会失灵，会让某种不曾预见的事情发生，而一条规则却不会！规则就好像说是唯一可信赖的导向。然而，是什么东西使得一个〈机械〉导向不让偏差出现，又是什么使得一个规则不让偏差出现？——我们是怎么知道前者的，又是怎么知道后者的？〔Z，§296〕

不仅要规则，还要示范

要确立一种实践，仅有规则是不够的，还需要示例。我们的规则留下了后门没关上，实践必须自己表明自己。〔C，§139〕

但在这里若要给出规则一类的东西，其中就要出现"在正常情况下"这个表达式。我们认识正常情况，但不能精确描述这些情况。

倒不如描述一系列的非正常情况。〔C，§27〕

　　运用规则的练习同时也展示什么叫运用规则时出现了错误。〔C，§29〕

　　所以我在棋戏中也倾向于区别本质规则和非本质规则。可以说，游戏不仅有规则，而且也有旨趣。〔PU，§564〕

　　如果游戏的一条规则规定走棋之前用王来抽签，那这就是游戏的一部分，一个本质部分。对此提得出什么异议呢？我们看不出这条规则有什么道理。有点像如果规定在每走一步棋之前要把棋子转三圈，我们也会看不出这条规定有什么道理。看到某种棋戏有这样的规定，我们准会很惊奇，会琢磨这条规则的目的何在。（"这条规定是要防止随手行棋吧？"）〔PU，§567〕

　　如果我对游戏的特征理解得正确——我可以说——这不是游戏的本质部分。〔PU，§568〕

理　　解

　　人们教孩子们做**这些**事情，教他们一边做一边使用**这些**语词，**一边做**一边对别人说的话作出反应。

　　训练的一个重要部分是，教师用手指着对象，把孩子的注意力引向这些对象，同时说出一个词；例如，指着板石形状说出"板石"一词。（我不想把这称为"指物定义"①，或"定义"。因为孩子还不能够对名称**发问**。我将把它称作"指物识字法"。我说它会构成训练的一个重要部分，因为人们实际上是这样做的，而非因为无法设想另外的做法。）可以说，这种指物识字法是要在词与物之间建立一种联想式的连系。但"联想式的连系"说的是什么？说的可以是各式各样的东西。但人们首先想到的大概是：孩子听到语词，事物的图像就在他心里浮现出来。就算有这样的时候——但这就是语词的目的吗？——它的确**可以**是目的。——我可以设想这样来使用语词（一串声音）。（说出一个词就仿佛在一架想象的钢琴上击一个键。）但在第二节的语言里，语词的目的**不**是要唤起意象。（当然人们也有可能发现这有助于达到真正的目的。）

　　但若指物识字法会产生这种〈唤起意象的〉效果——我该不该

---

　　①　Hinweisende Erklaerung，译作"指物定义"比"指物解释"更通行些，何况后面用的是 Definition。

说它产生对语词的理解呢？难道不是听到喊"板石！"就如此这般有所动作的人才理解了这个词吗？——但指物识字法的确有助于这种理解；但它必须同一种特定的训练结合才有这种作用。如果采用的是另外一种训练，同样的指物识字法就会产生一种完全不同的理解。

"我把绳套系在杠杆上，就制成了制动闸。"——是的，如果已经有了机械装置的所有其他部分。只有和整个机械连在一起它才是个制动杠杆；从支撑它的机械上拆下来，它就连个杠杆都不是了；它什么都可以是，或什么都不是。〔PU，§6〕

现在我们来考察下面这样一种语言游戏：B 应根据 A 的命令按照某种特定的规律写下一系列符号。

其中的第一个系列，是十进位自然数的系列。——他是怎样学会理解这个进位法的？——先把这个数目系列给他写下来，督促他跟着写。（无需担心"数目系列"这个说法；它用在这里没什么错。）学生在这里已经会有正常的和不正常的反应。——起初我们可以手把手教他抄写从 0 至 9 的系列；但唯当他独立地写下去，**才可能说他的理解和我们一致**。——我们现在可以设想，他的确独立地抄写着这些数目，但写的次序不对，一会儿这样一会儿那样没个规律。**这里**就不再有理解的一致性。——他也可能在排列次序上〈大致正确，但时而〉**"出错"**。——这种情形和第一种情形的区别当然是频率的区别。——或者，他犯的是**系统的**错误；例如，他抄下的是隔位的数字，或把 0，1，2，3，4，5，……这个系列抄写成：1，0，3，2，5，4，……这时我们几乎想说他把我们理解错了。

　　但请注意：无规律的错误和系统的错误并没有鲜明的区别。即，你倾向于称为"无规律的错误"和"系统的错误"的两种情况没有鲜明的区别。

　　也许可能使他戒掉系统的错误（如戒掉一种恶习）。或者也可以把他的抄写方式接受下来而试着把正常的方式当作他的方式的一种变式、一种变形来教他。——而我们的学生的学习能力在这里同样可能中止。〔PU，§143〕

　　现在这个学生好好地写下了从 0 到 9 的系列。——只有他**经常**写对了才算，写了一百次只对一次是不行的。现在我引导他继续这个系列并且让他注意第一个系列在个位数上的重现；然后注意它在十位数的重现。（这说的只是：我强调这一点或那一点，在符号下划上线，把一个数字写在另一个数下面，诸如此类。）——终于，他独立地把这个系列写下去了——或者他没有。——但是说这干嘛？**这**是不言自明的呀！——当然是；我只是想说：任何进一步的**解释**的效力都取决于他的**反应**。

　　但我们现在假定，教师做了一番努力之后，学生把这个系列正确地继续下去了，就是说，做得和我们一样了。那我们现在可以说他掌握了这个进位系统。——但他必须正确地把这个系列继续到哪一步我们这么说才适当呢？显然，你无法在这里给出一个界线。〔PU，§145〕

　　我现在问："他把这个系列写到百位的时候，他是否理解了这个系统？"或者——如果我们的原始语言游戏里不该说到"理解"——他要能正确地把这个系列继续**到了那儿**，他就接受这个系统了吗？——也许你会回答说：接受这个系统（也不妨说理解这个系统）不在于把这个系列写到**这个**数字**那个**数字：**那**只是理解的应用；理解本身却是一种状态，**从那里**产生出正确的使用。

你真正想着的是什么？是不是从一个代数式里推导出一个数字系列？或是与此相仿的什么？——但那个我们已经讨论过了。我们恰恰能够设想一个代数式不止有**一种**应用；而每一种应用方式本身又可以写成代数式，但这样做显然得不到什么进展。——应用始终是理解的一个标准。〔PU，§146〕

人们总想把握理解的心灵过程，这一过程似乎隐藏在那些比较粗糙因而落入了我们眼帘的伴随现象后面。这尝试并未成功；或说得更适当：它还根本算不上真正的尝试。因为，即使假定我发现了在理解的所有那些实例中都有某种东西发生，——为什么**那**就应该是理解呢？的确，如果**因为**我理解了所以我说"现在我理解了"，那么理解的过程怎样能够隐藏着呢？如果我说它是隐藏着的——那么我怎样知道我要找的是什么东西呢？我是一团糊涂。〔PU，§153〕

根本别把理解想成"心灵过程"！——因为**这**正是把你弄糊涂的讲法。而要问问自己：在哪种情形下，在哪些周边情况中，你想到这个公式的时候会说"我现在知道怎样继续下去了"？

在某种意义上，的确存在着一些指称出理解的特征的过程（包括心灵过程）；正是在同样的意义上，理解不是一个心灵过程。〔PU，§154〕

"我只能**相信**别人有疼痛,但我若有疼痛我就**知道**。"——是的;我们可以决定不说"他有疼痛"而说"我相信他有疼痛"。但如此而已。——这里看来像个定义或像关于心灵过程的陈述的东西,其实是用一个弄哲学时似乎更中肯的说法替换了另一个说法。

试一试——在某种实际情况下——去怀疑别人的恐惧,或别人的疼痛!〔PU,§303〕

该怎么向人解释"理解音乐"是什么意思?向他称谓知音者所具有的意象、运动觉等等?**倒不如说**,向他指出知音者的表达活动。——是的,这里的问题也是:解释在这里的作用是什么?也是:"理解什么叫理解音乐"这话是什么意思?的确有人会说:"理解什么叫理解音乐"的意思是:他自己理解音乐。于是问题就成为:"能教人理解音乐吗?"因为只有这种教授应被称作解释音乐。

理解音乐有某种特定的**表达**,在听的时候,在演奏的时候,也在其他很多时候。这些表达有时包括动作,有时则只在于知音者怎么演奏,或怎么哼出乐曲,偶或也包括他画出某种相应的东西,或他想象出音乐仿佛在描绘的东西。跟不理解那段音乐的人对照,理解了那段音乐的人听时不一样〈例如带着不一样的表情〉,演奏得不一样,曲子哼得不一样,对这段音乐的谈吐不一样。然而,他理解这个曲子,这一点**不仅仅**显现在怎么听或怎么演奏这个曲子的各种现象那里,而且也显现于他对音乐的一般理解。〔CV,96页〕

什么叫做理解一幅图画、一幅草图?即使这里也有理解和不理解。这些表达式即使在这里也可以意味各式各样的东西。这幅图画大概是静物写生；但有一部分我不理解：我在那儿看不出物体，而只看到画布上的色块。——或者我看出了它们都是物体，但都是我不认识的东西（它们看起来像工具，但我不知道它们的用途）。——但也许我认识那些东西，但在另一个意义上不理解它们的排列方式。〔PU，§526〕

理解一个语句和理解一个音乐主题远比人们所以为的那样关系更近。我的意思却是这样的：理解一个语句比人们所设想的更接近于通常称作理解一个音乐主题那样的东西。强弱和速度为什么恰恰要沿着**这个**方向变动？人们也许说："因为我知道这说的是什么。"但说的是什么呢？这我不知该怎么说。为了"解释"，我可以拿它和具有同样节奏（我的意思是同样的变化方向）的某段别的乐曲相比。〔PU，§527〕

"行为的精微层次"——我用正确的声调吹奏一个曲子，从而表现出了对这个曲子的理解；那么这就是这种精微层次的一个例子。〔PU，十一 §99〕

知　　道

"知道"与"确信"这两个概念之间根本没有重大区别,只有"我知道"的意思会是"我**不可能**弄错"这种情况除外。例如在法庭上,所有证词中的"我知道"都可以用"我确信"来代替。我们甚至也许可以想象法庭上不许说"我知道"。〔C,§8〕

人们就是看不到"我知道"的用法是多么特别。〔C,§11〕

——因为"我知道"似乎是在描述保证了所知的东西之为事实的一种事态。人们就是一再忘记"我当时认为我知道"这个表达式。〔C,§12〕

我们说,我们知道水放在火上煮会沸腾。我们是怎么知道的?是经验教给我们的。——我说"我知道今天早晨我吃过早饭",经验并没有教给我这一点。我们还说"我知道他疼"。语言游戏每一次各不相同,我们每一次都**确信**,人们每一次都同我们一致认为我们**能够**知道。也因此,物理学命题可以写在对所有人有效的教科书里。

一个人说他**知道**某件事情,那这件事情必须公认是他能够知道

的事情。〔C，§555〕

"我知道我要什么，愿望什么，相信什么，感觉什么……"（诸如此类一切心理动词）；这要么是哲学家的胡言，要么不是一个先天判断。〔PU，十一 §197〕

只有在一个人也可能说"我认为"或"我推想"的地方，只有在他可能有确信也可能没有确信的地方，他才可能说"我知道"。（你也许想用下面的例子来反驳我：人们有时说"可我一定知道我疼不疼！"，"只有你自己知道你是怎么感觉的"或诸如此类，那你应该检查一下这类话语的起因和目的。"战争就是战争"也满不是同一律的一个例子呢。）〔PU，十一 §199〕

可以设想在某种情况下我可能要让自己相信我有两只手。但通常情况下我却不可能这样。"但你只需把手举到眼前看看就行了。"——如果我现在竟怀疑自己有没有两只手，那我也不必须信任自己的眼睛。（我这时问问我朋友也是一样的。）〔PU，十一 §200〕

上一段所说的和下面这种情况是有联系的："地球存在了几百万年"这样的命题比"地球在最后五分钟里存在着"意义更为清楚。因为，你若主张后面这个命题，我就会问你："这个命题涉及的是哪些观察？哪些观察可能和它相反对？"——同时我却知道前一个命题属于哪个思想范围，和哪些观察相联系。〔PU，十一 §201〕

"新生儿没有牙。"——"鹅没有牙。"——"玫瑰没有牙。"——可最后这命题——人们要说——显然是真的！甚至比鹅没有牙还肯定。——可它却不那么清楚。因为玫瑰该在哪儿长牙呢？鹅在腭上没有牙。它翅膀上当然也没牙，但说鹅没有牙的没谁意谓这个。〔PU，十一　§202〕

我可以知道别人在想什么，但不可以知道我在想什么。

说"我知道你在想什么"是正当的，说"我知道我在想什么"是错误的。

（一大团哲学的云雾凝聚成一滴语法。）〔PU，十一　§203〕

"知道"在于，我会不明白可以从哪里产生出怀疑，哪里可以做进一步检验。〔C，356〕

我们可以说"他相信这件事，但事实并不是这样"，却不能说"他知道这件事，但事实并不是这样"。这是不是由于信念与知识的"心理状态"的不同？不是的。——我们大致可以把说话时的语气、姿势等等所表达的东西称作"心理状态"。所以，假使**可以**谈论确信的心理状态，那么，无论是知道，还是错误地相信，确信的心理状态却可以是一样的。以为"相信"和"知道"必定对应不同的心理状态，就好像认为"我"这个词和"路德维希"这个名字必定对应不同的人，因为这两个概念是不同的。〔C，§42〕

"知"的语法显然与"能"的语法很近。但也同"理解""领会""会"的语法很近。（"掌握"一种技术。）〔PU，§150〕

"知道"一词也有这种用法:我们说"噢,我知道了!"——同样"噢,我能了!""噢,我会了!"〔PU,§151〕

"B 理解这个系列的规律"当然不仅仅是:B 想到了 A_n=······这个式子。因为很可以想象他想到了这个式子却没有理解。"他理解"所含的内容一定多于:他想到这个式子。同样也多于:任何一种伴随着理解并或多或少指称出理解的特征的过程或外部表现。〔PU,§152〕

让我们引入两个对照的术语以便避免某些初级的混淆。对于"你怎么知道某某事情是这种情况?"这个问题,我们有时通过给出"**标准**"来作答,有时通过给出"**症状**"来作答。假如医学称咽炎是由一种特定的病菌引起的肿痛发炎,在特定情况下,我们问"为什么你说这个人得了咽炎?",则"我在他的血液里发现了某某病菌"这个回答给出了一个判定标准,或曰给出了可称之为咽炎定义标准的东西。另一方面,如果回答是"他咽喉肿痛",这也许给出了咽炎的一个症状。我用"症状"称这样一种现象:经验告诉我们,这种现象或这样或那样与我们立为定义性标准的那个现象耦合。因此,说"如果在某人体内发现这种细菌,那他有咽炎"是同语反复,或者是在粗粗陈述咽炎的定义。但是说"只要他咽喉肿痛他就有咽炎"则构造了一个假说。

实际上,假如你被问及何种现象是定义性标准,何种现象是一个症状,在大多数情况下你将无法回答这个问题,除非就一事论一事地做一个任意的决定。把某种现象当作定义性标准来定义一个词语，这可能是实用的，但是我们很容易被说服去用我们前面称作症状的东西来定义这个词语。医生也许从没有决定哪一种现象应被视作标准哪一种现象应被视作症状，但这并不妨碍他们使用疾病的名称。这不一定应被责备为缺乏清晰性。因为要记住，一般说来，我们不是按照严格的规则来使用语言，——我们也不是按照严格的规则被教会语言的。而另一方面，**我们**，在我们的讨论中，却经常把语言比作计算，后者是依照精确的规则进行的。

这是一种极为片面的看待语言的方式。实际上，我们极少像计算那样使用语言。我们不仅在使用语言时不会想到使用的规则——想到定义等等——而且，在大部分情况下，要我们给出这样的规则，我们也给不出。我们不能清晰地界定我们使用的概念；不是因为我们不知道它们真正的定义，而是因为它们并没有真正的"定义"。设想它们**必定**有真正的定义，就像设想：只要孩子们玩球，就是在根据严格的规则玩一个游戏。

当我们谈论语言就像在谈论精确计算中的符号系统，我们心里所想的东西可以在科学和数学中找到。我们日常语言的使用仅在极少情况下合乎这种精确性的标准。〔BB，24—25 页〕

"我知道"有一种基本的意义与"我看见"类似并有亲缘（"Wissen""videre"）。"我知道他在屋里，但他并不在屋里"同"我看见他在屋里，但他并不在屋里"相类似。"我知道"据说表达一种关系，不是我与一个命题意义之间的关系（像"我相信"那样），而是我与一个事实之间的关系。这样，**事实**就被摄入我的意识之中。（也就是根据这一点，人们要说：我们真正**知道**的，不是外部世界发生的事情，而只是在所谓感觉与料领域内发生的事情。）于是是这样一幅关于知道的图画：通过视觉光线知觉到一个外部事件——这些视觉光线把该外部事件如其所是的那样投射到眼睛和意识之内。只不过立刻就来了这个问题：这种投射本身我们能否确知？这幅图景显示的是我们关于知形成了什么**意象**，而不是为这种意象提供根据的东西。〔C，§90〕

摩尔对"我知道……"这个句子的误用在于：他把这个句子当作一个像"我疼"一样难以怀疑的表达。此外，因为从"我知道情况是这样"能够推断出"情况是这样"，所以对后者也不能加以怀疑。〔C，§178〕

或者这么说："我相信……"是一种表达，而"我知道……"却不是。〔C，§180〕

就仿佛"我知道"容不得一种形而上学的强调。〔C，§482〕

知归根到底基于承认。〔C，§378〕

一个人知道些什么，总是仰赖自然的恩惠。〔C，§505〕

我要说：人们并不是在某些点上完全确实地知道真理。不是的。完全的确实性只涉及人们的态度。〔C，§404〕

但即使在这里当然还是有个错误。〔C，§405〕

我想达到的目的也表现在对两种"我知道"的区分上，一种是在平常生活中人们所说的那样，不经意说出"我知道那是……"，另一种是在哲学家口中说出这话。〔C，§406〕

因为当摩尔说"我知道那是……"时，我就想回应说："你什么也不知道！"——而一个不带哲学意图的人这么说的时候，我就不会这样回应。也就是说，我（正确地？）感到这两者想说的是不同的东西。〔C，§407〕

可以说"没有怀疑之处也就没有知"吗？〔C，§121〕

说到知，是不是颇像说到收集？〔C，§539〕

一个盲人能很容易查出我是不是也失明；例如，他可以用手做个动作，问我他做了什么。〔BF Ⅲ，§344〕

我们不能设想一个盲人部落吗？它不能在某些环境中生存下去吗？明目人不可以只是例外吗？〔BF Ⅲ，§345〕

解　　释

　　要求对否定做出解释，这时，真正的回答是：难道你不懂吗？你要是懂得，那还有什么需要解释呢，还有什么是解释能够做的呢？

　　你一定知道**解释**这个词的意思是什么。一直有一种危险，要在物理学中使用这个词的意义上把它用在逻辑学中。〔KMS，270 页〕

　　听你解释的人不满意，解释就不成立。〔LCA，Ⅲ §10〕

　　我们会怎样向别人解释什么是游戏呢？我想我们会向他描述一些游戏，也许还会加上一句："这个，以及诸如此类的，就叫'游戏'。"难道我们自己知道得更多些，只是无法确切告诉别人什么是游戏吗？〔PU，§69〕

　　我描述说："植物覆盖了这整片地面。"——你会说我如果不能给"植物"下个定义我就不知道自己在说什么吗？

　　也许我会拿一张画来解释我的意思，说"地面看上去差不多是这样的"。我甚至会说："地面看上去**准准确确**就是这样。"——那么，地面上是不是恰恰有**这些**草**这些**树叶准准确确在这些位置上

呢？不是的，这不是我的意思。在**这个**意义上我不会承认任何图画
是精确的图画。〔PU，§70〕

　　我们可以说"游戏"概念是一个边缘模糊的概念。——"但模
糊的概念竟是个**概念**吗？"——一张不清晰的照片竟是某人的照片
吗？用一张清晰的照片代替一张模糊的照片总会更好些吗？那张
不清晰的照片不正经常是我们需要的吗？

　　弗雷格把概念比作一个区域，说界线不清楚的区域根本不能
称为区域。这大概是说我们拿它没法干啥。——然而，说"你就
停在那边"毫无意义吗？设想一下我和另一个人站在一个广场上
说这句话。我这时不会划出任何界线，只是用手作了个指点的动
作——仿佛是指给他某个确定的**点**。而人们恰恰就是这样来解释什
么是游戏的。举出些例子，希冀这些例子能在特定的意义上得到领
会。——但我的说法并非意谓他应该从这些例子看出我由于某种
原因说不出来的某种共同点；而是：他应该以特定的方式**使用**这些
例子。举例在这里并不是——由于缺少更好的办法而不得不采用
的——**间接的**解释办法。因为任何一般的解释也都可能被误解。而
我们正是**这样**来做游戏的。（我意谓使用"游戏"一词的语言游戏。）
〔PU，§71〕

　　我们把什么称为"精确"的解释？也许是用粉笔线划出来的一
个区域？这时我们立刻想到线是有宽度的。那么，粉笔线颜色的
边界要更精确些。但这种精确在这里还有什么作用？岂非无的放
矢？而且我们还没有确定什么才算越过了这条鲜明的界限，用什么

方式什么仪器来确定，等等。

　　我们懂得什么叫把怀表调到准确的钟点，或把它的走时校准确。但若问到：这个准确是理想的准确吗，或它同理想的准确有多接近，我们该怎样回答？——当然，我们可以说到另一些测量时间的方式，它们有着不同的准确度——我们会说这些时间度量比怀表的时间度量更准确。在那一类时间度量那里，"把表调到准确钟点"这话就有着不同的、虽然是相关联的含义，"报时间"则是一个不同的过程，等等。——我对某人说："你来就餐应该更准时些，你知道我们准一点钟开始。"——这里就真的谈不上**准确性**吗？就因为人们可以说"想想实验室或天文台是怎么确定时间的，**在那儿你就明白'准确'的含义是什么了**"？

　　"不精确"其实是贬，而"精确"是褒。但这是说，不精确的不能像较精确的那样充分达到目的。于是关键就在于我们称为"目的"的东西。我说出太阳离我们的距离没有准确到一米，或告诉木匠桌子的宽度没有准确到千分之一毫米，那是不精确吗？

　　从来没有规定出准确性的**唯一**理想。〔PU，§88〕

原因与理由

原因·理由·解释总有到头的时候

原因

"原因"有很多很多不同的用法,例如:

什么是失业的原因?什么是这种表达的原因?问的是实验和统计。

什么是你吓了一跳的原因?那个噪音。问的是理由。

什么是那个轮子转动的原因?问的是机制。〔LCA,2.12〕

把某种东西称作"原因",就像指着一个人说:"他的错!"〔PO,268页〕

有一种"为什么",对它的回答并不能让我们做出预测。例如有些万物有灵论的解释就是这样。弗洛伊德的解释,或歌德颜色学说中的解释,其中很多也属于这一类。这类解释给我们一种类比。于是,现象不再是孤零零的,它与别的现象联系起来,而我们有了安全感。〔LW Ⅱ,86页〕

一个系统的开端状态和终结状态为什么就不可以越过两者之间的状态而〈直接〉连接？（只要别去想作用力！）〔RPP Ⅰ，§909〕

命运与自然法则正相反。我们想要论证自然法则，运用它，但对命运不是这样。〔Z，§680〕

动机和原因的区别是什么？——我们怎样发现动机，又怎样发现原因？〔PU，十一 §224〕

意义的因果理论混淆了动机和原因。动机包含在行为中，原因则否。〔LWL，117页〕

人说："我很害怕，因为他样子那么凶。"——这里看上去像是不经反复实验直接认识了原因。〔PO，266页〕

我们难道不是直接认识到疼痛是我们遭受的打击造成的？这不就是原因而这一点无可疑问吗？——但不也蛮可以设想在有些情况下我们把这弄错了吗？而后来才认识到自己弄错了。好像有什么东西打到我们，同时我们觉得疼。（我们有时以为一个声响是自己的一个动作弄出来的，而后认识到那个声响跟我们的动作没关系。）

当然，这里有一种真实的经验，完全可以叫做"因果经验"。但不是因为它从不出错地向我们显示了原因；而因为在寻找原因的时候，这里有因果语言游戏的**一个**根源。〔PO，267页〕

有一种反应可以称作"对原因做出反应"。——我们也会说"追索"原因；一个简单的例子是沿着一条绳索向前走，看看谁在拽它。我现在看见他了——我怎么知道是他，是他的拽，是绳索活动的原因？我是通过一系列实验确定这一点的吗？〔PO，276 页〕

"怀疑——我可以说——必定会终止于某处。我们必定在某处——无所怀疑——说：**这**是由于**这个原因**发生的。"〔PO，270 页〕

〈设计房屋时这样安排门窗让我觉得不舒服。〉说"我觉得不舒服并且知道原因"是极其误导的，****** 这听上去像是说有两件事在我心里发生：觉得不舒服和知道原因。〔LCA，2.16〕

在这些情况下几乎从来不用"原因"这个词。你用"为什么"和"因为"，但是不用"原因"。〔LCA，2.17〕

你也许会说这种不舒服"有指向"，例如我怕你，我的不舒服是有指向的。****** 说"觉得有指向"我们仿佛是给出了一种语法解释。〔LCA，2.18〕

不舒服—原因，疼痛—原因。这么说倒容易："难道我们不能甩开这个类比吗？"不能。我思考不舒服—原因，疼痛—原因关系自然而然就来了。〔LCA，2.20〕

应当把害怕的对象和害怕的原因区别开来。
因而，一张让我们害怕或让我们欢喜的面孔（害怕或欢喜的对象),并不是这些感情的原因,而是——我们可以说——它们的方向。
〔PU, §476〕

　　经常听到人说,某事物由另一事物导致实不过是伴随关系
(Concomitance)。这不是非常古怪吗? 是非常古怪。"那只是一种
伴随关系",这里的"只是"意味着你承认那还可以是另外的什么。
这种说法或许可以是一个经验命题,但我看不出它若是经验命题它
说的是什么。这种说法意味着你知道某种不同的东西,某种不同的
联系。他们说"不存在必然联系"的时候他们要否定的是什么呢?
〔LCA, 2.22〕

　　我们谈论逻辑必然性的时候,我们有一种超级机制的想法,例
如,把物理学当作某种理想,借以把事物还原为机制,或还原为某
个东西碰撞另一个东西。〔LCA, 2.25〕

　　我们说一些人判某人死罪,我们也说法律判他死罪。"尽管陪
审团可以开释他,但法律不能。"(这可能是指法律不会受贿等等。)
某种关于超级严格的东西的想法,某种比任何法官都更严格的东
西,某种超级固定性。这里要紧的是,你倾向于问:"我们还能设想
更严格的东西吗?"差不多不能。但我们倾向于用一个最高级来表
达。〔LCA, 2.26〕

　　超级硬度的观念。"几何杠杆比随便什么别的杠杆都更加坚
硬。它不会弯曲。"你在这里有了一个逻辑必然的例子。"逻辑是用
无限坚硬的材料做成的机制。逻辑不会弯曲。"(的确,不可能再弯

曲了。）我们就这样到达了某种超级的东西。某些最高级就是这样
来的，它们就是这样被使用的，例如无限。〔LCA，2.27〕

"追索机制无非是发现伴随。"〔LCA，2.30〕

〈不过〉你〈仍然〉说："这个推动了那个。"〔LCA，2.33〕

我们常倾向于把某些东西还原为另一些东西。我们发现有时
那是伴随，于是激动起来，想说所有机制真正说来都是伴随。〔LCA，
2.34〕

理由

在哪些情况下我们说我们给出了做一件事的理由，在哪些情况
下说原因？对"你为什么移动你的手臂"这个问题，若给出一个行
为主义的说明，那你是确定了原因。原因可以通过实验发现，但实
验不产生理由。******"数学证明还是经验证据"这个二择一与"理
由还是证明"相对应。〔AWL，133—134 页〕

以前的经验固然很可能是我现在的确实性的原因，但这是它的
根据吗？〔C，§429〕

我们恰恰是把列举以往的事情称为它将来会发生的根据。——
你要是对我们所作的这样一种游戏感到奇怪，那我就引用某种以往
经验的**后效**（引用烧伤过的孩子怕火这一事实）。〔PU，§480〕

给出理由有时是说"我实际上是这么来的"，有时是说"我可以这么来"，即，有时我们所说的其作用是提供理据而非报道所做的事，例如，我背出了这个问题的答案，但若问我为什么这么回答，我给出能得出这个答案的过程，尽管我不是通过这个过程做出回答的。〔LCA，3.15〕

"我们为什么惩罚罪犯？是出于报复的欲望？是为了防止再次犯罪？"诸如此类。实际上没有一个唯一的理由。存在着一套惩罚罪犯的制度。不同的人出于不同的理由支持它。〔LCF，Ⅲ〕

人们把什么当作有理由的，显示出他们怎样思想怎样生活。〔PU，§325〕

可靠的根据是**看来可靠**的根据。〔PU，§483〕

"我从屋里出去，因为你命令我这样做。"
"我从屋里出去，却不是因为你命令我这样做。"
这个句子描述了我的行为和他的命令之间的联系抑或建立起这种联系？
能不能问："你怎么知道你这样做是因为这个，或不因为这个？"若回答竟是"我觉得是这样"呢？〔PU，§487〕

如果真实是有所根据的东西，那么这根据就不是真的，然而也不是假的。〔C，§205〕

我们也许可以说"我给不出你根据，但若你学得多了你也会这样想"。

若结果不是这样，那就意味着他学不会（例如）历史。〔C，§206〕

"你根据什么这么认为？"这一问题可能意味着："你是根据什么推导出这种看法的（你推导过吗）？"但也可能意味着："你事后能为这种看法向我提供什么根据？"〔PU，§479〕

解释总有到头的时候

直觉在先，说理其次。直到有了语言游戏，才有了理由。〔RPP Ⅱ，§116〕

任何解释总有到头的时候。〔PU，§1〕

假定我解释说："只要曾有那么个人带领以色列人逃离埃及，我在'摩西'名下所理解的，就是那个人，无论他当时叫什么，无论他做过没做过其他的事。"——但对这一解释里的语词也可能提出类似关于"摩西"的疑问（你称作"埃及"的是什么？你称作"以色列人"的是谁，等等？）。我们追问到"红色""黑暗""甜"等语词，这些问题也一样没个尽头。——"但若一个解释不是最终的解释，它对我的理解又有何补益？那么解释就总没个了结；于是我就仍旧不理解而且永远不理解他的意思是什么！"——仿佛一个解释若没有另外一个解释的支持就悬在半空中似的。其实，一个解释虽可能依栖在已经给出的另一个解释之上，但什么解释都不需要另一个解释——除非**我们**为了避免误解而要求一个。也许可以说：解释就是用来消除或防止误解的——即那种也许不加解释就会发生的误解，而不是所有我能设想出来的误解。〔PU，§87〕

这理所当然，**那**不合情理。但理由之链是有尽头的。〔PU，§326〕

我曾说我将与他者"争胜"，但我不会给他讲出理由吗？当然会。但这些理由能达到多远？理由穷尽处，是劝说。（想想传教士让土著人改信宗教时的情况。）〔C，§612〕

通过经验作论证，这是有尽头的。若没个尽头，它就不是论证了。〔PU，§485〕

论证，为证据提供辩护，这终会有个尽头，但是尽头并不是：某些命题对我们直接显明为真，即，从我们这方面说，尽头并不是一种看，而是我们的行动，因为行动才是语言游戏的根基。〔C，§204〕

这里，压倒性的诱惑是在一切早已得到描述时，仍然想说出更多东西。——这种压力从何而来呢？它产生于什么样的类比，什么样的错误解释？

这里我们遭遇到的是在哲学研究中一种突出的典型现象。我要说，困难不在于找到一种解决办法，而在于承认某些对它来说好像只是初级的东西就是解决办法。"所有东西我们已经说过了。——不是某些紧随它而来的东西,不是的,它本身就是解决!"

我相信,这与我们对解释的错误期待相联系。相反,如果我们以正确的方式去考虑,在适当的地方给出的描述就是对困难的解决。如果我们仔细打量它,而不企图越过它。

这里的困难是:停下来。〔Z,§313—314〕

为什么在我想从椅子上站起来时无须使自己确信我仍然有两只脚?并没有为什么。我只是不这样做。我就是这样行事的。〔C,§148〕

对于"我就是知道"这种确实性,我现在不想把它看作某种与草率或肤浅相类似的东西,而是想把它看作(一种)生活形式。(这样表达很糟糕,这样想多半也不好。)〔C,§358〕

但这意味着我要把它视作位于有合理根据和没有合理根据之外的东西;于是仿佛视作某种动物性的东西。〔C,§359〕

那些总是在问"为什么"的人,就像这样的游客,他们站在一座建筑前面,只顾阅读导游手册,阅读这座建筑的建造史,等等,结果妨碍了他们看这座建筑。〔CV,56页〕

历史书里关于原因结果的唠叨,没有什么比这更愚蠢了;比这更颠倒是非,更少审思。——但谁能靠指出这一点止住这唠叨?〔CV,85页〕

思　　想

思考就是**消化**。〔NMM，35 页〕

怎么才能琢磨出：人**为什么**思想？〔PU，§468〕

人思考是因为思考合算？——是因为他想到了思想有利可图？（人养孩子，因为养孩子合算？）〔PU，§467〕

然而我们可以说思想划得来。例如，自从我们不再根据感觉而是根据这样那样计算来决定炉壁的强度，或自从我们让一个工程师的每一步计算都由第二个工程师加以检验，锅炉爆炸现在就比以前少了。〔PU，§469〕

那么，人思想**有时**的确是因为思想划得来。〔PU，§470〕

往往当我们把"为什么"的问题压下来，我们才意识到那些重要的**事实**；这些事实后来才在我们的探索中引向答案。〔PU，§471〕

我们设想有个人在做一项工作，包括比较、尝试、选择等。例如，用一套给定的工具把一些材料装配成一件用具。时不时碰上

"这里我应该用**这块**材料吗?"这样的问题。——丢开这块材料,试试另一块材料。试着把几样材料装配在一起,又拆散;再试试哪样合适,等等。我现在设想整个过程被拍成了片子。这个干活儿的人也一边在嘟嘟囔囔,"哼""哈!"。就像说是迟疑、灵机一动、下决心、满意、不满等的声音。但他一个词儿也没说。这些声音则可以包括在片子里。现在把片子放给我看,我编出了这个人的一套独白,与他的工作方式、工作节奏、他的表情变化、他的姿态、他自然发出的声音都相配。这样,我让他有时说:"不,这块太长了,也许另一块比较好。"——或:"我现在该怎么办?"——或:"有了!"——或:"这太好了!"等等。

如果他开口说话——如果他现在来准确描述事情的实际过程,说:"我当时想:不,这不行;我必须试试另一块"等等,那会歪曲实际过程吗——尽管他在干活儿时一言未发,而且根本没设想过这些话?

我要说:难道他事后不能用话语来复述他无语词的思想吗?即这样一种复述:当时观察他干活儿的我们能够接受这种复述。——尤其是,如果我们不是只观察过一次,而是曾多次观察他干活儿。〔Z,§100〕

当然,我们不能把他的"思想"和他的活动分开。这思想并不是他的活动的伴随物,就像思想并非"思忖着说"的伴随物。〔Z,§101〕

假使我们看到一些生物在干活儿,它们的工作**节奏**、表情变化和我们的相似，只不过他们**不说话**，那么我们也许会说，他们思想、考虑、做决定。那里有**很多**和寻常人类相应的东西。而这里无法断然决定，一定要有**多准确**的相应，我们就可以合理地把"思想"这个概念也应用到他们之上。〔Z，§102〕

我们又干吗要做出个决定呢？

我们要在两类生物之间做出一个重要的区分，一类能够学会"以机械方式"从事一项工作，甚至是很复杂的工作，另一类则在工作时试错、比较。——但我们称作"试错"和"比较"的东西，我又只能借一些例子来解释，而这些例子又将取自我们的生活，或取自与我们的生活相似的生活。〔Z，§103〕

如果他玩耍之际或偶然之间把某些事情结合起来了，而他现在把那当作方法用来做这事或做那事，那我们会说：他思想。在考虑之际，他会让方式方法在他心智的眼睛前演示。但为此他必须已经储备了某些方式方法。思想使他有可能**完善**他的方法。或不如说：如果他以某种方式完善他的方法，那他就"思想"。〈边注：这种探究是什么样子的？〉〔Z，§104〕

也可以说：一个人以某种特定的方式**学习**，他就思想。〔Z，§105〕

我们也可以这么说：工作时**思想**的人将常常把一些**辅助活动**添插到他的工作中。"思想"这个词并不指谓这些活动，就像思想也并不是言谈。虽然"思想"这个概念是借某种虚构的辅助活动的方式

形成的。(就像可以说微商概念是借一种常规的商的方式形成的。)〔Z，§106〕

这些辅助活动不是思想；但人们把思想想象为溪流，如果这些辅助手段不该是纯粹的机械操作，那就一定有思想之流在这些辅助手段的表面之下流过。〔Z，§107〕

如果只有极少几个人不用口算笔算就能给出算术题的答案，那我们并不能引用他们作证来表明进行计算也可以不用符号。因为这些人究竟是否在做"算数"，这一点并不清楚。同样，Ballard 的证词(见詹姆士)也不能让我们信服，人可以思想而没有语言。

是啊，人们为什么要在没有语言之处说到"思想"呢？如果人们的确这样说到，那么，它显示的是某种关于思想这个概念的东西。〔Z，§109〕

"思想"，一个枝杈众多的概念。这个概念连系着很多生命表现。思想-**现象**散布得很广。〔Z，§110〕

我们完全没有准备好去完成描述"思想"一词用法的任务。〈我们干吗要准备停当？这样一种描述要干什么用？〉

人们关于思想所形成的幼稚观念根本与实际情况不合。我们期待一个平滑的、中规中矩的轮廓，得以看到的却是残残断断的。这里真可以说，我们做了一幅不真实的图画。〔Z，§111〕

不应该期待这个词有一致的用法；该期待的毋宁正相反。〔Z，

§112〕

我们从哪里取来我们这里所要考察的"思想"概念？从日常语言。首先为我们的注意力提供导向的是"思想"这个词。但这个词的用法一团乱麻。我们也不可能期待不是这样。所有心理动词当然都可以这么说。它们的用法不那么清晰，不那么容易综观，例如，不像力学语词那样。〔Z，§113〕

我们在某些环境中学习"思想"这个词，即，学习其用法，但我们没有学习描述这些环境。〔Z，§114〕

但我**能够教给**一个人这个词的用法！因为为此并不需要描述那些环境。〔Z，§115〕

我只是**在这些特定环境中**教给他这个词。〔Z，§116〕

大致只有说到人我们才学说这个词，断定他思想或否定他思想。在他的语言用法中不存在"鱼思想吗？"这个问题，**它不出现**。（有什么比这样一种状况、这样一种语言用法更理所当然呢？）〔Z，§117〕

机器当然不会思想！——这是一个经验命题？不是。只有说到人，以及和人相似的东西，我们才说他思想。我们还这样说布娃娃，当然还有精灵。把"思想"一词当作工具来看看它！〔PU，§360〕

"从来没谁想到**这种**情况"——我们可以说。尽管我不能罗列可以使用"思想"一词的所有条件，——但，如果在某种情况下使用这个词启疑，我就可以这么说，而且还可以说出这种状况**怎样**偏离了寻常状况。〔Z，§118〕

我学会了在某间特定屋子里做某件特定的事情〈例如收拾房间〉，掌握了所有相关技巧，从这里推不出，我一定有把握描述这间屋子里的家具什物；尽管它们有了改变我都会立刻看出来，而且马上能描述出这些改变。〔Z，§119〕

很容易设想，有个人对一座城市了如指掌，就是说，很有把握从城市的每个地方找到去另一个地方的捷径，——但仍然完全没有能力画出这座城市的地图。他要是试着画一张，画出来的东西就是**完全错误**的。（我们的"本能"概念。）〔Z，§121〕

想一想，我们的语言也可以有一些不同的词：用于"发声的思想"；用于在想象中有所思想地自言自语；用于话语中断之际，这时候有些什么掠过脑际，至于那是什么，我们能够有把握给出回答。
一个词用于用句子表达的思想；一个词用于事后可以"穿上语词"的一闪念；一个词用于思考着但不说话的工作。〔Z，§122〕

"思想是一种心智活动"——思想**不是**一种身体活动。思想是一种活动吗？我们可以让一个人"好好想想"。但若他遵行这个指令时自言自语甚或对别人说话，那他是做着**两个**活动吗？〔Z，§123〕

比较一下思想的现象和燃烧的现象！燃烧，火焰，不会让我们觉得谜谲吗？为什么火焰比桌子更谜谲？——我们怎么澄清这个谜？

那么，思想之谜应该怎么澄清？像澄清火焰之谜那样吗？〔Z，§125〕

火焰谜谲，不是因为它无法把捉吗？挺好——但为什么这就让它谜谲？为什么无法把捉的要比可把捉的更谜谲？除非，因为我们**意图**把捉。〔Z，§126〕

人们说，灵魂**离开**身体。为了把它与身体的所有相似之处消除干净，为了绝不要以为那意味着某种气态的物质，人们说：灵魂是非实体的，非空间的；但一用到"离开"这个词，人们已经把什么都说了。显示给我你怎么使用"灵魂的"这个词，我就能看到灵魂是不是"非实体的"，以及你在"心灵"名下所理解的是什么。〔Z，§127〕

我倾向于说到无生命之物时像是说到某种缺了点儿什么的东西。我断然把生命视作某种增加，添加到无生命之物上的某种东西。（心理氛围。）〔Z，§128〕

说到桌子椅子，我们不说"它此时在思想"，也不说"它此时不在思想"，也不说"它从不思想"；说到植物，说到鱼，也是这样；说到狗，差不多也是这样；只有说到人。甚至不是说到所有人。

"桌子不思想"不可与"桌子不长个儿"这类说法相提并论。（我

根本想不出"假使"桌子思想,"那会是什么样子"。)这里显然有一个逐步的过渡,直到人这一例。〔Z, §129〕

想　与　说

孩子只学说话，抑或也学思想？他是在学习乘法**之前**——抑或**之后**学习乘法的意义？〔Z，§324〕

在俄语里，人们说"石头红"而不说"石头是红的"；他们是在意思上省掉了系词呢抑或**通过思想**加上系词呢？〔PU，§20〕

思想和意图既不是"分环勾连的"也不是"不分环勾连的"，既不可以和行动和讲话之际发出的单个声音相提并论也不能和一个曲调相提并论。〔PU，十一 §168〕

"说"（无论出声或不出声）和"想"不是同一种类的概念；尽管二者联系得极为密切。〔PU，十一 §169〕

如果也可以说心灵状态"伴随"着话语，其意义却和某种姿势伴随着话语不同。（就像一个人可以独自旅行而我的祝愿却伴随着他，就像一间屋子可以空无一物却又充满光线。）〔PU，§673〕

意谓不是伴随这话的活动。因为没有哪种活动会具有意谓的结果。

（与此相似，我认为可以说：计算不是实验，因为没有哪种实验会具有一次相乘所特有的结果。）〔PU，十一 §179〕

说话的确有重要的伴随活动；不假思索的说话经常没有这些伴随活动，从而我们可以借此识别它。但这些活动却不是思想。〔PU，十一 §180〕

思想有时也会尚未成熟就从树上掉落。〔CV，38 页〕

我可以闪电般地整个看见或理解一个思想，就像我可以用不多几个字甚或几个线条记录下这个思想。

什么使得这个记录成为这个思想的概要？〔PU，§319〕

我们努力寻找——例如在写信的时候——正确地表达我们思想的语词之际，发生的是什么？ ******

若有人问："你在有表达式之前有没有思想?"——我们须回答什么？又该怎么回答这个问题："在表达式之前就已存在的思想是由什么组成的?"〔PU，§335〕

只有学会了说，才能有所说。因此，**愿有所说**，就必须掌握一种语言；但显然，可以愿说却不说。就像一个人也可以愿跳舞却不跳。〔PU，§338〕

威廉·詹姆士为了说明没有语言的思想是可能的，曾引用聋哑人巴拉德先生的回忆，其中写道，他在童年时，甚至在会讲话之前，

就产生了关于上帝和世界的思想。——这说的能是什么呢？——巴
拉德写道："就是在那几次愉快的小旅行期间，在我开始学习初级的
书面语言的两三年之前，我开始问自己：世界是怎么形成的？"——
我们要问：你肯定这话正确地把你不借语词的思想翻译成了话语
吗？为什么冒出来的是这个问题？——这样一个问题通常似乎并不
存在。我要不要说作者的记忆欺骗了他？——我甚至不知道我会不
会说**这个**。这些回忆是一种稀奇的记忆现象——我不知道能从这些
回忆中对叙述者的过去得出些什么样的结论。〔PU，§342〕

我们不说一条狗**有任何可能**对自己讲话。这是因为我们非常
熟悉它的灵魂吗？就算我们可以这样说：看到了一个生物的行为举
止就看到了它的灵魂。——但说到我自己，我也因为我如此这般行
为举止才说我对自己讲话吗？——我**不是**基于对我的行为举止的观
察这样说的。但只因为我如此这般行为举止，这话才有意义。〔PU，
§357〕

我怎么找到"正确的"的语词？我怎么在诸语词之中进行选
择？颇有些时候我仿佛依照它们气味的细微差别来比较它们：这一
个太这个了，那一个太那个了，——这个正对。——但我未必每次
都评判、说明；经常我可能只说："反正这个还不合适。"我不满意，
继续搜寻。终于冒出一个词："就是它！"有时我能够说出为什么。
在这里，搜寻和发现看起来就是这样。〔PU，十一　§183〕

〈"这个词就在我嘴边上。"〉对这一点，詹姆士其实要说的是：

"多奇妙的经验！词还不在那里，却又在某种意义上已经在那里了，——或某种只能够生长成这个词的东西已经在那里了。"——但这根本不是什么经验。把它解说为经验，它看上去当然就很奇怪了。这正像把意图解说为行动的伴随物，却也正像把 -1 解说为基数。〔PU，十一 §187〕

不出声的"内在的"话语不是某种藏头露尾的现象，仿佛要通过一层面纱才能觉察它。它根本不是隐藏着的，但它的概念却容易使我们糊涂，因为这概念有很长一段路紧贴着某种"外在"活动的概念同行，却又不与后者互相涵盖。〔PU，十一 §189〕

别人在心里说些什么对我是隐藏不露的，这原包含在"在心里说"这个概念里面。只不过这里用"隐藏"这个词不对；因为若说对我隐藏着，那对他自己就应该是公开的，他一定知道说的是些什么。他却并不知道，只不过我确实有怀疑的余地而他却没有。〔PU，十一 §195〕

在心里对自己讲话是个什么样子；这时发生的是什么？——我该怎样解释？就按你怎么能教会一个人"对自己讲话"这句话的含义那样做。我们从小就学会了这个含义。——只不过，没有人会说，教会我们的人告诉了我们"这时发生了什么"。〔PU，§361〕

思 想 的 对 象

"思想，这个稀奇东西"——但我们思想时并不觉得它稀奇。我们思想时也不觉得思想神秘，而唯当我们仿佛反省着说："那怎么可能？"，我们才觉得思想神秘。思想刚才怎么可能处理这个对象**本身**？我们觉得我们似乎是用思想把实在捕到了网里面。〔PU，§428〕

思想和现实一致、和谐，这在于：当我错误地说某种东西是**红**的，那种东西尽管如此却仍不是**红**的。而当我要对某人解释"那不是红的"这句话里的"红"字，我这时指的是某种红的东西。〔PU，§429〕

苏格拉底对泰阿泰德说："想象不总是得想象某种东西吗？"——泰阿泰德："毫无疑问。"——苏格拉底："想象某种东西，那东西不就必须是某种真实的东西吗？"——泰阿泰德："看来是的。"

要画，不是就得画个什么东西吗——画个什么东西，那东西不就是某种真实的东西吗？——好的；可什么是绘画的对象呢：人的图画（例如）抑或图画所表现的那个人？〔PU，§518〕

很多很多哲学上的困难,都关系到我们正在考察的"愿望""设想"等表达式的那种意义。这些困难都可以归结于一个问题:"我们怎么可能思想非真实的情况?"

这个问题是哲学问题的一个典型。它问道:"我们怎么可能……?"我们必定承认,没有比思想非真实的情况更容易的事情了,然而同时,上面提出的那个问题却仍然让我们困惑。我的意思是,这再次向我们表明,我们所遇到的困难并非缘于我们不能想象怎样去想一件事情;正如关于度量时间的哲学困难并非缘于我们不能想象实际上怎样去度量时间。我这样说,是因为我们的困难有时候似乎像是在于我们难以准确回忆起我们在想某件事情时都发生了什么,即,那是反省方面的困难,或诸如此类;然而事实上,困难缘于我们通过误导人的表达方式的中介来观察事实。

"我们怎么可能思想非真实的情况?我设想国王学院着火了,而它实际上没有着火,国王学院着火的事实就不存在。那么我怎么可能思想它?我们怎么可能绞死一个并不存在的小偷?"我们的回答可以取这样的形式:"他不存在,我就不能绞死他;但他不存在,我却能寻找他。"

这里,我们被"思想的对象"和"事实"这些名词所误导,被"存在"这个词的不同意义所误导。〔BB,30—31 页〕

让我们回到"什么是思想的对象"这个问题(例如当我们说"我认为国王学院着火了")。

我们这样提出这个问题,表达方式里已经含有几种混淆。为了看到这一点,只须注意这一事实:它听起来几乎像个物理学问题;

好像在问："物质的最终组成成分是什么？"（这是一个典型的形而上学问题；形而上学问题的特征是，我们用科学问题的形式来表达关于语词的语法的含糊不清。）

我们问题的一个根源是"我认为 X"这个命题函式的双重用法。我说"我想某事将要发生"或者"某事是如此这般"，我也说"我和他想的一样"；我们说"我期待他"，也说"我期待他会来"。比较"我期待他"和"我射击他"。他不在，我们不能够射击他。于是出现了这样的问题："我们怎么能够期待非真实的事物呢？""我们怎么能够期待不存在的事情？"

摆脱这种困境的方法似乎是：我们所期待的不是事实，而是事实的影子；仿佛那是仅次于事实的东西。我们曾经说过这只是把问题推后了一步。这种关于影子的观念有好几个来源。其中一个是：我们说"不同语言的两个句子当然可以有相同的含义"；我们论争说，"所以，语句的意义不同于语句本身"，于是问道："什么是意义？"我们把"那东西"想成影子一般的存在，当我们要给名词以意义而名词没有物质对象与之相应，这是我们创造出来的东西之一。

思想的对象是影子般的存在，这个想法的另一个来源是：我们把影子想象为一幅我们对其意向**不可能提出疑问**的图像，也就是说，对于这个图像，我们并不解释它以便理解它，而是无须解释就理解了它。然而有一些图像，我们应该说，为了理解它们，先须进行解释，也就是说，须把它们翻译成了不同的图像；而另一些图像，我们应该说，我们无须进一步解释就直接理解它们。你看到一封用密码写成的电报，你知道解码的方式，一般说来，你不会说你在把它翻译成日常语言之前就懂得这封电报。当然，你仅仅是用一种符号取代了另一种符号；但是现在你用你的语言来读这封电报，并没有进一步的解释发生。——但也可能，在某些场合，你再次翻译这封电报，比如说翻译成一幅图像；这时你依然只是用一串符号取代了另一串符号。

＊＊＊＊＊＊粗略地说，复制品若很容易被当成它所表象的东西，它就是好的图像。

地球仪半球的平面投影之为图像，不是由于相似，或由于它是这种意义上的复制品。可以想象，我用一种奇特的方式把某个人的面部投影在一张纸上，尽管按照我所采用的投影规则我做得正确，通常谁都不会称这个投影为"某某人的一幅好的肖像"，因为它一点儿也不像他。

如果我们心里记着一幅图像可能尽管正确却与它的对象毫无相似之处，那么在句子和实在之间插入一个影子就没有任何意义了。因为句子本身就可以充当那个影子。句子正是这样一幅与它所表象的东西毫无相似之处的图像。如果我们不解句子"国王学院着火了"怎么能是国王学院失火的图像，我们只需问问自己："我们应该怎样解释这个句子的意思？"这样一种解释也许由实指定义构成。我们会说，例如，"这是国王学院"（指着那座建筑），"这是大火"（指着火）。这显示了词语和事物可能的连接方式。

我们希望发生的事情必定作为影子存在于我们的愿望里，这个念头深深地扎根于我们的表达式的形式之中。但事实上，我们可以说，这仅仅是比我们真正应该说的东西稍逊一筹的谬论。要不是它太荒谬的话，我们简直应该说我们所期望的事实一定存在于我们的愿望之中。因为若不是我们所愿望的东西本身存在于我们的愿望之中，我们所愿望的怎么能**正是这个东西**？这样说并不错：仅仅有个影子是不行的；因为影子离对象还差一步；我们要求的是希望包含对象本身。——我们要求，史密斯来到这个房间这一希望应该是希望**史密斯**本人，而不是任何替代者，**来到**，而不是任何替代者，**这个房间**，而不是任何替代者。但这恰恰是我们所说的。

****** 为了理解我们的表达式"我们愿望的对象"的语法，让我们考虑一下我们怎样回答"你的愿望的对象是什么？"这一问题。这一问题的回答当然是："我愿望如此这般的事情发生。"但若我们继续追问："这个愿望的对象是什么？"，我们该怎么回答？只能是重复我们刚才关于那个愿望的表达，或翻译成某种另外的表达形式。例如，我们可能用另一些话陈述我们所愿望的事物，或者用一幅图画说明，如此等等。可是我们却有这样的印象：我们称之为我们的愿望的对象的东西仿佛是一个还没有进入房间的人，因而还不能被看见，这时，我们想象，对我们所愿望的东西的任何解释，相对于能够指明实际事物的解释，只不过是退而求其次而已——可惜还不能指明那个实际的事物，因为它还未进来。——这就仿佛我对某个人说："我在等史密斯先生"，他问我："史密斯是谁？"我回答说："我现在不能把他指给你看，因为他不在这里，我能做的只是给你看他的照片。"于是，看上去仿佛是在我所愿望的事情实际发生之前，我永远不能充分解释它。但这当然是昏乱之见。其实，关于我所愿望的东西，在愿望满足之后，我并不一定能够提供一个比在实现之前更好的解释；因为我完全可以在史密斯进入我的房间之前，曾经把史密斯指给我的朋友看过，指给他看过"进来"是什么意思，指给他看过我的房间是怎样的。

　　我们的困难可以这样表述：我们思想事物——可是这些事物是怎样进入我们的思想之中的呢？我们思想史密斯；而史密斯不需要在场。有他的照片是不行的；因为我们怎么知道这照片里是谁？事实上，他的任何替代物都是不行的。那么，史密斯本身怎么能成为我们思想的对象呢？（我在这里用"我们思想的对象"这个表达式在某种意义上不同于我前面的用法。现在我意指我思想的那个事物，而不是"我思想的内容"。）

　　我们刚才说，为了解释"史密斯"这个词的意义我们指着史密斯说"这是史密斯"时，关于一个人的思想或者言语与这个人本身的联系便建立起来了。这种联系没有任何神秘之处。我的意思是，史密斯实际上不在这里的时候，并没有任何奇异的心智活动魔术般把史密斯招到我们心里。我们难以看到思想和所想之事的联系无非是这样，这缘于日常语言中的一种特殊的表达方式〈指下面 to mean 的过去时之类〉，它使得事情看上去像是，我们的思想（或思想的表达）与我们所思想的事物的联系必定在整个思想活动**期间**持续存在。

　　"我们竟能够在欧洲意指一个在美洲的人，这不是很奇怪吗？"——某人说"拿破仑于 1804 年加冕"，我们问他："你意指的是奥斯特里茨战役中获胜的那个人吗？"他可能回答说："对，我意指的就是他。"这里"意指"用的是过去时，[1] 这可能使事情看起来仿佛当这个人说拿破仑于 1804 年加冕时拿破仑赢得奥斯特里茨战役的想法一定已经在他心里了。

―――――――――

　　[1]　汉语译文未反映出这里的过去时。

有人说："N 先生今天下午将来拜访我"；我问他："你意指的是他吗?"同时指着在场的某个人，他回答说："是的"。在这个对话中，我们建立起了"N 先生"这个词和 N 先生之间的联系。但是，当我的朋友曾经说"N 先生将要拜访我"，曾经意指他所说的，我们就被诱惑去认为一定曾经是他的心智建立起了这种联系。〔BB，35—38 页〕

预 期 与 实 现

预期和满足预期的事实仿佛以某种方式相符合。于是有人要描述一个预期和符合这个预期的事实,从而来看看到底是什么使得两者相合。他在这里立刻想到的是一件实物的外形正合于一个相应的空洞空间。但当他要描述这两样时,他看到,就两者的相合之处而言,适用于两者的是同一个描述。(与此对照,比较一下什么叫:"这条裤子和这件上衣不般配!")〔PG Ⅰ,§87〕

直到我们找到了要找的东西,我们才获知我们寻找的是什么;直到愿望得到了满足,我们才获知原先愿望的是什么——这种想法把我们怎样判明愿望或寻找的过程当成了旁人怎样判明愿望或寻找的表征。我看到他在他的房间里焦躁地踱来踱去,这时一个人走进门来,他平静下来,露出满意的表情;这时我说:"他刚才显然在期待这个人。"

期待的表征不是期待的表达。

我们或许有这种感觉,仿佛在"我期待他来"这句话中,"他来"的意思不同于它在"他来了"这个陈述中的意思。但若是这样的话,我又如何说得上我的期待得到了实现呢?"他来"在期待的表达中和期待实现的表达中的意思是完全一样的,因为我若要解释"他来"

在这两种表达中的意思（比如通过指物解释的方式），那么我会给出完全一样的解释。

但这里我们或许会问：他来了是个什么样子？——门开了，他走了进来，等等。我期待他来是什么样子？——我在房间里踱来踱去，不时看一下表，等等。——这两件事情可没有一丁点相像的地方！怎么能用同样的话来描述这两件不同的事情？一个空洞空间和一个充实了的空间的共同之处何在？

不过，我在来回踱步时或许会说道"我期待他来"。——现在有了期待他来和他来这两件事情间的相似！但这是哪种相似呢？！

但同样可能，尽管我也在我的房间里踱步、看表等等，却并没有期待他来。这种情况下我不会用"我期待他来"这样的话描述这些行为。那么，怎么一来，我期待的恰恰是**他**呢？

我当然可以说：在我的房间里不安地踱步，眼睛望着门，耳朵倾听着响动，这些举动就叫做：期待 N。——这些的确是对"期待 N"这一表达的一个定义，却显然不是对"期待"这个词的定义，因为这些并不能解释什么叫做"期待 M"。好，我们可以设法做到这一点；比如我们这样说：期待 X 就叫做在实施上述行为的同时叫出"X"这个名字。根据这一定义，我期待的人就是那个我叫出其名字的人。或者我这样来定义：期待 X 就是做第二个例子描述的那些事情，〈踱来踱去外加叫名字，〉另外再画一张画像。于是，所期待的人就是具有 X 这个名字并且长相与画像相符的人。——这当然不能解释什么叫做"期待 N **离开**"，要解释这一点，我必须要么单独定义什么叫做"离开"，要么给出一个把"来"和"离开"都包括在内的整体定义。而这又无法解释比方说什么叫做"期待一场风暴"，等等，等等。

　　所有上述定义的一个共同点是：可以借助定义从一个人的期待行为中读出他期待的是什么。我们期待的是**什么**，并不由后来的经验决定。

　　而我可以这么说：期待与期待的实现在语言中相接触。

　　这里，期待行为就是我可以依据既定规则对应到"他期待 P 发生"这一表达中的那一类行为。"期待"一词的这一用法有一个最简单典型的实例，即：对于 P 的期待行为恰恰体现在期待的人**说**："我期待 P 发生。"在相当多的情形下，我们都可以用下述说法来澄清语法上的误解：用期待的表达来替换期待，用思想的表达来替换思想。〔PG Ⅰ，§92〕

　　可以把期待理解为一种期待着的、准备着的动作。就像一个球员伸出手臂，对准方向，准备接球。球员的期待动作可以表现为他以某种确定的姿势伸展开手臂，同时眼望着球。

　　有些人或许想说："期待是一种思想。"这显然符合"期待"一词的一种用法。而我们只需记住：思想的过程可以**相当地纷繁多样**。

　　如果说我的期待就是"我期待 P 发生"这一思想，那么，说"我或许随后能够知道我期待的到底是什么"就是无意义的。

　　对于期望、恐惧、希望，我们或许也可以作类似的评论（柏拉图把希望称为"一种言谈"）。

　　但是，如果把**饥饿**叫做一种"愿望"，比方说身体对将会止息饥饿的食物的愿望，那就是另一码事了。刚好是食物将会满足愿望，这只是一种假设：对于这一假设，既可推测其是，也可怀疑。

把"期待"叫做一种感觉，一种不安的、不满足的感觉，同样会有类似的问题。不过，这里所说的感觉当然也不等于一种无形的思想。

把思想视作人的心中尚未得到解释的过程，让我们能够想象，思想会转化为一种无形的持续状态。

我说"一整天我都在期待他来"，我并不是用"期待"来指一种持续状态，由期待和他来这两种成分混合而成，就像面团由合比例的面粉、糖和鸡蛋混合而成那样。倒不如说，期待的组成部分是一系列的行动、思想、感觉。〔PG Ⅰ，§93〕

我期待某人——这时发生的是什么？——大概是这样：我在月历今天日期的位置上发现了他的名字以及"5点"这个标注。我对另一个人说："今天我不能去你那儿了，因为我要等 N。"我作接待客人的相关准备。我寻思："N 吸不吸烟?"我记起曾经见到过 N 吸烟，于是备好香烟。快到 5 点，我对自己说"现在他快到了"，我同时想象到一个与 N 模样相似的人；随后我又想象他将怎样地走进房间，想象我叫出他的名字时将怎样向他问候。这样的一个过程，以及其他多少与之**类似**的过程，叫做"期待 N 来"。

但在另一种情况下，我的期待行为与 N 之间唯一的联系就在于，例如，某一天我在为与另一个人共进晚餐做准备，而 N 曾同我说定这天晚上共进晚餐。在这种情况下我大概也要说"我在期待 N"。

想吃一只苹果这种过程或状态是怎么一回事呢？也许是我感

到饿，或感到渴，或感到又饿又渴，而同时我想象到一只苹果，或者记起昨天我曾经吃过一只美味的苹果；也许是我说"我想吃一只苹果"；也许是我走过去察看通常存放苹果的柜子。也许包括上面提到的所有状态和行为，或包括更多的状态和行为。〔PG Ⅰ，§94〕

关于意向，我们要说的也一样。如果一个部件**本应该**作为制动闸起作用，但由于某种原因事实上并没有减缓机器的运动，那么，这一部件及其工作方式就无法让我们**直接**认识到它本应服务的意图。如果我们说"这是个制动闸，但坏掉了"，那么我们就是在谈论意图。——但假如情况是这样：一旦这个部件不能作为制动闸发挥作用，某个人就会生气，那么，这一部件的意向不会是通过这种作用方式表现出来的吗？并非如此。因为，这样一来，就会可以说：操纵杆有时启动了制动闸，有时却启动了愤怒。因为，从哪里可以看出，那人是**因为**操纵杆没有启动制动闸**这件事情**而生气呢？而"为了部件没有如此这般工作而生气"这一表达与"希望部件如此这般工作"这一表达实际上很有些类似。——这里，我们遇到的还是那个老问题，我们可以这样来表达："'P 是事实'这一思想无需 P 是事实充当其前提；但另一方面在事实中又必须有某种东西充当这样想的前提（如果红这种颜色根本不存在，我就无从设想某种东西是红的）。"这就是世界与思想如何和谐的问题。——对这一问题，我们可以如此回答：思想所在的空间就是可怀疑之物所在的那个空间，思想紧贴在可怀疑之物上，就如同尺子紧贴在被测量之物上一样。

我真正要说的却是：希望"他会来"，就是希望实在的他会实在地**来**。如果还需要对这一认定做进一步说明，我们就会说："这个'他'我理解为那边那个人，这个'来'我意指这样一种动作……"不过，这实际上只是语法上的说明，是使语言**成其为语言**的那些说明。

这一切都**在语言中**完成。

"如果红色不存在，我就无法设想某种东西是红的"这句话实在意味着：红色事物的意象，或红色样本的存在，都是**我们语言的一部分**。当然我们并不能说：我们的语言**必须**包含这样的样本。如若我们的语言不包含这样的样本，它就会是另一种语言。但我们可以说，可以强调：我们的语言事实上包含了这样的样本。〔PG Ⅰ，§95〕

现在看起来似乎是这样：如果人们从外部考察意向，就根本不可能知道它到底是不是**意向**；仿佛为了能把意向作为意指来理解，人们只能自己意指意向。而这也就是说，不能把意向当作现象或事实来考察，而只能当作某种被意图的东西——被给予了某种方向的东西。但方向到底指向哪，我们无从知道。这正是现象作为现象无法显示给我们的东西。——

显然我们又回到了之前的问题上；因为要点在于，只能从外部来察看一种思想到底是不是关于如此这般之事的思想。而假如我们看不出（就像我们看不出胃疼的原因），那么这种思想就没有任何逻辑上的意义。

假如**这样**来表述我的想法，那么我的想法就会显得毫无意义：如果我们把一个人的脑袋打开，就应该能够看清他想的到底是什么了；这又怎么可能？他想到的东西根本不在他的脑袋里（当然也不在他的思想里）！

我们必须**不被**告知其意指（Bedeutung）而把"从外部观察"到的思想、意向等等理解为思想、意向。因为意指本身也恰恰一道属于思想现象。

我们观察到思想，于是就不再能谈到理解；因为一旦我们看到思想，就必定了解它是具有如此这般内容的思想！没有什么是需要解说的。——不过事实的确如此；我们思考时没有什么在被解说。——〔PG Ⅰ，§96〕

如果我说"这也就是说，不能把意向作为现象来考察"，那么，这里的意向会让我们想到叔本华哲学中的意志。思想是活的，与之对照，一切现象都显得是僵死的。

"从外部看到的意向"与机器能否思考这一问题相关。"无论人们看到何种现象，人们都不可能看到意向。因为意向必须包含所意向的东西。而任何现象——我们就其本身观察它——都是某种自在地完足的、无涉他物的、僵死地摆在那里的东西。"

类似地我们也会说："意志不可能是现象，因为每一现象**只不过又一次次发生**，由我们经受，却不是某种我们**去做**的事情。意志并非某种**我看着它发生的东西**，它毋宁体现在：我们存在于行动中；我们就是行动。"看着你的手臂，活动它，你会生动地感觉到意志的存在："你不是在观察手臂活动，不是在经验——不是单纯地经验——而是在**做着**什么。"你可以对自己说：你也完全可以想象你的手臂发生同样的动作，这动作是你观察到的，而不是出自你的意愿。——但请闭上眼睛，活动手臂；体验一下这种感觉，然后问问自己，你还能不能想象：你可以具有同样的体验，这一体验却非你所愿。

如果有人要在有意动作与无意动作之间做出区分，并声称：手臂的有意动作与无意动作的区别在于一种比如说受神经系统支配的感觉，那么，我们会情不自禁地说："但我不是**遭受**这一经验，我**成就**了这一经验！"——但我们能不能也在受神经系统支配的经验那里谈论遭受与成就的区分呢？我或许会说："我有意地做出一个动作的时候，没有任何事情——无论动作还是感觉——发生在我身上，相反，我是施事者。"不错；但毫无疑问，当你有意地活动手臂的时候，你**同样**有所经验；因为无论你是不是在**观察**这活动，你都**看到**（并感觉到）手臂的运动。那你试试看怎样区分这两者：一个动作的**所有经验**，外加这个动作的做出（做出这个动作不是经验）；以及**所有**这些经验，但不包括动作的做出这一要素。然后考虑一下，你是否仍然需要这一要素，或者它对你而言已经显得无足轻重了？——自然，你可以有根有据地说：你做一件事的时候，这件事并不发生在你身上；因为做一件事情的现象当然不同于观察反射运动之类的现象。但要对这一点形成清晰的认识，我们还须考察，在极其纷繁多样的情形中，我们会把什么叫做有意的行为，又会把我们生活中的哪些事情叫做不自愿的或无意的。（在别处另作详论。）〔PG Ⅰ，§ 97〕

这里，我以"意向"一词意指某种运用思想符号的东西。意向似乎提供了解释，提供了终极解释；这种解释不是一个更进一步的符号或图画，而是另外一种东西，一种我们无法再加以解释的东西。但我们达到的是一个心理学上的终点，而不是逻辑学上的终点。

我们设想一种符号语言，一种"抽象的"语言，我的意思是对我们而言陌生的语言。在这种语言中，我们觉得自己就像异乡人，可以这么说：我们不用这种语言**思考**（我们曾经提到过这样一个例子）。设想把这种语言翻译为一种——我们或可称之为——无歧义的图画语言，在这种图画语言中，要表达的东西是通过一系列遵循透视法画出的图画呈现出来的。显然，很容易设想对文字符号做出不同的**解释**，但却不那么容易设想对按照常规画法画出的图画——比方说表现一间摆放着普通家具的房间的图画——做出不同的解释。这里，我们会倾向于认为，不再可能对这幅图画做出解释。

这里，我们或许也会说，我们不生活在符号语言中，而生活在绘出的图画中。

（与此相关的是，我们说肖像画得"像"，并不是因为这幅图画遵照了任何一种规定好的投影方法。"像"在这里的意思类似于"可以乱真"。）

"只有意向所指向的图画才能像尺子贴近被度量物那样贴近现实。从外部来看，图画只不过僵死地、孤立地摆在那里。"仿佛是这样：刚才看画时，我们就如同生活在这幅图画中，画中的事物就如同现实物一样围绕着我们；随后，我们退回到图画之外，看到了画框，看到了这幅图画实际上是一个画出来的平面。也就是说，当我们抱有意向的时候，意向的各种图画就会围绕着我们，我们就会生活于其中。但一旦我们从意向中退出来，这幅图画就纯粹是画布上的一些斑点，对我们毫无生命和意趣可言。当我们抱有意向时，我们既生活在意向的图画(影子)中,又生活在现实的事物中间。设想我们坐在黑暗的影院中,生活在电影的情节里。这时灯亮了,影片却仍在银幕上继续。我们这才突然"从外部"看到,这不过是或明或暗的光斑在银幕上的运动。

(在梦中有时会发生这样的事:我们刚刚读了一则故事,突然之间我们自己就成为了故事中的人物。梦醒后我们有时觉得,从梦境中走出从而返回到现实之后,我们才看到了刚才的梦境,就像一幅陌生的图画,立在我们面前。)这也相当于"在书本中经历某事"。与此相关的是:我们的躯体对于我们的经验的存在而言完全是无关紧要的。(参照:眼睛与视觉空间。)

(亦可参照这一评论:我们理解了一句话时,对我们而言它获得了一种深度。)〔PG Ⅰ,§98〕

发生的事情并不是:这个符号不能再被解释了;而是:我不再解释这个符号了。我不再解释了,因为我在当下的图画中就觉得自然了。当我进行解释,我在我思想的梯级上一级一级行进。

如果"从外部"观察被思想的符号,我会意识到,**也许可以**对这个符号做出这样或那样的解释。而如果这个符号是我思想路程上的一个梯级,那么对我而言,这个符号就是一个自然的落脚点,我不会操心于它还可以有进一步的解释(也不会为之不安)。——就像我拿着列车时刻表时,不会费心琢磨,对一份表格有可能做出不同的解释。

我在前面提到:为了让我的意象成为某人的肖像,就必须在想象中标明这个人的名字。我这么说的意思并不是:我必须同时想象这个人和这个人的名字。因为假如我说："我并不仅仅是在眼前看到一幅与 N 相像（不过或许也与其他人相像）的图画；我知道这就是 N，我知道 N 就是这幅图画所表现的人物"，那么，我或许就会问：**我是在什么时候**知道这一点的？什么又叫做"知道这一点"？我能称之为"知道"的东西，无论是什么，都根本不必在想象过程之中发生。诸如此类的东西可以在想象之后发生，例如，我的注意点从图画转到名字上，我或许说：我刚才想象的是 N，尽管当时，除了我对 N 的想象与 N 本人间有点儿相像，没有其他任何东西能把我的意象确定为关于 N 的意象。也有可能，把意象与 N 之间联系起来的东西发生在想象之前。因此，解释并不是伴随所想象的东西，是意象处于其上的**路径**为意象给出了解释。

如果我们设想把意象替换为图画组成的符号，设想人们以绘图代替意象，那么，一切就会更加清楚。〔PG Ⅰ，§99〕

如果我试图描述意向的过程，我首先会觉得，只有当意向中包含了被意向之物的极为精准的图画，意向才能完成它应当完成的任务。不过进一步来说，这仍然不够，因为无论那是怎样一幅图画，对之总能做出不同的解释；这幅图画同样只是孤零零地摆在那儿而已。眼睛里只有一幅孤单的图画，这幅图画就突然变得僵死了，仿佛某种曾赋予过它生命的东西被取走了。这幅图画不是思想，不是意向，无论我们想象任何一种可明述或不可明述的过程，抑或任何一种感觉与之伴随，它始终是孤立的，它不指向任何自身以外的现实。

于是人们说："当然，图画本身没有意向，相反，我们只能用图画来产生意向。"不过如果这种意向、意指是随着图画发生的，那我就看不出它为什么必须与一个人联系在一起。我们当然可以把消化的过程作为化学过程来研究，而不去管它是不是在一个生物体中发生的。我们想说："意指在本质上是一种精神过程，这一过程从属于意识、生命，而不从属于僵死的物质。"可到底是什么构成了这样一种过程，使它成为各种过程中具有这些特殊之处的过程——如果我们的确是在谈论一种过程的话？因为我们现在开始觉得，意向不可能是过程，不可能是任何种类的过程。——我们现在毛病正出在**过程**的语法方面，而不是哪一种特定类型的过程。——人们或许会说：在这种意义上，我们会把任何一种过程都叫做"僵死"的。

我们说：期望这张桌子再高一截是这样一种行为——我把手放到桌子上方我期望的高度上。有人这样反对："放在桌子上方的手不可能是期望：手表达不出'桌子应该高一点'；手在手在的地方，桌子在桌子在的地方。我做的是**任何其他动作**也没什么区别。"——

（人们几乎是要说："意指在**活动**，所有的过程都静止着。"）〔PG Ⅰ，§100〕

不过，如果我把期望的表述想成期望的行为，那么在我看来问题似乎就迎刃而解了；因为语言系统似乎为我提供了一种媒介，在这种媒介中，句子并不是僵死的。

如果我们设想期望的表达就是期望，那么这就近乎于我们经过一番考虑想象出一类生物，它们只能沿着铺在大地上的一张网上的特定网线爬行，或者诸如此类。

　　然而人们现在会说：即便说期望的**表述**就是期望，可仍然做出表达之际语言的整体并不在场，而期望这时却是在场的！

　　那么，语言怎么派上用场的？然而，除了这一表达，其他任何东西都不必**在场**。〔PG Ⅰ，§101〕

　　说"我要个苹果"并不是说：我认为一个苹果将止息我的不满足感。后一个命题表达的不是愿望，而是不满足。〔PU，§440〕

　　我看见一个人端着枪瞄准，于是说"我预期着枪声"。放枪了。——这是你预期的；那么那个枪声也就以某种方式曾在你的预期之中啦？******

　　"枪声没有我预期的那么响。"——"那么在你的预期中就有更响亮的枪声啦？"〔PU，§442〕

　　也许有人觉得，"他来"这话在"我期待①他来"这个句子里和在"他来了"这个断言句里具有不同的含义。但假使是这样，我怎么能够讲到〈他来了会使〉我的期待实现呢？如果我要用指物定义等方式来解释"他"和"来"这两个词，对这两个词同样的解释对这两句话同样适用。

　　但也许有人会问：他来，那是个什么样子？——门开了，有人走进来，等等。——我期待他来，那是个什么样子？——我在屋里走来走去，时不时看表，等等。——但此一和彼一没有丝毫相似之处啊！那我们怎么能用同样的话来描述这两件事呢？——但也许我

―――――――――――
　　① 这里译作"预期"和"期待"的都是 erwarten。

在走来走去之际说："我期待他会走进来"——好，现在有相似之处了。但这是哪一类相似啊？！〔PU，§444〕

预期和实现在语言里相接触。〔PU，§445〕

"这是跟我所期待的事情同一的事情"；"这是跟发生在那个地方的事情同一的事情"。这两句话里的"同一"意谓不同的东西。（通常也不说"这是跟我所期待的事情同一的事情"，而说"这是我期待的事情"。）

我们是否竟能想象一种语言，它会不借助于"P"来描述对 P 将发生的期待？

这难道不是像不借助于"P"来表达非 P 的语言一样是不可能的吗？〔PR，§30〕

意 志 、意 愿

世界独立于我的意志·意志并不是非物质的发动机·意图在
行为与环境中·意图与自我

世界独立于我的意志

这个世界对于我是被**给定的**，即，我的意志完全从外面接触这
个世界，就好像接触某种现成存在的东西。

（至于我的意志是什么，我还不知道。）

因此我们有依赖于一种陌生意志的感觉。

无论这是怎样的，我们在某种意义上总**是**有所依赖的，而我们
所依赖的，可称之为上帝。

在这种意义上，上帝干脆就是命运，或，这么说也一样：是这
个——独立于我们的意志的——世界。〔NB，155—156 页〕

世界独立于我的意志。〔TLP，6.373〕

即使凡我们所愿望的都发生，这也只是所谓命运的恩赐，因为
在意志和世界之间没有**逻辑上的**联系为这一点担保，而假定的物理

的联系不是我们自己又能意愿的东西。〔TLP，6.374〕

我们**不能**从现在的事件推出将来的事件。相信因果联系是**迷信**。〔TLP，5.1361〕

意志自由在于现在不可能知道未来的行为。唯假使因果性像逻辑推论一样是一种内在的必然性，我们才可能知道未来的行为。——知与所知的联系是逻辑必然性的联系。〔TLP，5.1362〕

意志并不是非物质的发动机

人们愿说，"意愿也只是一种经验"（"意志"也只是"表象"）。它自行发生，我无法导致它发生。

不导致它发生？——像什么那样呢？那么我又能导致什么发生呢？我这么说的时候是在拿什么来和意愿比较？〔PU，§611〕

说到我手臂的运动我就不会说它自行发生等等。在这个领域内我们合情合理地说，某事不单单对我们发生，而是我们在做某事。"我无需一直等到我的手臂自行举起，——我可以把手臂举起来。"这里我把我手臂的运动对照于我猛烈的心跳平息下来等等。〔PU，§612〕

若说我毕竟可以导致什么事情（例如吃得过多导致胃疼），那么在同样的意义上我也可以导致意愿发生。在这个意义上我跳进水里而导致游泳的意愿。我颇愿说：我不能意愿某个意愿；即，说意愿某个意愿没有意义。"意愿"不是某个行为的名称，因此也不是某个随意行为的名称。意愿某个意愿这一错误的表达式来自：我们要把意愿想成一种直接的、非因果的导致。这个想法根底下是一个引致误解的类比；因果网似乎是通过联系两个机械部分的机制设立起来的。这个机制受到扰乱，这个联系就可以失去。〔PU，§613〕

我"随意"运动手臂之时，我用不着某种中介来导致这运动。连我的愿望也不是这样一种中介。〔PU，§614〕

我们以一种特别的方式把手指交叉在一起，这时如果有人只是指着一只手指——只让我们用眼睛看他指着的手指，而命令我们活动它，那我们有时会做不到。如果他碰碰这根手指，我们就能够让它活动。人们愿这样描述这种经验：我们不能够意愿这根手指动起来。这完全不同于我们由于有人把手指捆起来了而不能够让手指动起来。现在人们倾向于这样来描述前一种情况：在有人触碰这根手指之前，我们不能为意志找到一个着手点。唯当感觉到了这根手指，意志才能知道它应从哪里着手。——但这种表达方式引错了路。人们愿说："如果感觉没标出那个地方，我又该怎么知道让意志在哪儿使上劲？"但即使感觉就在那儿，我又怎么知道该把意志导向什么方向？〔PU，§617〕

人们在这里把意愿的主体想象成没有物质（没有惯性）的东西；想象成自身中没有惯性阻力需要加以克服的发动机。于是只是推动者而不是被推动者。即：可以说"我意愿，但我的身体不服从我"——却不可以说："我的意志不服从我。"（奥古斯丁。）

但若在某种意义上我不可能想要意愿而做不到，在同样的意义上我也不可能尝试去意愿。〔PU，§618〕

当我举起我的手臂，我通常并不尝试把它举起来。〔PU，§622〕

"我非要到达这所房子不可。"但若这里没有任何困难，——我能够试图非要到达这所房子吗？〔PU，§623〕

意图在行为与环境中

"我感到羞愧的不是我当时所做的，而是我当时所怀的意图。"——但意图难道不也在我所做的事情当中吗？羞愧的道理是什么？所发生之事的整个历史。〔PU，§644〕

"有一刻我曾愿……"即，我曾有一种特定的感觉、内在体验；而我现在回忆起来。——好，你准准确确地回忆一下！这时，意愿的"内在体验"似乎又消散了。取而代之，回忆起的是思想、感觉、活动以及和更早的境况的联系。〔PU，§645〕

按某种意图行动之际，意图并不"伴随"行动；就像思想并不"伴随"讲话。〔PU，十一　§168〕

什么是意图的自然表达？——看看猫怎样悄悄接近一只鸟；看看一只想要逃脱的野兽。〔PU，§647〕

意图镶嵌在处境、人类习俗和建制之中。若没有象棋技术，我就不可能有下棋的意图。〔PU，§337〕

某些活动是有意的活动，这着眼于它们发生在涉及意图、学习、尝试、行动的正常**周边环境**中。只有在特定的周边环境中，才能有意义地说到一些活动有时是有意的，有时是无意的。〔Z，§577〕

若有个人现在对我们说，**他**是在无意之中吃东西，——哪种证据会让我相信这个？〔Z，§578〕

为什么我除了自己所做的还要告诉他一个意向？——不是因为意向也是当时发生的事情的一部分。而是因为我要告诉他关于我自己的某些事情，而这些事情超出了当时所发生的事情。

我说我当时要做的是……，这时我在向他敞开心扉。但不是基于自我观察，而是通过一种反应（也可以称之为一种直觉）。〔PU，§659〕

意图与自我

说"只有他能够知道他打算做什么"是胡话；说"只有他能够知道他将做什么"是错误的。因为我用来表达意图的预告（例如"我五点回家"）不一定兑现，而别人却可能知道实际上发生的将是什么。〔PU，十一 §216〕

但有两点很重要：一、在很多情况下别人无法预言我的行动，而我却能在我的意图中预见它们；二、我的预言（在我的意图的表达里）和别人对我的行动的预言基于不同的根据，从这两种预言引出的结论完全不同。〔PU，十一　§217〕

我自己的举止有时也是我观察的对象，但**很少是**。这与我的举止是意图中事这一点相联系。即使一个演员在镜子里观察自己的表情，或乐师细细聆听他弹出的每一个音并做出判断，这些也都是为了依之调整他的行动。〔Z，§591〕

自我观察让我的行动、我的动作变得不自在，这类说法说的是什么？

我这时不可能没有观察到自己正被观察。我观察自己的目的不同于我观察别人。〔Z，§592〕

我们平常说"我愿……"，当然不是根据自我观察——那就是愿望的表白——但也有这样的情况：我们通过对自己的反应的观察认识、发现自己的愿望。这时你问我："你在这种情况下认识到的愿望跟你在另一种情况下通过**表白**表达出来的愿望是不是同一个愿望？"——这个问法里有个错误。（就像问：我能看见的这把椅子和我能坐上去的这把椅子是不是同一把椅子？）〔RPP Ⅱ，§3〕

有一些动作、话语、表情，它们的某种特定组合，就像乐意或不乐意的表达一样，刻画出正常人有意行为的特征。叫一个孩子过来，他并非自动地过来：例如，有一种"我不愿过来"的姿态；或者，高高兴兴跑过来，做出了决定过来，带着害怕的表征跑开，存在着

有人对他说话所发生的各种作用，对这个游戏的所有反应，斟酌考虑的样子及其结果。〔Z，§594〕

我怎么向自己证明我能够有意运动自己的手臂？是否我对自己说"我现在将运动手臂"而手臂运动起来了？抑或我应该说"简简单单就是我运动了手臂"？但我怎么知道是我运动了手臂而不只是手臂偶然运动了？归根到底，是我感觉到了那个吗？如果我对先前的感觉的记忆欺骗了我，那根本不是正确的给出标准的感觉，那又怎么办？！（而什么感觉是正确的感觉！）而别人这时又怎么知道**我**是不是在有意运动手臂？我也许会对他说："你下个指令，无论你要的是什么动作我都做给你看，好让你信服。"——这时你在你的手臂那里感觉到了什么？"平平常常的感觉。"——没感觉到任何不平常的东西，——例如，并没有手臂麻木之类的感觉。〔Z，§595〕

我的肢体有所运动而我浑然不知它在运动或刚刚有所运动，这被称作无意的。——但若我只是**试图**去举一样重物但并没有运动发生，那该怎样？若无意中用力去举一样重物该怎样呢？在哪些情况下我们会把**这种**举止称作"无意"的？〔Z，§596〕

静止不动不是像运动一样可以是有意的吗？停止运动不也可以是有意的吗？还有什么比这更好的论证来反对神经活动感觉呢？〔Z，§597〕

我们从有意运动得出的结论完全不同于从无意运动得出的：这一点**刻画**出了有意运动。〔Z，§599〕

我

自我，自我是那深深的奥秘。〔NB，165 页〕

我的语言的界限意谓我的世界的界限。〔TLP，5.6〕

逻辑充满世界：世界的界限也就是逻辑的界限。

所以在逻辑中我们不能说：世界上有这个和这个，而没有那个。

因为这看起来就像预设我们会排除某些可能性，而事情不可能是这样，否则逻辑就必须超出世界的界限；这是说，仿佛逻辑也能够从另外一边来考察这些界限。

我们不能思想我们不能思想的东西；而我们也不能**言说**我们所不能思想的东西。〔TLP，5.61〕

上面这个评注为解决唯我论在何种程度是一种真理的问题提供了钥匙。

唯我论意指的东西完全正确，只不过它不能言说，只能显示。

世界是我的世界，这显示在：语言（我所能理解的语言）的界限意谓我的世界的界限。〔TLP，5.62〕

世界和生命是一回事。〔TLP，5.621〕

我是我的世界。（小宇宙。）〔TLP，5.63〕

不存在思想着的、表象着的主体。

如果我写一本书，《我所遇知的世界》，我在其中也须报道我的身体，说出哪些肢体器官服从我的意志，哪些不服从，等等，那么，这是一种把主体隔离开来的办法，或不如说，这种办法表明了在一种重要意义上不存在主体：因为在这本书里独独谈论不到的正是主体。——〔TLP，5.631〕

主体不属于世界，它倒是世界的一条界线。〔TLP，5.632〕

世界上哪里见得到一个形而上主体？

你说，这里的情形就像眼睛和视域。但你实际上看**不**见眼睛。

而且**在视域里**没有任何东西可由以推出它是被一只眼睛看到的。〔TLP，5.633〕

这里可以看到，严格贯彻的唯我论与纯粹的实在论相合。唯我论的自我收缩为无广延的点，留下的是依它为坐标的实在。〔TLP，5.64〕

因此，实际上有一种意义，哲学可以在这种意义上以非心理学的方式来谈论自我。

自我通过“世界是我的世界”进入哲学。

哲学上的自我并不是人，不是人的身体，或心理学所考察的人的心灵，而是形而上主体，是世界的界限——而不是它的一个部分。〔TLP，5.641〕

一块石头、一个动物的身体、一个人的身体、我的身体，都处在同一个层面上。〔NB，171 页〕

有时候，我们的唯我论最适切的表达似乎是这样："无论看到的是什么（真正用眼睛**看到**），看到这东西的总是我。"

这句话里应该引起我们注意的是短语"总是我"。总是**谁**？——因为，很奇怪，我的意思并不是"总是维特根斯坦"。这引我们去考虑确认同一个人的标准。我们在什么情况下会说："这是我一小时前见过的同一个人"？我们对"同一个人"和一个人名字的实际使用基于这样的事实：我们用作确认同一性的标准的很多特征在绝大多数情况下是互相一致的。通常，别人通过我的身体外貌来识别我。我身体外貌的变化缓慢且微乎其微，同样，我的声音、个人习性等等也变化缓慢，变化的程度也很小。只是基于这些事实，我们才会以目前的这种方式来使用人名。要看到这一点，不妨想象一些虚拟的情况，它们会向我们表明，要是事实不同，我们将会采用哪些不同的"几何学"。[①] 比如，设想这样一个情形，所有人类的身体都长得相似，而另一方面，有一些不同的特征组会从一些身体上转到另一些身体上。例如，温柔、高嗓门、动作迟缓是一个特征组，脾气暴躁、声音深沉、动作突兀是一个特征组，诸如此类。在这样的情况下，尽管还是可能给各个身体命名，但我们也许绝少会这样去做，就像我们不会给饭厅里的椅子命名一样。另一方面，给特征组命名却可能很有用处，这些名字的用法会**大致**相当于我们

---

① 例如黎曼几何 vs. 欧几里得几何。

现有语言中的人名。

或者设想这样的情形，人一般都拥有两套特征，其情形是：人的体态、高矮、行为特征周期性地完全改变。每个人一般都有这样的两种状态，而且是突然地从一种状态变为另一种状态。在这样一个社会中，我们很可能给每个人起两个名字，我们也许会谈论共有一个身体的一对人。那么，吉基尔博士和海德先生是两个人呢，抑或他们仅仅是发生了变化的同一个人？愿怎么说都行。没什么东西迫使我们采用双重人格的说法。〔BB，82—83页〕

"我"（或"我的"）这个词有两种不同的用法，我可以称其中一种为"用作客体"，另一种为"用作主体"。第一种用法的例子有："我的手臂断了""我长高了6英寸""我额头撞出了一个包""风吹乱了我的头发"。第二种用法的例子有："**我**看见了这个那个""**我**听见了这个那个""**我**试着举起我的手臂""**我**觉得要下雨""**我**牙疼"。这两种范畴的区别可以这样说：第一种范畴涉及对某一特定个人的识别，这里存在着犯错误的可能性，或者我更倾向于表述为：预留了犯错误的可能性。在保龄球游戏中预留了不击中瓶柱的可能性。另一方面，我往硬币槽里投了硬币却没有球滚出来则不在这个游戏的误错之列。在一次车祸之类的事故中，有可能我觉得手臂很痛，看见身侧有一支断了的手臂，于是我以为那是我的，结果它其实是我旁边那个人的。也有可能我在镜子里错把别人额头上的包看成了我的。另一方面，我说我牙疼的时候没有识认谁牙痛的问题。问"你确定牙疼的人是你吗？"毫无意义。在这种情形下没有可能出错，是因为我们也许会认之为一个错误的那一着棋，那步"坏棋"，根本不是那个游戏中的一步棋。（我们下国际象棋时有妙着和败着之分，把后暴露在象口上，我们称之为错着。而把拱到底线的兵升级为王则不是个错误。）于是，这样来表述我们的想法是很自然的：我在陈说"我牙疼"时不会把另一个人错当成了我，就像我不可能由于弄错而呻吟——由于把另一个谁错当成了我自己。说"我牙疼"就像呻吟一样不是**关于**某个特定的人的陈说。"然而，一个人嘴里的'我'当然指称说出这个词的人；指的是他自己；说出'我'的人实际上还经常用手指着自己。"但指着自己可谓多此一举。他也蛮可以只是举起手来。一个人用手指向太阳，这时说因为是他在指所以他既指向太阳也指向他自己，这种说法是不对的；不过，他指向太阳有可能让人同时注意太阳和他自己。

"我"这个词所意谓的不等同于"维特根斯坦"，即使我是维特根斯坦，它所意谓的也不等同于"正在说话的这个人"这一表达式。当然这并不意味着："维特根斯坦"和"我"意谓不同的东西。这只意味着：这些语词是我们语言中的不同工具。

****** 说出"我"的嘴，表示要发言的人是我而举起来的手，我作为那个牙痛的人，都不因这些动作或状态而指向任何东西。另一方面，我若要表明我疼痛的**位置**，我可以指。而这里还请注意区分两种情况，一种是不用眼睛看就指向疼痛处，另一种则是寻找一番后指向身上的一块伤疤。（"这是我种牛痘的地方。"）——疼得哭喊起来的那个人，说他疼的那个人，**并不选择哭喊或说话的嘴巴**。

****** 如果我一边说"我"，一边指向自己的身体，那么，我就在仿照指示词"这个人"或"他"的用法来使用"我"这个词。

〔BB，89—91页〕

　　我要是倾听自己嘴里的话，我就可以说另一个人在从我嘴里说话。〔PU，十 §19〕

　　比较这两种情况：1."你怎么知道**他疼**？"——"因为我听见他呻吟。"2."你怎么知道你疼？"——"因为我**感觉**疼。"但"我感觉疼"和"我疼"意思相同。所以这根本不是解释。然而，我在回答中会强调的是"感觉"而不是"我"，这表明，我并不想通过"我"这个词（从不同的人中间）挑出某个人。

　　"我疼"和"他疼"这两个命题之间的区别，不同于"维特根斯坦疼"与"史密斯疼"之间的区别。但却类似于自己呻吟与说有人呻吟之间的那种区别。——"但'我疼'中的'我'是要把我和其他人区分开来，因为正是通过'我'这个符号我才把说我疼和说另外有个人疼区分开来。"设想有一种语言，在那里，人们不说"没人在房间里"，而是说"没人先生在房间里"。想一想这样一种约定会产生出哪些哲学问题。在这种语言中长大的哲学家也许会觉得"没人先生"与"史密斯先生"这两种表达式之间的相似性不对头。而我们若觉得最好去掉"我疼"中的"我"，有人会说我们将把这个语言表达式和呻吟这种表达变成一式的了。——我们往往会忘记：正是一个词的特殊用法赋予这个词以意义。******设想我们惯见身周的物品上面都贴着写有词语的标签，这些语词就是我们说话时用来指涉这些物品的语词。其中一些词就是物品的专名，另一些是通名（如桌子、椅子，等等），还有一些是颜色、形状之类的名称，等等。这就是说，一个标签，只有当我们对它作了一种特殊使用时，它才对我们有一个意义。现在我们不难设想：我们贯注于每件物品上都有个标签这回事，忘记了这些标签的用法才使它们具有重要性。与此相似，我们有时以为，我们做出指的动作并说"这是……"之类（指物定义的公式），就是对某物命名。在有些情形下，我们指着自己的脸颊，说"这是牙疼"，当然可以说，我们这时称某种东西为"牙疼"，而我们从而就以为，这个词已经在这样一种语言活动中获得了确定的功能。（我们的想法是，只要我们指向某种东西而另一个人"知道我们指向的是什么"，他就知道这个词的用法。这里我们想到的是一个特殊的情况，即"我们指向的"是一个人等等，"知道我指向的是什么"意味着看到在场的众人中我所指向的是哪个人。）

于是，我们觉得，在"我"的主体用法中，我们使用这个词并不是因为我们要通过身体特征来识别一个人；这就造成一种错觉，好像我们是用"我"这个词指称某种没有形体然而坐落在我们的身体之中的东西。实际上**这个东西**看起来才是真正的自我，人们这样说到它，"Cogito, ergo sum"（我思，故我在）。——"那么就没有心灵只有身体了？"回答是："心灵"这个词是有意义的，也就是说，它在我们的语言中有用法；但说到这里还没有说，这个词的用法是哪种用法。〔BB，92—94 页〕

"我"不是一个人的名字，"这里"不是一个地方的名字，"这个"也不是一个名称。但它们同名称联系在一起。名称通过它们得到说明。的确，不使用这类语词是物理学的一个特征。〔PU，§ 410〕

考虑一下这些问题怎样应用，怎样解决：

（1）"这些书是**我的**书吗？"

（2）"这脚是**我的**脚吗？"

（3）"这身体是**我的**身体吗？"

（4）"这个感觉是**我的**感觉吗？"

这些问题的每一个都有实际的（非哲学的）应用。

问题2：设想我的脚被麻醉了，或瘫痪了。在某些情形下，这个问题可以通过确定我的这只脚是否感到疼来解决。

问题3：一个人可能会指着镜子里的影像这样问。但在某些情形下，一个人也可能会摸着身体提出这个问题。在另一些情形下，这和问"我的身体看起来是**这个样子**吗？"意义相同。

问题4：**这个感觉究竟是哪个感觉**？即：人们在这里是怎么使用指示代词的？和第一个例子之类不是一样的！这里出现了混乱，又一次是因为人们以为注意一种感觉就是指向这种感觉。〔PU，§411〕

从内省的事例里威廉·詹姆士得出结论说："自我"主要由"头上的以及头与喉咙之间的特殊运动"组成。詹姆士的内省所显示的不是"自我"一词的含义（如果"自我"指的是"人""他自己""我自己"之类），也不是对自我这种东西的分析，而是一个哲学家对自己说"自我"一词并要分析其含义的时候，这个哲学家的集中注意力的状态。（从中可以学到许多东西。）〔PU，§413〕

记　忆

　　我说"半小时以前他在这儿"——即，凭回忆说——这不是在描述当前的经验。

　　回忆的经验是回忆的伴随现象。〔PU，十三 §1〕

　　回忆没有经验内容。——难道这不是通过内省认识到的？内省难道不恰恰显示出在我探看某种内容的时候那里什么都没有？——但它却只能在此一事那一事显示出这一点。而它不能向我显示的却是"回忆"一词的含义是什么，从而也不能显示该在哪儿探看某种内容！

　　我只有通过对照各种心理学概念才得到回忆的内容的观念。这就像比较两个游戏。（足球有球门，网球就没有。）〔PU，十三 §2〕

　　能设想这种情形吗：某人平生第一次回忆起什么东西，说："噢，我现在知道了什么是'回忆'，回忆是怎么进行的。"——他怎么知道这种感觉是"回忆"？比较一下："噢，我现在知道什么是'发麻'了！"（他也许第一次受到电击。）——因为那是由过去之事产生出来的所以他就知道那是回忆啦？他怎么知道什么是过去之事？人回忆，从而才学到过去之事的概念。

他将来又将怎么知道回忆是怎么进行的？

（反过来，我们也许可以说有一种"很久很久以前"的感觉，因为有一种语调一种姿态和讲述以往岁月的某些故事连在一起。）
〔PU，十三　§3〕

考虑下面这个例子：一个回忆意象，一个随预期而来的意象，与例如一个白日梦意象，它们之间的区别是什么？你也许倾向于回答："这些意象之间有一种内在的区别。"——你是曾注意到这种区别？抑或只是你认为必定有区别于是就说它们有区别？

但我当然认得出一个回忆意象是回忆意象，一个白日梦意象是个白日梦意象！——请注意你有时候会怀疑你是实际见到过一件事情抑或你梦到过它，抑或只不过听到过这件事而曾加以生动的想象。但这一点暂且不论；你说"认得出一个回忆意象是回忆意象"是什么意思？我承认，（至少在大多数情况下）当你心灵的眼前有个意象，你并不怀疑它是不是一个回忆意象等等。而且，有人问你这个意象是不是个回忆意象，你会（在大多数情况下）毫不犹豫地给予回答。现在我问："你**什么时候**知道那是哪一类意象？"该怎么回答？你是否把"知道那是哪一类意象"称作不处在怀疑状态，不感到犹豫难决？是内省使你看到你会称之为"知道这意象是一种回忆意象"的一种心灵状态或一种心灵活动吗？这种心灵状态或活动是当你心里有这个意象的时候出现的吗？——还有，你回答"你的意象是哪一类意象"这个问题，你就仿佛是用心看那个意象，发现了它有某种特征吗（就像有人问你一幅画是谁画的，你用心看这幅画，认出了画的风格，说那是伦勃朗的画）？

另一方面，很容易指出与这些意象相伴的、带有回忆的特征、预期的特征等等的体验，很容易进一步指出它们的直接周边环境或较远的环境中有哪些其他区别。于是我们在不同场合**说**不同的话，例如，"我记得他走进我的屋子"，"我等他走进我的屋子"，"我想象他走进我的屋子"。——"但区别不可能仅止于此！"不仅于此：围绕着这些陈述，有着用这三句话进行的三个不同的游戏。〔BB Ⅱ，§25〕

记忆是一种经验吗？我经验到了什么？Bank 这个词对我意谓这东西或那东西，于是那是一种经验吗？

还是要问：我经验到了什么？人们倾向于回答：我眼前看见这个那个，有这个那个意象。

那么，我仅仅是这么说：这个词对我意谓那个，——却什么都没发生？仅仅是些话语？不仅仅是些话语；我们也可以说，发生了点儿什么，是和这些话语相应的东西——但人们不能靠"某种和它们相应的东西发生了"来说明它们不仅仅是些话语。因为这两个表达式意谓的本来就是一回事。〔RPP Ⅰ，§119〕

回忆：看进过去。**梦**也许可以这么说，如果梦到的是过去。但回忆不能这么说；因为，即使它曾尽幻境所能展现了一些清晰的场景，它现在还刚刚在开始教给我们，它们是过去之事。〔Z，§662〕

但若记忆向我们展示过去，它怎么向我们展示那是过去？

记忆**不**向我们展示过去。就像感觉不向我们展示现在。〔Z，§663〕

有人问我："你知道字母表吗？"我答知道；我并不是说我此刻在心里把字母表过了一遍，或者具有某种特殊的、这样那样和过一遍字母表相同的心理状态。〔Z，§669〕

你可以占有一面镜子；但你这时也就占有了镜子里展示的图像吗？〔Z，§670〕

"那么，没学过语言的人就不可能有某些特定的记忆了？"当然，——他不可能有语言性质的记忆，语言性质的愿望或恐惧，等等。语言之中的记忆等等却不仅仅是真实经验的黯淡无光的表现；因为，语言性质的东西就不是经验吗？〔PU，§649〕

"我记得当时还想多耽一阵的。"——这一愿望的什么图画浮现在我心里？什么图画都说不上。我在记忆里无论看到的是什么，它都不决定我〈具有这个愿望〉的感觉。而我却清清楚楚记得这些感觉曾在那里。〔PU，§651〕

"我意谓的是（或我刚才意谓的是）这个"（事后对语词的说明）和"我刚才说的时候想到了……"这两个语言游戏完全不同。后一个和"我记起了……"具有亲缘。〔PU，十一　§175〕

"我当时要说……"这一表达式的语法和"我当时能继续说……"这一表达式的语法具有亲缘关系。
在一例中是回忆起某个意图，在另一例中是回忆起某种理解。〔PU，§660〕

我记起当时意谓的是他。我记起了一个过程或一种状态？——它什么时候开始的？它怎么进行的？等等。〔PU，§661〕

"如果我们心里记住了这种颜色，那么我们说出这个词时候，这种颜色就会浮现在我们心灵的眼睛之前。因此，如果我们有可能任何时候都可以把这种颜色回忆起来，那么它自然就是不可毁灭的了。"——但我们用什么作为标准来判定我们记忆得正确呢？——当我们用色样而不靠记忆操作的时候，有些情况下我们说这种色样变了色，而我们是根据记忆作这个判断的。但在有些情况下我们不也能说（例如）我们记忆的影像暗淡了吗？我们听凭记忆的摆布，不是一如听凭样本的摆布吗？（因为有人也许想说："假如我们没有记忆，我们就得听凭样本的摆布了。"）——或者由某种化学反应摆布。设想你要涂一种特定的颜色"F"，这种颜色是化学物质 X 同 Y 混合后人们看到的颜色。——假定有一天这种颜色你看来比另一天鲜亮；在某些情况下你不是会说："我一定弄错了，这颜色肯定和昨天的颜色一样"？这表明我们并不总是把记忆所说的当作无可上诉的最高判决来服从的。〔PU，§56〕

不对我们显眼的东西都会造成不显眼的印象吗？寻常事物总给我们造成寻常的印象吗？〔PU，§600〕

若有人问我"你今天早上进屋的时候认出你的书桌了吗？"——我自然会说"当然！"但若说当时发生了一种复认，那就引错了路。我自然不觉得书桌陌生；我看见它在那里一点儿也不惊奇；而若有

另一张书桌或别的什么陌生分分的东西立在那儿，我就会惊奇的。〔PU，§602〕

对我们称之为"复认"的过程颇容易具有一幅错误的图画；仿佛复认总在于我们把两个印象拿来互相比较。仿佛我随身带着某样东西的一幅图画，依照它来识辨某样东西是不是图画上所表现的那个东西。我们的记忆似乎就是进行某种比较的媒介，它为我们保存好以往事情的图画，或允许我们（好似通过一根管子）窥见过去。〔PU，§604〕

我们说"他声音的表情是真实的"。如果不真实，我们会认为仿佛在这表情背后另有一副表情。——他对外表现出这副面孔，内心里却有另一副。——但这并不是说：如果他的表情是真实的，他就有两副一样的面孔。〔PU，§606〕

面　相

"看"这个词的两种用法。

其一："你在那儿看见什么啦?"——"我看见的是这个"(接着是描述、描绘、复制)。其二:"我在这两张脸上看到了某种相似之处"——听我说这话的人蛮可以像我自己一样清清楚楚地看着这两张脸呢。

重要之点:看的这两种"对象"在范畴上的区别。〔PU,十一§1〕

我端详一张脸,忽然注意到它和另一张脸相似。我看到它并没改样,但我看得却不一样了。我把这种经验称作"注意到某个面相"。〔PU,十一 §3〕

我从 Jastrow 的《心理学中的事实与虚构》里摘来下面这个图形。我将把它叫做兔鸭头。可以把它看作兔子头或鸭子头。

我必须对"持续地看到"某种面相和某种面相的"闪现"作出区别。

把这幅图画拿给我看了，我可能始终只把它看作兔子而不是别的什么。〔PU，十一 §8〕

我可能一上来就把这个兔鸭头简简单单看作图画兔子。〔PU，十一 §10〕

对"你在这儿看见了什么"这个问题，我不会回答"我现在把这看作一个图画兔子"。我会简简单单描述我的知觉；就和我刚才说的是"我在那儿看见一个红色的圆圈"没什么两样。

但别人仍然可以这样说到我："他把那个图形看作为图画兔子。"〔PU，十一 §11〕

〈在这种情况下，〉说"我现在把这看作……"对于我没有意义，就像我看着一副刀叉说："我现在把这看作刀叉。"人们会弄不明白我在说什么。——这样的说法也没意义："这现在对于我是一把叉子"，或"这也可以是一把叉子"。〔PU，十一 §12〕

我们在饭桌上并不把知道其为餐具的东西"当作"餐具；同样，我们吃饭的时候通常并不尝试或试图让嘴有所动作。〔PU，十一 §13〕

我说"这是只兔子"。并非"这现在是只兔子"。我讲出的是感知。——给我看兔鸭头，问我这是什么；这时我可能说"这是个兔鸭头"。但我对这个问题也可能作出完全不同的反应。——兔鸭头这个回答所讲的还是感知;"这现在是只兔子"却不是。假使我说"这是只兔子",那我就没注意到这里有模棱两可之处,我报道的就是感知了。〔PU,十一 §18〕

我看见两幅图画;一张上面的兔鸭头被兔子围绕着,另一张上面被鸭子围绕着。我没看出它们是一样的。由此可以说在这两幅画上我看见的有所不同吗?——我们有某种根据在这里使用这个表达式。〔PU,十一 §15〕

我看见一幅画,表现的是一张笑脸。我把那笑一会儿看作友善的,一会儿看作恶意的,这时我是怎么做的?我不是往往在或友善或恶意的时空背景中来想象它吗?例如,我可以从这幅画想象:笑着的人在对一个玩耍的孩子慈蔼微笑,但也可以是对着遭受痛苦的敌人笑。

这一点在下面的情况里也完全没有改变:画里的处境一眼看上去是令人愉快的,而我却可以借助更广阔的背景对这个处境重新作出别的解释。——如果没有特殊的环境因素改换我的解释,我就会把某种特定的微笑看作友善的微笑,称作"友善的"微笑,并相应地作出反应。〔PU, §539〕

刚才是些枝枝杈杈的地方,现在是一个人形。我的视觉印象改变了,我现在认出它不只是颜色和形状,而且也有一种完全特定的"组织"。——我的视觉印象改变了;——它刚才是怎样的;它现在是怎样的？——如果我用准确的复制来表现它——难道这不是很好的表现吗？——那就没有任何改变显现出来。〔PU，十一 §21〕

我可以说（例如指着另一幅画）"我现在看到了这个"。这是报道一种新知觉的形式。

面相转变的表达式是一种新知觉的表达式和未曾改变的知觉的表达式合在一起。〔PU，十一 §20〕

我的视觉印象当然不是绘画，但也绝不属于我随身携带之物的那个范畴。〔PU，十一 §22〕

"内部图画"这概念误导我们，因为这概念的范本是"外部图画"；而这两个概念词的用法并不相似。〔PU，十一 §23〕

谁把视觉印象的"组织"和颜色形状并列在一起，那他从一开头就把视觉印象当作某种内部对象了。〔PU，十一 §24〕

如果我知道立方体示意图有不同的面相，那我为了得知另一个人看见的是什么，就可以请他在摹本之外再制作或展示一个模型；即使他这时根本不知道我干吗需要两种说明。

但在面相转变的情形下这就行不通了。这时要表达经验到的是什么的唯一可能的办法，在上一例中我们有了摹本之后也许就显得是一种毫无用处的特别规定，或的确就是毫无用处的特别规定。〔PU，十一 §25〕

仅此一点就使我们不能拿"组织"和视觉印象的颜色形状相比较。〔PU，十一 §26〕

"看作"不属于知觉。因此它既像一种看，又不像一种看。〔PU，十一 §27〕

我们能够自己造成面相转变，它也能违乎我们所愿自己发生。它能像我们的眼光一样服从我们的意愿。〔LWI，§612〕

所以面相的闪现似乎一半像视觉经验一半像思想。〔PU，十一 §30〕

每次我都实际上看到的不同抑或只是以不同方式来解说我所看到的？我倾向于说前者。但为什么呢？——解说是一种想，一种处理；看是一种状态。〔PU，十一 §137〕

一种形状对你浮现出来，对你显得陌生，而我则熟悉这种形状；你这时不可能像我一样准确地描述它吗？这不就是答案吗？——当然一般不是这样。你的描述听起来会很不一样。（例如，我会说"这只动物有长长的耳朵"——而你说"那儿有两个长长凸起的东西"，然后把它们画出来。）〔PU，十一 §32〕

我遇见一个多年没见的人；我看他看得清清楚楚，但没认出他来。我忽然认出他来，在他已经改变了的面孔上认出了从前的面孔。我相信我如果会画像的话现在会把他画得不同。〔PU，十一

§33〕

你感觉到一个曲子很严肃——你知觉到了什么？这靠把你听到的重复出来是传达不出来的。〔PU，十一　§122〕

"表现出所见"这个概念像"复制"这个概念一样，极富弹性，与此相系，"所见"这个概念也极富弹性。这两个概念密切相联。（但这不是说它们相似。）〔PU，十一　§36〕

"看"这个概念造成一种混杂的印象。是的，是混杂。——我向一片景色看去；我的目光扫过，我看见各种清楚的和模糊的事情；这个印象挺清楚，那个印象却十分含混。而我们看见的又可以显得多么支离破碎啊！好，现在来看看什么叫"描述所见"！——然而，这不过就是我们称作描述所见的那回事儿。这样的描述并没有唯一一个真正的、正式的例子——其他的则还不够清楚，还有待澄清，甚至非得干脆当垃圾扫到角落里去。〔PU，十一　§49〕

我们在这里有一个巨大的危险：想要作出精致的区别。——当我们想要从"真正所见"来定义物体概念的时候，我们就面临这样的危险。倒不如把日常语言游戏接受下来，识别出虚假的表述之为虚假。〔PU，十一　§50〕

我在这里想起，人们在谈到艺术作品时用到这样的话："你必须这样看，它意谓的是这个"；"你这样看就看到错在什么地方了"；"你必须把这几个节拍作为引子来听"；"你必须按这个调式来听"；

"你必须这样来划分音节"（这里涉及的可以是听，也可以是演奏）。〔PU，十一 §67〕

一个人必须熟悉兔子鸭子这两种动物的样子才能"看到兔鸭面相"。〔PU，十一 §105〕

一个人可能把兔鸭头当作画的只是兔子，把双十字章当作画的只是黑十字，但他不可能把单纯的三角形当作画的只是一个倒下来的东西。我们需要想象力才看得到三角形的这一面相。〔PU，十一 §106〕

我可以把立方体示意图看作一个盒子；——但我也能一会儿把它看作纸盒子一会儿看作锡盒子吗？——如果有人言之凿凿告诉我他能，我该怎么说？我在这里能够为概念划一条界线。〔PU，十一 §108〕

可以把面相的一个种类称作"组织面相"。这个面相转变了，图画中早先不连在一起的一些部分就连到了一起。〔PU，十一 §110〕

唯当一个人已经能够熟练地应用某个图形，我们才会说他能一会儿这样看这个图形一会儿那样看。
这种经验所依托的是对某种技术的掌握。〔PU，十一 §111〕

唯当一个人能够这样那样，学会了、掌握了这个那个，说他经

验到了这个才有意义。******

我们先说话，先有所表达，而后才获得这些表达式的生命的图画。〔PU，十一　§113〕

深刻的景貌容易消隐。〔PU，§387〕

现在来了这个问题：会不会有人不具备把某种东西看作某种东西的能力？——那会是什么样子？后果会是什么？这种缺陷可以和色盲或和缺乏绝对音高听力相提并论吗？——我们想称之为"面相盲"——并且来考虑这话的意思能是什么？（这是概念上的探究。）患面相盲的人将看不到面相组 A 的转换。但他不也就认不出双十字章包含一个黑十字章和一个白十字章啦？于是他也就不能胜任"在这些图形里指出哪些包含黑十字章"这样的任务啦？不然。他应该能，不过他不会说："现在这是一个衬在白底上的黑十字章了！"

他会盲然看不到两张脸上的相似之处吗？——但若这样，也就看不到相同之处，或近乎相同之处了？这点我不愿断定。（他应当能够执行"把看上去像这个一样的那件东西给我拿来！"这一类命令。）〔PU，十一　§145〕

他会不能把立方体示意图看作立方体吗？——从这却推不出，他认不出这是一个立方体的表现（例如一张图纸）。但对于他，这示意图不会从一个面相跳到另一个面相。——问题：他应当像我们一样在有些情况下能把这示意图当作立方体吗？——他若不能，我们就不能恰如其分地把这称作一种盲。

"面相盲患者"对图画的关系会和我们的根本不一样。〔PU，十一 §146〕

我们不难想象这种类型的异常。〔PU，十一 §147〕

面相盲和缺乏"音乐听力"具有亲缘。〔PU，十一 §148〕

这个概念的重要性在于"看到面相"和"经验到语词含义"这两个概念之间的联系。因为我们要问的是："一个人若经验不到某个语词的含义，他缺少的是什么？"

例如，我们要求一个人念"与"，同时把它作为动词来意谓，他不理解这个要求；——或一个词一气儿念了十遍而一个人不感觉到这个词对他失去了含义而只是个空洞的声音；——这样的人缺少的是什么？〔PU，十一 §149〕

我们对面目表情的记忆，这具有极大的重要性。****** 我给你画一张脸。下次我又给你画一张脸。你说："这不是同一张脸。"但你说不出是不是两只眼睛更近些，鼻子更长些，或任何诸如此类的东西。"但它们看起来总有点儿不同。"

这对所有哲学都具有无比重要的意义。〔LCA，Ⅳ §4〕

我画一串无意义的线条，如图〈全集 12 卷，358 页〉

然后画与之颇为相似的另一串，你大概看不出两者的区别。然而我画我称之为脸的这种特殊的东西，再画一张稍微不同的，你就立刻知道那里有种区别。

认出一种表情。建筑：画一扇门——"稍微大了一点儿。"你会说："他测量的眼力真棒。"不，他看到的是那里的表情不对。******〈而且在看到这类不对头时我会做出怪脸。〉

例如我会说一个人的笑"不很真诚"。〔LCA，Ⅳ §5〕

我用铅笔在纸上画了几条线，问："这是谁？"你答："拿破仑。"从来都没教给我们把这些线条叫做"拿破仑"。******

我们都学过"＝"。我们忽然以一种奇特的方式使用它。****** 我们可以把这种相等叫做"表情相等"。〔LCA，Ⅳ §6〕

行为主义说对行为的描述就是对感觉的描述。究竟什么是描述感觉？〔LCA，Ⅳ §7〕

两个学派：

（1）"要紧的是这些线条。"

（2）"要紧的是这些脸上的表情。"

在某种意义上，两者并不矛盾。只不过（1）没有澄清不同的线条具有不同的重要性，不同的改动会产生截然不同的效果：有时候天差地别。

"你把这幅画头朝下看它还是这幅画。"然而就可能觉察不出画中人的微笑了。〔LCA，Ⅳ §10〕

面相概念和意象概念具有亲缘。或："我现在把这看作……"的概念和"我现在这样想象"具有亲缘。

把一段音乐听成某个确定乐曲的变奏，其中不也包含幻想吗？可这时我们知觉到某种东西。〔PU，十一 §142〕

看到面相，想象，这些都服从于意愿。可以有这样的命令："想象一下这个!"以及"现在这样来看这个图形!"；但不能命令说："现在看到这片叶子是绿的!"〔PU，十一 §144〕

梦与弗洛伊德

做梦的人常觉得梦要有个解释。很少有谁会去把白日梦记录下来，讲给人听，问人"它意味什么？"****** 梦常被看作透露了某种消息。梦象似乎有某种和语言符号相似的东西。〔LCF，Ⅱ〕

梦是不是一种思想？梦是不是对某种东西的思考？

设想你把梦看作一种语言。有所说或有所象征的一种方式。可能存在某种有规则的象征，其规则不一定是字母表那种规则；就说像中国字那样吧。我们或者可以找到一种办法把这些象征符号翻译成通常语言，通常思想。但翻译应该是双向的。我们应该能够运用同样的技术把通常语言翻译成梦语言。但就像弗洛伊德认识到的，这从没有发生过，也不可能做到。因此，我们或许可以问，梦究竟是不是对某种东西的思考，是不是一种语言。〔LCF，Ⅲ〕

有些梦显然是愿望满足；例如成年人做的性梦。****** 但是，就有所伪装的梦来说，它们根本不满足愿望。****** 愿望在梦里被蒙骗了，既然如此，很难把梦叫做其满足了。而且也不可能说清楚到底是愿望还是检察官被蒙骗了。看来两者都被蒙骗了，结果都未得到满足。因此，梦不是任何东西的幻觉式的满足。

很可能有各种类型的梦，没有哪条单一的线路可以解释所有的梦。就像有很多不同种类的玩笑。或就像有很多不同种类的语言。******而弗洛伊德想要找到梦的本质。〔LCF，Ⅱ〕

弗洛伊德报道了他的一些梦，通过自由联想达到了某种分析，给我其中任何一个报道，我也会通过依据我自己的经验的自由联想达到同样的结果——虽然那不是我的梦。

事实是，只要你认定了某种东西，认定了某种你生活中重要的麻烦或问题，例如性，那么，不管你从哪里开始，联想最后总是不可避免地把你引回到同一个题目。弗洛伊德在分析后评论说梦显得多么合乎逻辑。当然合乎逻辑。〔LCF，Ⅳ〕

假设泰勒〈Taylor，课上的一个学生〉和我沿着河边散步，泰勒伸开胳膊，把我推到河里。我问他为什么，他说"我打算指给你看一样东西"；心理分析师则说泰勒在无意识中恨我。〔LCA，Ⅲ §18〕

两个解释可能都对。******这里有两个动机——意识的和无意识的。这两个动机所玩的游戏完全不同。这两个解释可以在某种意义上互相矛盾，然而却两个都正确。〔LCA，Ⅲ §19〕

这和弗洛伊德所做的某些事情连在一起。弗洛伊德所做的某些事情在我看来是大错特错。〈一个女病人讲给弗洛伊德一个"美丽的梦"。〉弗洛伊德展示了他称之为梦的"意义"的东西。最粗俗的性欲，最下作的淫秽。******弗洛伊德说这个梦是淫秽的。它是

淫秽的吗？他表明梦中的意象和某些性事物件相联系。他大致是
这样建立这种联系的：一系列在正常情况下会自然发生的联想，这
个引到那个，从一朵花引到这个，一棵树引到那个，等等。这是否
证明了这个梦是该叫做淫秽的？显然不。一个人的意图清白无辜，
你不把他所说的叫做淫秽。******我会说弗洛伊德欺骗了他的病
人。〔LCA，Ⅲ §20〕

　　"如果我们把雷德帕斯〈Redpath，课上的一个学生〉煮到200
摄氏度，等水都蒸发干了，剩下的只是一堆灰烬。雷德帕斯真正说
来就是这个。"这种说法也许有某种迷人处，但至少得说它是误导
的。〔LCA，Ⅲ §21〕

　　某些种类的解释有难以抗拒的吸引力。******尤其是"真正说
来就是这个"这种。〔LCA，Ⅲ §22〕

　　有一种强烈的倾向说："我们绕不过这个事实，这个梦真正说
来就是这样的。"可能正是这种解释令人极其厌恶使得你接受它。
〔LCA，Ⅲ §23〕

　　这里有一种极有趣的心理现象：这个解释特别丑陋，这让你说
你真的有那些想法，而在任何通常意义上你实际上并没有这些想
法。〔LCA，Ⅲ §25〕

　　假设你口吃，去作心理分析。(1)如果你的口吃治好了你可以说
这种分析是正确的。(2)如果口吃没治好，正确与否的标准可能是

被分析的病人说："这个解释是正确的，这正是我当时所想的。"（3）
另一种标准是：根据某些经验规则，给定的解释是一个正确解释，
无论被给予这一解释的人是否接受它。很多这类解释被接受下来
是因为它们有某种特殊的魅力。人有潜意识思想，这幅图画有一种
魅力。一个地下世界的想法，一个隐秘地窖的想法。某种隐藏的东
西、怪诞离奇的东西。＊＊＊＊＊＊ 人们愿意相信的很多东西是因为它们
怪诞离奇。〔LCA，Ⅲ §26〕

物理学解释有一个重要的特点：它应当有效，它应当使我们
能够做出某种预测。物理学和工程有联系。一座桥必须不塌掉。
〔LCA，Ⅲ §27〕

弗洛伊德所提供的很多解释没有经验支撑，不像物理学里的一
个解释。这些解释所表达的态度至关重要。它们给我们提供了一
个有某种特殊吸引力的画面。〔LCA，Ⅲ §28〕

他依从把某一种分析叫做适当的理由看来不是依赖于证据。
关于幻觉和梦是愿望满足的看法也一样。＊＊＊＊＊＊ 他认为焦虑总是
以某种方式重复我们在出娘胎时感到的焦虑。他并不是依据证据
建立这个观点的——因为他也不可能依据证据建立这个观点。但那
是一个极富吸引力的观点。它的吸引力是神话解释所具有的那种
吸引力，那类解释说现在发生的都是在重复以前曾经发生过的某种
东西。人们一旦接受或接纳了这个解释，某些事情对他们就似乎变
得清楚多了、容易多了。潜意识观念也是这样。＊＊＊＊＊＊ 接受或接纳

这类解释使得某些行为某些想法对他们变得自然了。〔LCF，Ⅰ〕

如果你被心理分析引导去说你当时真是这么想的，你的动机真是如此这般，那你是被劝服的，而不是你有所发现。在另一种情况下你本来也可能被劝服去相信另一种东西。当然，心理分析治好了你的口吃，治好了，那是一种成就。人们认为心理分析的某些结果是弗洛伊德所做的某种发现，不止是你被心理分析师劝服，我想说不是这样的。〔LCA，Ⅲ §33〕

弗洛伊德从来没有表明对一个梦的分析应该到哪里停止——到哪一步是适当的解答。他有时说适当的解答或适当的分析是使得病人觉得满意的解答或分析。他有时又说是大夫知道什么是梦的适当解答或分析而病人不知道：大夫可以说病人是错的。〔LCF，Ⅰ〕

假设梦能够为我们提供有关做梦人的重要消息，那么提供消息的将是对梦的诚实讲述。做梦人醒来后报道他的梦的时候是否被他的记忆欺骗呢？这个问题不会发生，除非我们引进一个报道与梦"相符"的全新标准，引进一个在这里对真和真诚作出区别的标准。〔PU，十一 §208〕

弗洛伊德的想法：在疯狂中，锁并未毁掉，只是改变了；旧钥匙不再能开启它，但一把齿形不同的钥匙能够。〔CV，47 页〕

我相信，可以把如下视作自然史的一条基本法则：凡自然之中的某事"有一种功能""实现一个目的"，这事也自会另一个样子，它不实现任何目的，是的，"不为任何目的服务"。

　　梦若有时保护睡眠，那你可以肯定，它有时会搅扰睡眠；梦中幻境若有时实现某种**可能的**目的（虚构的愿望满足），你可以肯定，它也会做相反的事情。没有"梦的动力学理论"这种东西。〔CV，98页〕

心理学与心理现象

心理学·处理心理学概念的计划·外感觉·内感觉·感情·判断感情的能力

心理学

不能用心理学是一门"年轻科学"来解释心理学的混乱与贫瘠；心理学的状态无法和物理学等等的早期状态相比。(倒不如和数学的某个分支相比。集合论。)就是说，在心理学中实验方法和概念混乱并存。(就像在集合论中概念混乱和证明方法并存。)

实验方法的存在让我们以为我们具备解决困扰我们的问题的手段；虽然问题和方法各行其是。〔PU，十四 §1〕

引入歧途的并列：心理学处理心理范围里的过程，就像物理学处理物理范围里的过程。

物体的运动、电的现象等等是物理学的研究对象，而看、听、想、感、愿，却并非**在同样的意义**上是心理学的研究对象。这一点你可以以这样的方式看出来：物理学家看、听、思考这些现象，告诉我们这些现象，而心理学家观察主体的**外在表现**(行为)。〔PU， §571〕

科学的范式是机制。如果人们想象有种心理学，他们的理想是心灵的机制。******在物理学里我们有很多法则，几乎是太多了，而在心理学里我们差不多一无所有。谈论心灵的机制难免有点儿好笑。〔LCA，Ⅳ §1〕

"即使我歪着头，因此视网膜上的图像是一棵倾斜的树的图像，我仍然看见一棵直立的树——这是怎么回事？"就是说，在这类情况下我说到这棵树仍然说它是直立的，这是怎么回事？——"是这样：我意识到自己的头歪着，于是我补充了我视觉印象的看待方式所必需的纠正。"——但这不是把首级的东西和次级的东西混起来了吗？你请想一想，如果我们对眼睛的内部情况**一无所知**呢——这个问题还会出现吗？真正说来，我们并不曾补充某种纠正，而只是提供了某种解释。

可是——我们现在已经知道了眼睛的内部结构呀，——我们这样行为、这样反应，这是**怎么回事**呢？但这里必须给出一个生理学解释吗？我们不去管它什么解释又怎么样？——但若你是在检测一台机器的活动，你不会这样说的！——可谁说生命体、动物躯体在这一意义上是一台机器？〔Z，§614〕

偏爱心理-生理平行论的成见是对我们的概念的某些原始看法的果实。因为，如果允许心理现象之间有某种不经生理层面中介的因果关系，人们就会认为他认可了某种雾气般的灵魂物。〔Z，§611〕

我们的主要问题与意愿的认识论问题有联系，我从前就曾注意到这一点。心理学中若出现这样一个顽固的问题，那它从来不是关于事实经验的问题〈这类问题总是容易处理得多〉，而是个逻辑问题，因而真正说来是个语法问题。〔Z，§590〕

处理心理学概念的计划

心理学概念就是日常概念。不是科学为了自己的目的新构建出来的概念，像物理概念、化学概念那样。心理学概念相对于严格科学概念，就像科学医学概念相对于成天照料病人的老妇的概念。〔RPP Ⅱ，§62〕

问题不在于我们的感官印象会哄骗我们，而在于我们怎样理解它们的语言。（而这种语言像任何其它语言一样，依栖在约定之上。）〔PU，§355〕

处理心理学概念的计划。

心理动词，通过以下特点加以刻画：第三人称现在时由观察认证，而第一人称则否。

第三人称现在时的句子：传达信息。第一人称现在时：表现。〈不完全对头。〉

第一人称现在时与表现相亲缘。

感官感觉：它们的内在联系和类似。

它们都有真实的时间延续。有可能确定开始和结束。有可能共时,同时发生。

都有程度之别,以及质上的混合。程度:难以觉察——受不了。

在这种意义上不存在位置感觉或运动感觉。感觉在身体上的处所:以此区分看、听和压迫感、温度感、味觉、痛感。〔Z, §472〕

心理学概念分类的继续。

情绪活动。它们都有真实的持续,过程。〈愤怒燃起、消退、消失;快乐、抑郁、害怕也如是。〉

与感觉的区别:它们都没有特定的位置。〈但也不是分散在各处!〉

共同点:它们都有典型的表现举止。〈面部表情。〉从这即可推出:都有典型的感觉。悲伤常常和哭泣连在一起,和哭泣连在一起的又有典型的感觉。〈泣不成声。〉但这些感觉并不是情绪。〈在标数符号 2 不是数 2 这种意义上讲。〉

在情绪中可以区分有所指向的和无所指向的。**对**什么害怕,**因**什么快乐。

这个"什么"是情绪的对象,不是情绪的原因。〔Z, §488〕

我举的例子绝不是力求完备。不是在对心理学概念进行分类。它们只是要使得读者在遇到概念上的含混不清之时能够想办法帮助自己。〔PU,十一 §90〕

心理现象的谱系:我追求的**不是精确性**,而是综观。〔Z, §464〕

探讨所有这些心灵现象对我是重要的，不是因为我在意完全无遗，而是因为它们中的每一个都为我照亮了正确探讨所有心灵现象的路径。〔Z，§465〕

听觉意象、视觉意象，它们怎样区别于感觉？不是通过"生动程度"。

意象不告知我们外部世界的情况，既不正确地也不错误地告知。〈意象不是幻觉，也不是构想。〉

眼看着一个对象的时候，我无法想象它。

"看看这个图形！"和"想象这个图形！"这两个语言游戏的区别。

想象服从于意愿。

意象不是图画。我看出我所想象的是哪个对象，这并非借助于这个意象图画与那个对象相似。

"你想象的是什么"这个问题可以用一幅图画来回答。〔Z，§621〕

我是随着描述我看到的东西学会"看"这个概念的。我学会观察，而且学会描述观察到的东西。我在另一种联系中学会"想象"。描述看到的东西和描述想象的东西当然是同一类的，对其一的描述的确可以也像对另一的描述；但除此之外，两者完全不同。想象概念与其说像感受概念不如说像作为概念。可以把想象活动称作创造活动。（人们也的确这么称它。）〔Z，§637〕

究竟什么是"意识世界"？——在意识中的东西是：我现在看

到的、听到的、感到的，等等——我现在，例如，看到的是什么？我们不能这样回答："**所有这些**"，同时做出包罗无遗的姿势。〔BF Ⅲ，§316〕

我认为，不可预测必定是心理世界的**一种**本质属性。同样，表达方式有无穷无尽的多样性也是。〔LW Ⅱ，65 页〕

外感觉

我们把看、听……称作感官知觉。这些概念之间有类比和联系，这些类比和联系为把看、听等等概念拢在一起提供了理由。〔RPP Ⅱ，§59〕

于是可以问：看和听之间有什么样的联系和类比？看和触摸之间？看和嗅之间？〔RPP Ⅱ，§60〕

这么一问，这些感觉于是好像立刻各自退行，互相离得远了，不像它们初看上去那样。〔RPP Ⅱ，§61〕

我只能看到而不能听到红和绿，——但我能听到悲伤，一如我能看到悲伤。〔PU，十一 §117〕

如果我答："不，他没听到；他只是感觉到了这个"——这算什么回答呢？我们连这种"感觉"的感官也举不出来。〔PU，十一 §119〕

想一想看画时所用的"感觉"这个表达式。("你感觉得出这种材料多柔软。")(梦里的知道。"我当时知道……是在那个房间里。")〔PU，十一　§108〕

我们必须想到，可以存在〈多半实际上存在过〉这样一种语言状态：它没有感官知觉的一般概念，但有与我们的"看""听""尝"相应的词。〔Z，§473〕

闭上一只眼睛，"只用一只眼睛看"，我们并非同时用闭着的眼睛看到黑暗(黑色)。我还从未读到过对这一点的评论。〔Z，§615〕

设想他从未见过一种动物：现在有一个这种动物一晃而过，他的视觉体验和一个熟悉这种动物的人一样吗？(我倾向于说一样，但不知道为什么。)〔LW Ⅰ，§539〕

对我们来说最自然的是以立体方式表现我们所看到的；而无论通过绘画还是通过话语来以平面方式表现则都要求特殊的训练。(儿童画的特别之处。)〔PU，十一　§37〕

一张相片上有人、房子、树，我们不觉得这张相片缺少立体性。要把这张相片描述为平面上的一些色块的组合反倒不大容易；但我们在立体镜里看到的东西，却又以另一种方式显示为立体的。〔PU，十一　§140〕

内感觉

颜色、声音、味道、温度，这些都有主观方面和客观方面。但这相当于说：它们有时给出我感觉到的东西，有时描述外部世界。——而我对身体位置的认知似乎没有主观的中间环节。〔LW Ⅰ，§ 396〕

我们感到自己的运动。是的，我们实实在在感到它；这种感觉与味觉或热觉不相似，而与触觉相似：皮肤和肌肉被挤压、拉扯、扭拧时的感觉。〔Z，§ 479〕

奇怪。我的下臂现在平放着，我可以说，我对这有感觉；但并非，仿佛我有一种始终和这个体位连系在一起的感觉〈例如像我感觉到失血或充血〉——而是，仿佛是下臂的"身体感觉"被平放着，仿佛"身体感觉"是这样配置的，就像下臂表面的一层薄雾或粉末这样配置在空间之中。所以，真正说来，不像是我感觉到我下臂所处的位置，而像是我感觉我的**下臂**，而这种感觉有如此这般的**位置**。但这不过是说：我无非是知道下臂在那儿——并非"我知道这个，**因为……**"，就像我知道我哪儿疼——但并非"我知道这个，**因为……**"。〔Z，§ 481〕

痛疼当真像是有自己的实体，仿佛它是个物体，有形有色。为什么？它的形状是疼痛的身体部位的形状吗？例如，人们也许会说："但凡我有必需的语词和基本意义，我就能**描述**疼痛。"人们觉得：所缺的只是必需的语汇。（詹姆士。）但凡别人懂得这种语言，甚至可以把这种感觉画出来。——而我们的确能从空间上时间上描述疼痛。〔Z，§482〕

这不过是咬文嚼字——快乐、享受、迷醉不是感觉？——请问问自己：迷醉和例如我们所称的"感官感觉"之间的类似究竟有多少？〔Z，§484〕

它们之间的连接环节大概是疼痛。因为疼痛概念与触觉概念相似，例如（通过特定位置、真实的时间延续、强度、质这些标志），同时与情绪活动概念相似，通过表达（面部表情、姿势、发出的声音）。〔Z，§485〕

"我感到非常快乐。"——在哪儿？——这听起来没意义。倒也说"我感到胸中充满快乐激动"。——但为什么快乐没有特定位置？因为它遍布全身吗？即使引起快乐的感觉有特定位置，快乐仍然没有；例如，我们因闻到花香而快乐。——快乐表现在面部表情上，在举止中。（但我们不说，我们在脸上快乐。）

我们倒是说，我们脸上快乐，心里不快乐。〔Z，§486〕

"但我的确有一种快乐的**感觉**！"是啊，当你因自己快乐而快乐。当然，快乐不是快乐的举止，也不是嘴角边眼睛边的感觉。

"但'快乐'的确指称某种内部的东西。"不然。"快乐"什么都不指称。既不指称内部的东西也不指称外部的东西。〔Z，§487〕

观察自己的苦恼的人是用什么感官来观察的？用一种特殊的感官；用感觉苦恼的感官？那他观察苦恼时对这苦恼的感觉又是另一个样子啦？他观察的是哪一个苦恼呢——是只有正被观察时才在那里的那个苦恼吗？

"观察"不产生所观察的东西。（这是一个概念性的论断。）

或：我并不观察只有通过观察才出现的东西。观察的对象是另一样东西。〔PU，九　§1〕

我们什么时候说一个人在观察？大致是：当他把自己放在一个有利于获得某些印象的位置，以便（例如）描述从这些印象得到的东西。〔PU，九　§3〕

感情

唯非常不幸的人有权怜悯另一个人。〔CV，64页〕

"苦恼"向我们描述着以形形色色的变形反复重现在生活画毯上的一种图样。如果在一个人那里悲喜的身体表达交替出现，比方说随着时钟的滴答声交替出现，我们就既不会形成具有烦恼特征的图样，也不会形成具有喜悦特征的图样。〔PU，一　§2〕

"他有一刹那感到剧痛。"——为什么"他有一刹那感到深深的悲伤"听起来别扭？只是因为这种情况很少出现吗？〔PU，一　§3〕

一个人能不能有一秒钟感到了热烈的爱情或希望——无论这一

秒钟之前之后发生的是什么？——这时发生的事情——在这一环境之中——有意义。环境给予这事情以重要性。"希望"一词指涉人类生活的一种现象。(微笑的嘴只在人脸上微笑。)〔PU，§583〕

加冕典礼是一幅华美尊贵的景象。试把这一过程的某一分钟从它的环境切下来：皇冠戴到身穿加冕礼服的国王头上。——但在另一个环境中，金子是最贱的金属，金光闪耀被认为粗俗。礼服的衣料在那里造价低廉。皇冠是堂皇冠冕的拙劣仿制品。等等。〔PU，§584〕

"如果它不经久，后来消失了，那它就不是真爱。"

为什么若那样它就不**是**真爱？只有这种感觉持久而那种则不持久——这是我们的经验吗？抑或我们使用了一幅图画：我们依据其内在性质来判定爱，直接的感觉并不揭示这种内在性质。但这幅图画对我们很重要。爱，这种重要之事，不是一种感觉，而是某种更深的东西，在感觉中它只是得到表现。

我们有"爱"这个词，并把这个称号赠给最重要的东西。(就像把"哲学"这个称号赠予某种特殊的精神活动。)〔RPP Ⅰ，§115〕

爱不是一种感觉。爱能被考验，疼痛不能。人们不说："那不是真疼痛，否则它不会消失得这么快。"〔Z，§504〕

心情和感官印象的一种联系是：我们用心情概念来描述感官印象和意象。说到一首曲调、一片风景，我们说它是悲哀的、欢快的、

等等。更重要的当然是，所有的心情概念都被用来描述人脸、行为、举止。〔Z，§505〕

　　一张友善的嘴，一双友善的眼睛。怎么想出友善的手？——大概是手张开着，而非握成拳头。——能否设想人的头发颜色是友善的表现或相反东西的表现？——但这么提出问题，它似乎成了我们是否**做得到**的问题。问题应该是这样：我们是否愿意把某种头发颜色称作友善的或不友善的？若我们愿意赋予"友善的头发颜色"这话以意义，我们大概可以设想一个人生气的时候头发会变暗黑。但这样把愤怒的表现读入暗黑的头发恐怕借助了先前已有的观念。

　　可以说：友善的眼睛，友善的嘴，狗摇晃尾巴，诸如此类，是友善的首要的、互相独立的标志；我的意思是说：它们是我们称为友善的现象的若干部分。如果要把另一些现象想成友善的表现，就要把这些标志看入这些现象。我们说"他阴黑着脸"；也许，因为眼睛被眉毛更深荫蔽了；而现在我们把阴黑的观念转移到头发颜色上。〔Z，§506〕

　　谁要是问欣享（Vergnuegen）是不是一种感觉，那他看来没有在理由和原因之间做出区分，因为，否则他会注意到，欣享**于**某种东西，这不是说，这某种东西在我们身上导致一种感觉。〔Z，§507〕

　　的确可能，悲伤的人的腺体分泌不同于高兴的人；也的确可能，这种分泌是悲伤的原因或部分原因。但悲伤因此就是由这种分泌引起的**感觉**吗？〔Z，§509〕

人们说到确信的感觉,因为有一种确信的**色调**。是的,所有"感觉"都有的特点是:存在着这种感觉的某种表现,即,这种感觉的表情、姿势,等等。〔Z,§513〕

但又可以说:人脸绝不是一成不变的样子。它每分钟都在变化,有时变化不大,有时变得面目皆非。但仍可能给他画一幅面相。当然,画着笑脸的图画显示不出他哭泣时什么模样。但它会提供推测的线索。——同样,也应有可能描述〈例如〉相信的大致容貌。〔Z,§514〕

我给出迷醉的标志、领悟的标志。〔Z,§515〕

能否把"熟知"称作体验?不能。但对熟知和不熟知的状态各存在着典型的体验。(不熟悉情况和撒谎。)〔Z,§516〕

然而,对所有这些都存在着平行表现,这一点很重要!例如,可以用"不散的阴霾沉降下来"这话来描述忧烦。我也许一直都没有足够强调这种平行表现的重要性。〔Z,§517〕

且让我们忘掉我们对害怕者心里的状态感兴趣。我们当然也可能因为他的举止在某些情况下是他未来行止的征兆而对之感兴趣。那我们为什么不该为此有一个词呢?〔Z,§523〕

"我害怕"这个语言游戏已经包含了对象。

也许可以说焦虑(Angst)没有指向,在如下意义上:它的表现和害怕的表现相似，或相同。

情绪的**内容**——人们在此名下设想的是图画这类东西，或可以做成图画的东西。（抑郁的阴沉降临某人之上，狂怒的火焰。）〔Z，§489〕

也可以把人脸称作这样一幅图画，并通过人脸的改变表现情绪的**发展过程**。〔Z，§490〕

什么是害怕？什么叫"害怕了"？如果我要用一个单一的显示来定义，——我就会扮演害怕的样子。〔PU，九 §11〕

我也能够这样来表现希望吗？很难。那么信念呢？〔PU，九 §12〕

一个人说"我希望他来"——这是在报道他的心灵状态还是在表达他的希望？——例如，我可以对自己这样说。而我不向自己作什么报道。它可以是一声叹息；但又不必是。如果我对某人说"我今天无法专心工作；我一直想着他要来"——我们将把这称为描述我的心灵状态。〔PU，§585〕

为什么狗可以感到害怕，但不能感到后悔？说"因为它不会说话"对吗？〔Z，§518〕

"狗通过摇尾巴**意谓**某事。"——怎么证成这一点？——我们是否也说："植物让叶子耷拉下来，以此意谓它需要水？"〔Z，§521〕

判断感情的能力

对感情表达是否真确有没有"行家"判断？——即使在这里也有些人具有"较佳的"判断力，有些人的判断则"较差"。

正确的预测一般出自那些对人的认识较佳的人所作的判断。

我们能学习怎样认识人吗？是的；有些人能。但不是通过课程，而是通过"经验"。——另一个人在这事上可以作他的老师吗？当然。他时不时给他正确的提示。——在这里，"学"和"教"看起来就是这样。——这里习得的不是一种技术；是在学习正确的判断。这里也有规则，但这些规则不构成系统，唯富有经验的人能够正确运用它们而已。不像计算规则。〔PU，十一 §243〕

"〈感情〉表达得是否真确无法证明而只能去感觉。"——蛮好，——但认识到真确后又怎么样呢？一个人说"这就是一颗充满激情的心所能表达的"——并且让另一个人也这样认为了，——有什么进一步的后果呢？抑或什么后果都没有，而只是一个人品到了别人没品到的，到此游戏就结束了？

后果是有的，只不过五花八门。经验，也就是各式各样的观察，可以教给我们这些后果；对这些后果我们也一样无法给出一般的表述，而只能在纷繁支离的情况中作出正确的、会结出果实的判断，确立一种会结出果实的联系。最具一般性的评述所能产生的，最多也不过是看上去像一个体系的废墟那样的东西。〔PU，十一 §245〕

某些证据满可以使我们确信某个人处在这种那种心态之中，例如确信他不在装假。但这里也一样会有"精微莫测"的证据。〔PU，十一　§246〕

问题是：精微莫测的证据会造成什么结果？

设想某种物质的化学结构（内在的东西）有某种精微莫测的证据。但这个结构必定会通过某些可测的后果作为其证据得到证明。

（某种精微莫测的证据可以使一个人确信这幅画是真品……但也有可能通过考据证实这一点。）〔PU，十一　§247〕

精微莫测的证据包括眼光、姿态、声调的各种精微之处。

我有可能认得出爱情的真实眼光，把它从伪装的眼光区别开来（这里当然可以有"可测的"确证来证实我的判断）。但我有可能全然无法描述这种区别。这并非因为我熟悉的各种语言里没有适于描述这个的语词。那我为什么不干脆引进一些新语词呢？——假使我是个极富才能的画家，可以设想我在绘画中表现出真实的眼光和伪装的眼光。〔PU，十一　§248〕

问问你自己：人是怎么学到某方面的"眼力"的？这样一种眼力又是怎样使用的？〔PU，十一　§249〕

私有语言论题

感觉词不是名称·唯我自己拥有·能知道他人的感觉、思想吗？·心与身·内与外·从我自己知道·从未感觉过疼痛的人能理解"疼痛"吗？·语言之为原始事实

一个人可以鼓励自己，命令及服从自己，责备及惩罚自己，他可以自问自答。我们甚至可以设想一些人只对自己讲话；他们一边做事一边自言自语。——一个研究者观察他们，悉心听他们谈话，最终有可能把他们的语言翻译成我们的语言。（于是他就可能正确预言这些人的行动，因为他也听得见他们下决心作决定。）

但是否也可以设想这样一种语言：一个人能够用这种语言写下或说出他的内心经验——他的感情、情绪等等，以供他自己使用？——用我们平常的语言我们不就能这样做吗？——但我的意思不是这个，而是：这种语言的语词指涉只有讲话人能够知道的东西；指涉他的直接的、私有的感觉。因此另一个人无法理解这种语言。〔PU，§243〕

感觉词不是名称

语词是怎样**指涉**感觉的？——这似乎不成其为问题；我们不是

天天都谈论感觉，称谓感觉吗？但名称怎么就建立起了和被称谓之物的联系？这和下面的是同一个问题：人是怎样学会感觉名称的含义的？——以"疼"这个词为例。这是一种可能性：语词和感觉的原始的、自然的表达联系在一起，取代了后者。孩子受了伤哭起来；这时大人对他说话，教给他呼叫，后来又教给他句子。他们是在教给孩子新的疼痛举止。

"那么你是说，'疼'这个词其实意味着哭喊？"——正相反；疼的语言表达代替了哭喊而不是描述哭喊。〔PU，§244〕

因为我怎么会想要借助语言插入疼痛的表现和疼痛之间呢？〔PU，§245〕

但难题在这里：我们不能把叫喊称为描述，它比任何描述都来得更原始；尽管如此，它却可以起到描述内心生活的作用。〔PU，九§15〕

叫喊不是描述。但有一个过渡系列。"我害怕"这话离一声叫喊可近可远。它可以十分近似于一声叫喊，也可以和一声叫喊大相径庭。〔PU，九§16〕

假使我没有这种感觉的任何自然外现，而只具有感觉，那会怎么样呢？现在我单单把一些名称和这些感觉**联系在一起**，在描述中使用这些名称。——〔PU，§256〕

但什么叫做他"为他的疼痛起了个名称"？——为疼痛起名称，

他是怎么做成这件事的？！无论他是怎么做的，他有什么样的目的呢？——当人们说"他给予了他的感觉一个名称"，他们忘了：语言中已经准备好了很多东西，以便使单纯命名具有一种意义。如果我们说得上某人给这种疼痛起了个名称，那么"疼痛"这个词的语法在这里就是准备好了的东西；它指示出这个新词所驻的岗位。〔PU，§257〕

我们来想象下面的情况。我将为某种反复出现的特定感觉做一份日记。为此，我把它同符号 E 联系起来，凡是有这种感觉的日子我都在一本日历上写下这个符号。——我首先要注明，这个符号的定义是说不出来的。——但我总可以用指物定义的方式为自己给出个定义来啊！——怎么给法？我能指向这感觉吗？在通常意思上这不可能。但我说这个符号，或写这个符号，同时把注意力集中在这感觉上——于是仿佛内在地指向它。——但这番仪式为的是个什么？因为这看上去徒然是仪式！定义的作用却是确立符号的含义。——而这恰恰通过集中注意力发生了；因为我借此给自己印上了符号和感觉的联系。——"我把它给自己印上了"却只能是说：这个过程使我将来能**正确**回忆起这种联系。但在这个例子里我全然没有是否正确的标准。有人在这里也许愿说：只要我觉得似乎正确，就是正确。而这只是说：这里谈不上"正确"。〔PU，§258〕

私有语言的规则就是关于规则的**印象**？——用来衡量印象的天平却不是关于天平的**印象**。〔PU，§259〕

"我相信这又是感觉 E。"——你满可以相信你相信这一点！

那么，在日历上记下符号的人**什么都没有**记录下来吗？——不要理所当然地以为，一个人记下符号——例如在日历上——就记录下了某种东西。因为一项记录有一种功能；而这个"E"到现在还什么功能都没有。〔PU，§260〕

我们有什么根据把"E"称为**感觉**的符号呢？"感觉"是我们共同语言里的词，而不是只有我才理解的语言里的词。因此这个词的使用就需要有大家都理解的理由。——它不必是一种**感觉**；他写下"E"的时候他有**某种东西**——我们说不出更多的；这种说法也无补于事。"有"和"某种东西"也属于共同语言。——于是一个人从事哲学最后会弄到这个地步：他只还能够要发出一个含混的声音。——但这样一种声音只有在我们仍需加以描述的某个特定的语言游戏里才是一种表达。〔PU，§261〕

人们可能说：谁为语词给出了一个私有定义，他现在就必定**内在地决定要**如此这般使用这个词。他怎么决定这样做？我应该假定他发明了这种使用的技巧还是发现了已经现成准备好了的技巧？〔PU，§262〕

我们来设想一张图表，有点像本字典，但只在我们的想象中存在。人们可以靠字典来论证 X 一词应该译作 Y。但若我们只在想象里查这张表，还该不该称为论证？——"那好，那它就是一种主观论证。"——但论证却在于人们可以诉诸某个独立的裁定者。——

"但我的确可以从一个记忆追溯到另一种记忆。例如，我不知道我当时是否正确地记下了火车的发车时间，于是我在记忆里唤起列车时刻表里相关页的图画以便检验。这里的情况不是一样吗？"——不是；因为这种活动必须实际上唤起**正确的**记忆。假使时刻表的意象图画是否正确本身就不能得到**验证**，它又怎么能够担保第一个记忆的正确性呢？（就好像有人买了好几份今天的同一种晨报来向自己确保报上所说属实。）

在想象中查图表，并不是查图表，就像对想象的实验得到的结果的想象并不是实验结果。〔PU，§265〕

请记住，一个人不理解一个词，这事情是有一定的标准来判明的：这个词对他什么都没说，他不知道好拿这个词干什么。也有"他以为理解了这个词"的标准：把某种含义和这个词联系在一起，但不是正确的含义。最后，还有他正确理解了这个词的标准。在第二种情况下可以谈得到某种主观的理解。别人都不理解而我却**似乎理解**的声音可以称为一种"私有语言"。〔PU，§269〕

现在我们来设想把符号"E"记在我的日记本上会有种什么用法。我注意到这样的经验：每次我有一种特别的感觉，血压计就向我显示我的血压升高。于是无需乎仪器的辅助我也将可以说我的血压升高了。这是一个有用的结果。在这里，我对那个感觉识别得**正确**与否似乎完全无所谓。假设我在识别这种感觉时经常弄错，这也毫无关系。这已经表明，当时认为我弄错了的假设徒有其表。（就仿佛我们转动一个把手，它看上去可以用来启动机器上的什么东西；其实它只是个装饰，同机器的机制毫无联系。）

我们在这里有什么根据把"E"称作某种感觉的名称？根据也许是在这个语言游戏中使用这个符号的方式方法。——为什么说它是一种"特定的感觉"，即每次都一样的感觉呢？是啊，我们已经假设好了我们每次写的都是"E"啊。〔PU，§270〕

"设想有个人，他不能把'疼痛'这个词**所意味的东西**保持在记忆里——因而一再把别的东西称作'疼痛'——但他对这个词的用法仍然和疼痛的通常征候和前提一致！"——亦即他像我们大家一样使用这个词。这里我要说：一个齿轮，我们能转动它，但其他部分都不跟着动，那这个齿轮就不是机器的一部分。〔PU，§271〕

私有经验的本质之点其实不是每个人都拥有他自己的样本，而是没有人知道别人有的也是**这个**，还是别的什么。于是就可能假设——尽管这是无法证实的——人类的一部分对红色有**一种**感觉，另一部分有另一种。〔PU，§272〕

"红"这个词又是怎么样的呢？——我是否应该说它指称着某种"面对我们大家"的东西，每个人除了这个词其实还应该有一个词来指称他**自己**对红色的感觉？或者是这样："红"这个词指称着某种我们都认识的东西；此外还对每个人指称着某种只有他才认识的东西？〔PU，§273〕

看着蓝天，对你自己说"这么蓝的天！"——你自发地说这话的时候——不怀有哲学意图——你不会觉得这个颜色印象只属于**你**。

你也会不加思量地对别人发出这样的感叹。你要是指着什么说这话,那你指的就是天空。我的意思是:你没有"指向你自己"的感觉;而人们反思"私有语言"的时候,这种感觉却经常伴随着"为感觉命名"。你也想不到你其实不应该用手,而只应该用注意力指向颜色。(想一想什么叫做"用注意力指向某种东西"。)〔PU,§275〕

"我知道绿色在**我**看起来是怎样的" ——这话的确有意义! ——诚然;你设想的是这个句子的哪种用法?〔PU,§278〕

设想有人说:"我当然知道我个子多高!",同时把手放到头顶上来标志这一点!〔PU,§279〕

唯我自己拥有

在什么意义上我的感觉是**私有**的?——那是,只有我知道我是否真的疼;别人只能推测。——这在一种意义上是错的;在另一种意义上没意义。如果我们依正常的用法使用"知道"这个词,(否则我们又该怎么用!)那么我疼的时候别人经常知道。——不错,但还是不如我自己知道得那么确切! ——一个人一般不能用"我**知道**我疼"这话来说他自己(除非在开玩笑之类)。——这话除了是说我**有**疼痛还会是说什么呢?

不能说别人**仅只**从我的行为举止中得知我的感觉,——因为我不能用得知自己的感觉这话说到我自己。**我有这些感觉。**

正确的说法是:说别人怀疑我是否痛疼,这话有意义;但不能

这样说我自己。〔PU，§246〕

"只有你自己能知道你有没有那种意图。"我可以这样说；这时我是在向你解释"意图"一词的含义。这句话于是就是说：我们就是**这样**使用这个词的。〔PU，§247〕

"感觉是私有的"这个命题可以和"单人纸牌是一个人玩的"相比较。〔PU，§248〕

"别人不可能有我的疼痛。"——哪些是**我的**疼痛？这里什么是同一性的标准？琢磨一下，讲到物理对象，是什么使得我们能说"这两个一模一样"，例如说"这把椅子不是你昨天在这里见到的那把，但同那把一模一样"。

只要说"我的疼同他的疼一样"有**意义**，那么我们两人也就可能有一样的疼痛。（甚至可以想象两个人在同一的——不仅是相应的——部位感到疼痛。例如暹罗连体人就是这样。）

我曾看到有人在讨论这个题目时敲打着自己的胸膛说："但别人就是不可能有**这个**疼痛！"——对此的回答是：通过强调"这个"一词，并不就为同一性的标准提供了定义。倒不如说，这种强调只是向我们摆明了这样一种标准是通行的，但现在不得不再向我们提醒一下。〔PU，§253〕

我在心里对自己念字母表，另一个人默默地对他自己念字母表，什么是我和他所做的一样的标准？也许可以发现这时我的喉头和他的喉头里所发生的事一样。（同样，当我们两个想的一样，愿望的一样，等等，我们的喉头里也可能发生同样的事。）那么我们是否曾靠指着喉头里或脑子里的过程学会了"默默对自己说如此这般"这话的用法呢？对应于我和他对声音 a 的意象的不也满可能是不同的生理过程吗？问题是：我们怎样比较意象？〔PU，§376〕

"我在听到一句话的时候心里想象出某种东西，那是只有我具有而别人所没有的东西。"＊＊＊＊＊＊难道我不可以问一问：你说到的东西，你说唯你有的东西——在什么意义上你**有**它？＊＊＊＊＊＊这一点很清楚：如果你从逻辑排除了另一个人得到某种东西的可能性，说你有这种东西也就失去了意义。＊＊＊＊＊＊

我相信人们可以说：你说的是（例如你这时坐在房间里）"视觉房间"。没有拥有者的房间是这个"视觉房间"。我不可能拥有它，一如不可能在它里面走来走去，或看着它，或指着它。它不属于我，就像它也不可能属于别的什么人。或者说，并不因为我说到它和说到我坐在其中的物质房间本身都要用一样的表达形式，它就属于我。描述物质的房间不必提及拥有者，它甚至也不一定有拥有者。但视觉房间却不**可能**有拥有者。〔PU，§398〕

也可以说：视觉房间的拥有者一定是和视觉房间本质相同的东西；但他不在房间里，同时也没个房间外。〔PU，§399〕

我们仿佛揭示出了"视觉房间"——其实是发现了一种新的说话方式，一个新的比喻，甚至可以说，一种新感觉。〔PU，§400〕

你把一个新看法解释成了看见一个新对象。你把自己采取的一个语法步骤解释为：你观察到的准物理现象。（想一想"感官材料是不是宇宙的构成材料？"这类问题。）

但我的说法"你采取了一个'语法'步骤"不是无可指摘的。你首先是发现了一种看事物的新方式。就像你发明了一种新的画法，或一种新节奏，一种新曲式。——〔PU，§401〕

能知道他人的感觉、思想吗？

"他的疼痛对我掩藏着"，这就像我说："声音对我的眼睛掩藏着。"〔LWI，§885〕

我看见一个人由于显而易见的原因疼得蜷起身体，我不会想：可这个人的感觉对我隐蔽着。〔PU，十一　§212〕

"思想、感情是私有的"大致等同于"伪装是存在的"，或"人可以隐藏自己的思想感情；他甚至能够欺骗、伪装"。问题在于：这个"存在"和"他能够"意谓什么？〔RPP I，§570〕

也许我也能设想（尽管这不容易）我在街上看到的每一个人都经受着可怕的疼痛，但都巧妙地掩饰起来了。重要的在于我在这里必须设想一种巧妙的掩饰。就是说，不单单设想我对自己说："他的灵魂在疼；但这和他的肉体有什么相干！"或"疼痛说到底无需显示在肉体上！"——而且要设想，我这样设想的时候——我做的是什么；我对自己说的是什么；我怎么看着街上的人？例如我看着一

个人，自忖"人这么疼的时候一定很难笑出来"，以及诸如此类的很多东西。〔PU，§391〕

我们从行为举止不仅能推出疼痛，而且能推出假装疼痛。〔LWI，§901〕

难道我无法设想我周围的人——尽管他们的行为方式一如既往——都是机器人，都没有意识？——如果我现在——独自在我的房间里——这样设想，我会看见人们目光凝滞（有点像发呆时那样）干这干那——这想法也许有点吓人。但试试在寻常交往之际，例如走在大街上的时候，坚持这种想法！你对自己说："那边的孩子都只是些机器人；他们活蹦欢跳，却都是自动装置发动的。"要么这些话对你什么都没说，要么会在你心里产生某种吓人的感觉，或诸如此类的感觉。

把一个活人看作机器人，就像把一个形象看作另一个东西的变体，例如把一个窗格看作卐字符。〔PU，§420〕

他现在真正疼痛着；于是他知道他在别人那里要怀疑的是什么。他当下有个对象，那**不是**"举止"之类的东西。〈然而现在！〉为了怀疑别人是否疼痛，他需要的是"疼痛"**概念**，而不是疼痛。〔Z，§548〕

假如我把"疼"这个词专用于我从前一向称为"我疼"、别人称为"维特根斯坦疼"的情况，而其他情况里则不再有"疼"这个词，而另发明一个词来用在通常说"疼"的地方，那对别人倒也没什么不公平。其他人照样得到同情，得到医生的治疗，等等。******

但我会从这种新的表述方式中得到什么？什么也没有。但唯我论者提出他的观点，也不是希图任何实际利益啊！〔PU，§403〕

疼痛概念由它在我们生活中的特有作用刻画出来。〔Z，§532〕

疼痛在我们的生活中有**这种**位置，有**如此这般的**联系。（即，唯处在生活中的**这种**位置上，有**如此这般的**联系，我们才称之为"疼痛"。）〔Z，§533〕

唯处在某些正常的生活表现之中，才有疼痛表现。唯处在远为更加扩散的某些特定生活表现之中，才有悲伤或欣悦的表达。诸如此类。〔Z，§534〕

如果我，或另一个人，能想象自己疼痛，或我们说能，——人们怎么能够弄清楚我们是否想象得对，想象得有多准确？〔Z，§535〕

我也许会知道他疼，但我从不会知道他疼的确切程度。所以，这儿有某种〈只有〉他知道而疼痛表现未告诉我的东西。某种纯粹私有的东西。

他确切知道他疼得多厉害吗？〈这不就像是他说他永远确切知道自己在什么地方吗？即，在这里。〉程度概念是随着疼痛给出的吗？〔Z，§536〕

想一想下面的情况对我们会有帮助：照料别人的伤痛处是原始的做法，而不仅照料自己的伤痛处；——所以会注意别人的疼痛举止，就像**不会**注意自己的疼痛举止。〔Z，§540〕

但"原始"这个词在这里说的会是什么？大致是**先于语言的**行止方式：一种语言游戏**以它为基础**，它是一种思想方式的原型，而非思想的结果。〔Z，§541〕

"我对他讲话的时候，不知道他脑子里在发生什么。"人们在这里想的不是大脑的过程，而是思想的过程。〔PU，§427〕

一个人得能够做那么那么多事情，我们才会说：他**在思想**。〔RPP I，§563〕

但这么说当然是有意义的："他不知道我刚才想的是什么，因为我没告诉他。"

我自言自语时出声说出了我的想法，无人听到，这时思想也是"私有"的吗？

"只有我自己知道我的思想。"这却大致是说："如果我要，我就**能**描述它，表达它。"〔RPP I，§565〕

"只有我自己知道我的思想。"——你从哪里知道的？并不是经验教给你的。——你说这话要告诉我们什么？——你一定没有很好地表达出自己的意思。

"不然！我现在想某个念头；告诉我，我想的是什么！"那么，

"只有我自己知道我的思想"竟是个经验命题？不；因为如果我对你说你在想什么，那我也只是在**猜测**。怎么判定我猜得对不对？靠你的话，以及某些环境因素：所以，我是拿这个语言游戏跟另一种语言游戏对照，在那里，判定〈验证〉对不对的方式看上去是另一个样子。〔RPP I，§566〕

"这里，我不能……"——哪里我就**能**？在另一种游戏那里。〈这里，例如打网球，我不能把球射进球门。〉〔RPP I，§567〕

然而，思想在语法上"是私有的"，这一点和别人没说出他的思想之前我们一般猜不出来这个事实之间难道没有联系吗？但在如下意义上却可以猜测思想——你对我说："我知道你刚才在想什么"〈或"你刚才想到的是什么"〉，而我不得不承认你猜对了我的思想。但这其实很少发生。我经常在课堂上一言不发坐上好几分钟，脑子里走过很多想法；而我的听众恐怕谁也猜不出我想了什么。但也可能，有谁猜着了，写了下来，就像我已经说出了我的想法。他给我看他写下的东西，那我不得不说"是的，恰恰是我刚才想的"。——在这里，下面这些问题会是无法判定的：我是否自己也弄错了？我当真想了这些，抑或我受到他写的东西的影响，从而坚定地想象自己恰恰想了这些？

"无法判定"这个词是描述这种语言游戏时的一部分。〔RPP I，§568〕

难道不可以设想**这种**情况：我对一个人说"你刚才想的

是……"——他否认。我坚持我的断言,最后他说:"我相信你是对的;我刚才想的一定是那个;一定是我的记忆欺骗了我。"

现在来设想这是一种常见的情况!〔RPP Ⅰ,§569〕

"人天赋而能在离群索居时对自己说话;比隐士还更加与世隔绝。"我怎么知道张三天赋有此能力?——因为他自己这么说,而他很可信?

我们的确说:"我很想知道他心里在想什么";这完全就像我们能说:"我很想知道他现在在笔记本上写什么呢。"是的,我们的确能**这么**说,同时,不妨说,把这一点——他心里思想着他写到笔记本上的东西——视作不言而喻之事。〔RPP Ⅰ,§577〕

让我们困惑的是这个:了解他人的思想,从**一方面**看,在逻辑上是不可能的,从另一方面看,在心理学和生理学上是不可能的。〔RPP Ⅰ,§581〕

这么说对不对:这两种不可能是这样联系在一起的——心理学上的不可能〈在这里〉提供了一幅图画,这幅图画〈然后〉对我们变成了"思考"概念的草图。〔RPP Ⅰ,§582〕

不能这样说:往笔记本上写或以独白方式说与不出声的思考"**相似**";但就某种目的而言这一过程可以代替那一过程〈例如,就像心算代替笔算〉。〔RPP Ⅰ,§583〕

也可能有一些人在思考的时候总是对自己嘟哝着,他们的思想因此就对他人敞开了吗？——"是的，但我们无法知道他们此外是否还不出声地思考！"——但这样认为不是毫无意义吗？不是就像认为这些人的头发在思想或认为石头在思想一样毫无意义吗？

这是说，如果情况真是那样，难道我们一定要认为，一个人在心里隐秘地思想，在心里有思想？〔RPP Ⅰ，§584〕

人们有时说，我们无法知道他人是否疼痛。首要的是，我们无法证明这一点。即，这里不存在由公认原理来支持的那类证明。〔LW Ⅱ，92 页〕

不可能知道别人心里发生了什么，这是物理的不可能还是逻辑的不可能？如果两者都是——两者怎么联系在一起？

首要的：可以设想某些探究他人的可能性，尽管实际上不存在这些可能性。那么，存在的是物理的不可能性。

逻辑的不可能性在于证明的准确规则阙如。****** 我们可以设想一种算术，在那里，小数字的算题可以有确定的解答，数字越大，结果就越不确定。于是，掌握这种计算技术的人宣称，两个大数字的结果永远无法完全确定，同时也无法给出小数字和大数字之间的界线。〔LW Ⅱ，94 页〕

我们的语言游戏依赖于"无法准确估量的证据"，经常导向不确定；另外有一种语言游戏，它更为准确，结果则大体上相似。例如，我们能够采用一种机械的"测谎仪"，重新定义撒谎，把它定义为导致测谎仪指针偏转的东西。现在剩下的问题是：如果我们有可能把现有的语言游戏换成这种新的语言游戏，我们是否会放弃我们现有的语言游戏？

问题于是也就是：如果有了这个那个可供我们使用，我们要不要改换我们的生活形式？——我能怎么回答这个问题？〔LW Ⅱ, 95 页〕

心与身

"但你说的最后不就等于，例如，没有**疼痛的行为举动**就没有疼痛？"——它等于：只有说到活人，说到和活人相类似的（和活人有类似行为举动的）生物，我们才能说：它有感觉；它看见；它瞎；它听见；它聋；它有意识，或无意识。〔PU， §281〕

诚然；我们说到无生命的东西例如布娃娃有疼痛。不过，疼痛概念的这种用法是次级用法。让我们来设想一下人们**只**有说到无生物才说疼痛，**只**对布娃娃才生出怜悯，那会是怎样的情形！〔PU， §282〕

说到疼痛，我们必定在说到身体，或者，如果你愿意，必定在说到身体所**具有**的灵魂。〔PU， §283〕

好生看着一块石头，并且设想它有感觉！——人们对自己说：人怎么竟想得出把**感觉**加到**物体**上？那简直也可以把感觉加到一个数字头上了！——现在来看着一只蠕动的苍蝇，这困难立刻消失了，就仿佛疼痛在这里始有**驻足之处**，而在这之前的一切，对疼痛来说都太**光滑**了。

　　同样，在我们看来，一具尸体对疼痛也全然无路可通。——我们对待活物和死物的方式不同。我们的所有反应都不一样。〔PU，§284〕

　　想想对**面部表情**的辨认。或想想对面部表情的描写——它不在于给出面孔的尺寸！再想想一个人怎么能够不在镜子里看着自己的脸就模仿别人的表情。〔PU，§285〕

　　但说**身体**有疼痛不是很荒唐吗？——为什么人们在其中觉出荒唐？在何种程度上不是我的手感到疼，而是我感到我的手疼？

　　感到疼痛的是**身体**吗？这里的争点是什么？——该怎么解决这争点？为什么在通行的说法里，感到疼痛的**不**是身体？——好，大致是这样：一个人手疼，说疼的不是**手**（除非是写"疼"字），人们并不对手说安慰的话，而是安慰受疼的人；人们这时看着这个人的眼睛。〔PU，§286〕

　　怎样能描述人的行为方式？只有通过描绘形形色色的人们你来我往纷纷攘攘之际的行为。不是**某一个人**在**此时**的所作所为，不是一个个别的行为，而是各种人类行为的纷扰交织，还有我们依以看到各个行为的那个背景，是这些东西的整体决定我们的判断、我们的概念和反应。〔Z，§567〕

　　谈论人的心或人的心灵是否引起误导？如果我说"不仅我的脑子累了，我的心也累了"而这话完全能听懂，那么，这里并没什么误导。那你是说，能用"心"这个词表达的一切都能用关于身体的语汇来表达啦？我没这么说。不过，如果情况真是那样，——那说的是什么呢？语词，还有我们解释语词时所指向的东西，都只是工具，要紧的只在它们的用法。〔RPP Ⅰ，§586〕

请你设想我们在观察一个点的运动（例如一个光点在荧幕上的运动）。从这个点的活动可能得出纷繁各色的重要结论。可我们有多少不同的方式来观察啊！——这个点的轨迹和它的某些量度（例如振幅和波长），或者速度和速度变化的规律，或者轨迹发生跳跃变化的次数和位置，或者在这些位置上轨迹的曲率，以及数不清的东西。——这些活动的种种特征中的每一个都可能是我们唯一关注的。例如，我们只关心在一个特定时间里划出了多少圆环，而这一运动的其他一切都无关紧要。——如果我们关注的不只是一个这样的特征，而是好几个，那么其中每一个都可能给我们特殊的启发，与其余的启发种类相异。说到人的行为，说到我们在这种行为中所观察的各式各样的特点，情况也是这样。〔PU，五 §1〕

那么心理学的对象就是行为而不是心灵啦？

心理学家报道什么？——他观察什么？难道不是人们的行为、特别是他们的表达吗？但所表达的并不是行为。〔PU，五 §2〕

"我发现他情绪低沉。"这是报道行为还是报道心灵状态？（"天看上去不妙"：这是在说现在还是将来？）两者都有；但并非两者并列，而是一者通过一者。〔PU，五 §3〕

医生问："他感觉怎样？"护士说："他在呻吟。"这是关于行为的报告。〔PU，五 §4〕

这里的关系就像：物理对象和感官印象之间的关系。我们在此有两种语言游戏，它们之间的关系错综复杂。——你要把这种关系装进一个简单的公式里，你就走错了路。〔PU，五 §8〕

我对他的态度是对心灵的态度。并非我认为他有灵魂。〔PU，四 §4〕

人的身体是人的灵魂的最好的图画。〔PU，四 §7〕

内与外

"但你总不至于否认，例如，我们在记忆时，有一个内在过程发生。"——为什么会得到我们想否认什么的印象？当人们说"这时的确有一个内在过程发生"——他们愿继续说："你的确看见了。"而人们用"记忆"这个词意谓的，正是这个内在过程。——以为我们想否认什么，这种印象是这样引发的：我们不理睬"内在过程"的图画。我们所否认的是：内在过程的图画给了我们使用"记住"一词的正确观念。是的，我们是说这幅图画以及由此而来的种种想法妨碍了我们如其所是地看到这个词的用法。〔PU，§305〕

"难道你不是一个伪装的行为主义者吗？难道你归根到底不是在说，除了人类行为之外，一切全是虚构吗？"——我若在谈论虚构，

那我谈的是语法上的虚构。〔PU，§307〕

怎么就来了关于心灵过程心灵状态的哲学问题？来了行为主义的哲学问题？——第一步是完全不为人所注意的一步。我们谈论种种过程和状态，却一任其本性悬而不决！我们以为，也许将来终会对它们知道得更多些。但正由此我们把自己固着在某种特定的考察方式上。因为我们对什么叫做更切近地熟知某个过程有了一个特定的概念。（变戏法的关键步骤已经完成，而正是这一步我们以为最清白无疑。）——那个比喻原要让我们的思想变得可以把捉，在这里却破碎了。于是我们就必须否认尚未加以研究的媒介里的尚未加以理解的过程。于是我们似乎已经否认了心灵过程。但我们当然不想否认这些。〔PU，§308〕

是有这种情况：某人事后向我坦白吐诉了内心深处的东西，但如此这般的情形并不能向我解释外与内的本质，因为我必须对他这番吐诉给予信任。

吐诉当然也是某种外部的东西。〔Z，§558〕

你并不这样说牙痛：它是内在的。你拿呻吟 / 牙痛与"外在的" / "内在的"相比。〔PO，347 页〕

我干吗要说我把一切"投射"到内部？这一切不都处在内部吗？它不是**处在**内部，它**就是**内部。而这只是一种**表面的**逻辑分类，不是我们所需要的那种描述。〔LW Ⅱ，82 页〕

我们并不把任何东西"投射"到他内部；我们只是给出一种解释，这种解释并不把我们带到远处。〔LW Ⅱ，83 页〕

律师在法庭上说证人不可能**知道**某人当时在生气，因为生气是某种内在的东西，那不是很可笑吗？——那么我们也不可能知道绞刑是不是一种惩罚了。〔LW Ⅱ，84 页〕

这是个重要之点：我可能由于对一个人很熟悉，从他的某些表现知道他高兴。但我不能对第三者描述我的观察——即使他相信我的观察——因此我不能通过我的描述让他相信那个人的高兴是真实的。〔LW Ⅱ，86 页〕

有不确定性，有确定性；但由此不能推出有确定的标准。〔LW Ⅱ，87 页〕

这里有个重要之点："我知道他是高兴的"这一陈词在法庭上也只能被视作："我有一种确定的印象：他是高兴的。"这种情况跟一位物理学家陈词说他做了这么个实验得到了这个结果或跟一位数学家关于某一计算的陈词都不一样。——如果我跟那个人是老相识，法庭大概会认可我的陈词，给予它认真考虑。但我的绝对肯定对于法庭仍不意味着**知道**。因为从知道一定要能够引出完全确定的结论。

你不能回应说："我能从我的知道引出确定的结论，即使别人谁都不能"——因为**推论和结论**必须对所有人都有效。

在这里，证据和它所证明的东西之间的联系没有强制性。我**并**

非意谓："外部东西与内部东西的联系。"

你甚至可以说：对内部东西的不确定就是对某种外部东西的不确定。〔LW Ⅱ，88 页〕

说："我知道瓶子放在那儿。"——"你怎么知道的？"——"我看见它在那儿。"现在，说："我知道他当时挺高兴的"，问："你怎么知道的？"——回答是什么？不是简单地描述物理状态。部分回答是我熟知这个人。如果能在法庭上放个电影，把整个场景再现一遍，他的表情、姿势、声音，其效果有时会使评判者们完全确信。至少，如果那个人不是演员。但评判这个场景的人们得属于同一文化，才会有这样的效果。例如，我就不知道，中国人真正高兴时看上去是什么样的。

我们不把注意力放在你能否知道别人体验到了什么，体验是否在某种意义上是具有体验的人的秘密，而是放在与体验相关的证据一般都有哪些规则。

重要之点在于，例如，你必须"熟知"一个人，才能判断应当把何种意义配给他的某种感情外现，同时，你并不能描述你熟知他的是些什么。

同样重要的还有，你说不出一种内在状态的根本的、可观察的后果是些什么。

你还须考虑这一点：真实不真实不是感情表达的唯一根本特征。例如，一只猫向你咪咪叫，突然抓伤了你，你说不出它当时是否在假装。有可能某人表现得蛮高兴的，此后突然做出完全意想不到的行为，我们却不能因此说，他一开始的表现不是真的。

在我看来，根本不能断定只能有真实的或伪装的感情表达，就像并非只有大调和小调。〔LW Ⅱ，89 页〕

从我自己知道

如果就我自己而言我说我只是从自己的情况知道"疼"这个词的含义是什么——那么就他人而言我不也必须**这样**说吗？可我怎能这样不负责任地从这样**一种**事例来进行概括呢？

现在设想每个人都对我说，就他而言他只是从自己的情况知道疼是什么！——假设每个人都有一个盒子，里面装着我们称之为"甲虫"的东西。谁都不许看别人的盒子；每个人都说，他只是通过看**他的**甲虫知道什么是甲虫的。——在这种情况下，很可能每个人的盒子里装着不一样的东西。甚至可以设想这样一个东西在不断变化。——但这些人的"甲虫"一词这时还有用途吗？——真有用途，这个用途也不是用来指称某种东西。盒子里的东西根本不是语言游戏的一部分；甚至也不能作为**随便什么东西**成为语言游戏的一部分：因为盒子也可能是空的。——是的，我们可以用盒子里的这个东西来"约分"，无论它是什么东西，它都会被消掉。

这是说：如果我们根据"对象和名称"的模型来构造感觉表达式的语法，那么对象就因为不相干而不在考虑之列。〔PU，§293〕

当然，锅里的水在沸腾，蒸气就从锅里冒出来；蒸气的图画也是从锅子的图画里冒出来的。但若有人要说画的锅里一定也有什么在沸腾，又如何是好？〔PU，§297〕

人想说，用"他疼"这话所做的语言游戏不仅包括行为的图画，而且也包括疼痛的图画。或者，不仅包括行为的范式，而且也包括疼痛的范式。说"疼痛的图画随着'疼痛'这话进入了语言游戏"是一种误解。疼痛的意象不是一幅图画，在语言游戏里，这个意象也不能由我们称之为图画的那类东西取代——疼痛的意象在某种意义上是进入了语言游戏；只不过不是作为图画。〔PU，§300〕

意象不是图画，但图画可以与它对应。〔PU，§301〕

可以设想人们从来不讲听得见的语言，但在内部、在想象中，对自己讲一种语言吗？

"假使人们一直只在内部对自己讲话，他们所做的说到底不过是把他们今天**有时**做的事情变成**始终**做的事情而已。"——那么这是很容易想象的了；所需的只是完成从某些到全体的简单过渡。（与此相似："无尽长的一行树不过是一行到**不**了尽头的树。"）一个人对自己讲话，这事的标准是他对我们所说的东西以及他的其他行为；只有说到在通常意义**能讲话**的人，我们才说他对自己讲话。我们并不这样说一只鹦鹉；不这样说一架留声机。〔PU，§344〕

但给予句子以意义的难道不是我们的**意谓**吗？（这里自然还包括我们不能意谓一个无意义的语词串。）而意谓是心灵领域里的东西。但它也是某种私有的东西！它是不可捉摸的某种东西；只能和意识本身相提并论。

人们怎么会觉得这有点可笑呢？它就仿佛是我们的语言的一

个梦。〔PU，§358〕

说到什么东西，我会说我**熟知**它？在什么意义上我熟知我的思想？

难道不是一个人能正确描述某事我们就说他熟悉某事？我可以这样说到我自己的思想吗？

谁要是想把话语称作"描述"思想而不是称作"表达"思想，那他该问问自己：我们怎样学会描述一张桌子，怎样学会描述自己的思想。而这只是说：他去看看我们怎样判断对一张桌子的描述是对是错，又怎么判断对思想的描述是对是错；这样他就可以在整个环境中来把这些语言游戏收入眼帘了。〔RPP Ⅰ，§572〕

"但事实是，人只熟知自己的思想。"〈"但事实是，只有我知道自己在想什么。"〉

我们也可能说："我自己也不熟知我的思想。"〔RPP Ⅰ，§573〕

从未感觉过疼痛的人能理解"疼痛"吗？

从未感觉过疼痛的人能理解"疼痛"这个词吗？——要经验来告诉我然或不然吗？——我们说"除非感觉过疼痛，否则无法设想疼痛"——这我们何从知道？怎样才能决定这话是真是假？〔PU，§315〕

让我们设想有一个从来不知梦为何物的族群，现在他们听到我们讲述梦。我们这边有个人来到这些从不做梦的人中间，渐渐学会了让他们理解自己。——人们也许会认为，他们永远也懂不了"做梦"这个词。但他们很快发现了这个词的一种用法。他们的医生们很可能关注这种现象，从这个异邦人的梦得出重要的结论。——也不能说，"做梦"这个动词对这个族群说来意思只能是：讲述梦。因为"做梦"和"讲述梦"这两个表达式这个异邦人可以都用到，这个族群的人不会把"我梦到了……"混同于"我讲述了这样一个梦……"。〔Z，§530〕

盲人可以说他是盲的而旁边的人看得见。"是的，但他所说的'盲'和'看得见'这些话，意思不是和看得见的人所说的两样吗？"人们要这么说，根据何在？有个人不知道豹子是什么样子，但他可以说也可以听懂"这地方很危险，有豹子出没"。我们也许会说，他不知道什么是豹子，所以，直到指给他看这样一只野兽之前，他并不知道或并不充分知道"豹子"这个词的意思。现在，我们觉得这和盲人那一例相似。可以说，盲人不知道看是什么样的。——那么，"不知道害怕"和"从来没见过豹子"相似喽？这我当然否认。〔Z，§618〕

如果我想考察我此刻头疼的状态以便弄明白有关感觉的哲学问题，这就表明了一种根本性的误解。〔PU，§314〕

不要试图去分析你自己的内心体验！〔PU，十一 §77〕

语言之为原始事实

想一下这种情况：我对一个人说，我按照事先准备好的一份地图走过某一条路线。这时我给他看这张地图，那是画在一张纸上的一些线条；但我无法解释这些线条怎么就是我的旅行图，无法告诉他应当怎么解释这幅地图的规则。但我当时的确依照这幅草图旅行，具有识读地图的所有典型特征。我可以把这样一幅草图称为"私有"地图；或把我前面描述的现象称为："遵循一份私有地图"。（但这个表达式当然极易引起误解。）

我可以这样说吗——"我当时想要如此这般旅行，这似乎是从一张地图上解读出来的，尽管这里并没有地图"？但这无非等于说：我现在倾向于说："我现在从我记起来的某些心灵状态中读出了如此这般旅行的意图。"〔PU，§653〕

我们的错误是，在我们应当把这些事实看作"原始现象"的地方寻求一种解释。即，在这地方我们应当说的是：我们在做这一语言游戏。〔PU，§654〕

问题不在于通过我们的经验来解释一种语言游戏，而在于确认一种语言游戏。〔PU，§655〕

我为什么对一个人说我早先有过如此这般的愿望？——把语言游戏作为原初者来看待！把感觉等等看作对语言游戏的一种考察方式，一种解说！

可以一问：人怎么一来就会用语言来表达我们称之为"以往愿望的报道"或以往意图的报道的东西？〔PU，§656〕

数　　学

数学是一种逻辑方法。

数学命题是等式，因此都是伪命题。〔TLP，6.2〕

逻辑命题通过重言式显示的世界的逻辑，数学通过等式显示之。〔TLP，6.22〕

数学是逻辑的一种方法。〔TLP，6.234〕

数学方法的本质之点在于它借助等式来工作。正是基于这种方法，每个数学命题本身必须是自明的。〔TLP，6.2341〕

数学命题不表达思想。〔TLP，6.21〕

在现实生活中我们所需要的命题从来不是数学命题；我们使用数学命题，**只是**为了从一些不属于数学的命题推论出另一些同样也不属于数学的命题。〔TLP，6.211〕

说人在颜色判断方面通常是一致的，这话有意义吗？若不一致会是什么样子？——这个会说这花是红的而那个会说这花是蓝的，诸如此类。——但这时我们能有什么道理把这些人的"红""蓝"等词称作我们的"颜色词"呢？——

他们将怎么学会使用那些词？他们学会的语言游戏还是我们称为使用'颜色名称'的游戏吗？这里显然有程度上的区别。〔PU，十一　§234〕

但这种考虑对数学也一定有效。若有一种人没有充分的一致，他们就将无法学习我们现在实际上在学习的技术。他们的技术会同我们的或多或少有区别，甚至区别太大而无法识认。〔PU，十一　§235〕

"数学真理可不依赖于人是否认识到它！"——当然："人们认为"2×2=4"和"2×2=4"这两个命题的意思不同。后一个是个数学命题，前一个若竟有什么意思，大概可以是说人现在认识到了这个数学命题。两个命题的用法全然不同。——然而，"即使所有的人都认为2×2=5，2×2仍然得4"这个命题说的又是什么呢？——所有人都这么认为，这看上去会是什么样子？——好，我可以想象他们有另外一种计算法或某种我们不会称作"计算"的技术。但它是错误的吗？（加冕是错误的吗？在与我们不同的生物看来，加冕会显得极为希奇古怪。）〔PU，十一　§236〕

在某种意义上，数学当然是一门学理，——但它也是人的作为。"错着"只能作为例外存在。因为，假使我们现在称作"错着"的东西成了常规，那么错着在其中成其为错着的游戏就完结了。〔PU，

十一　§237〕

"我们大家学的都是同样的乘法表。"这话讲的当然可以是我们学校里的算术教学，——但也可以是乘法表的概念。(赛马场上赛马一般能跑多快就跑多快。)〔PU，十一　§238〕

数学问题是一种挑战。可以说：如果它激励我们去从事某种数学活动，它就有意义。〔Z，§696〕

从一种语言翻译到另一种语言是一项数学任务；例如，把一首抒情诗翻译成另一种语言十分类似于数学问题。因为我们蛮可以这样提出问题："该怎么把例如这个笑话翻译成另一种语言里的一个笑话？"即，用另一种语言里的笑话来代替；而且这个问题是可能解决的；但没有一种系统解决此等问题的方法。〔Z，§698〕

这种想法是从哪里来的——一个系列的开头部分仿佛是一条铁轨的可见部分，而铁轨一直延伸，渐不可见直到无限？好，我们可以不想规则而想想铁轨。无限长的铁轨相当于规则的无限应用。〔PU，§218〕

原始的算术，哪怕只有头五个数字，它也不是不完备的；我们的算术也不是更完备的。如果我们了解到另一种游戏，它以某种方式包含了象棋，象棋就会是不完备的吗？它无非是一个不同的游戏。若不这样想，就是把数学混同于一门自然科学了。假使数学是一门关于数字的科学，犹如果树栽培学是一门关于苹果的科学，那么，一门数学若不包括无理数或 5 以上的数字，是该算不完备，就像讨论果树栽培的论文没有提到某个种类的苹果。如果它发明出一些并不存在的苹果种类，那它会是不对的。但数学不是一门自然科学。〔AWL，242 页〕

有可能对数学进行某种探索，它同我们对心理学的探索完全类似。它不是数学探索，正如我们的探索不是心理学探索。在这种探索中没有计算，所以它不是逻辑斯蒂之类。它也许有资格称作"数学基础"的探索。〔PU，十四 §2〕

有没有数学建基于其上的基础？逻辑是不是数学的基础？在我看来数理逻辑只不过是数学的一部分。罗素演算不是基础性的；它只是另一种演算。某一门科学尚未建立其基础，并不因此就有问题。〔AWL，364 页〕

"数理逻辑的主导问题"〈拉姆塞语〉是和**其他所有数学问题**一样的一个问题。〔KMS，269 页〕

我用来数一个牲口棚里的马的数字和用来数牲口棚里家畜种类的数字是相同的数字吗？ ******
算术是数的语法。数的种类只能通过与之相关的算术规则才能加以区别。〔PR，§108〕

实数线上没有虚数的位置。但这是说：虚数概念的应用和实数概念的应用比起计算初看上去所表明的还要更少相似。必须下降

到应用上，虚数概念才会找到一个位置，而这个位置如此不同，可谓始料未及。〔PU，十一　§54〕

让我们问问这个问题：罗素的类型论能够服务于何种实际目的？——罗素让我们注意到，我们有时必须对一般性的表达式加以限制，以避免从中得出非所欲的结果。〔Z，§692〕

我们必须放弃引向无穷倒退的论证，这不是因为“这样一来我们将永远不能到达目标”，而是因为这里没有目标；所以说“我们不能达到目标”根本没有意义。

我们轻易以为我们必须在无穷倒退的路上走上几步，然后仿佛出于绝望放弃论证。其实，其没有目标〈在计算中目标阙如〉从起点即可得出。〔Z，§693〕

矛盾使我无法在语言游戏中进入行动。〔Z，§685〕

不应把矛盾看作灾难，应看作一堵墙，它向我们表明，我们在此无法继续前进。〔Z，§687〕

我可以不这么问：“我们必须怎样做才能避免矛盾？”而是问：“当我们达到了矛盾我们应该做什么？”〔Z，§688〕

为什么我们害怕矛盾甚于害怕同语反复？〔Z，§689〕

数 学 推 导

我们使用"这些步骤是由某某公式决定的"这样的表达式。我们怎样使用它的呢？——我们所谈的事情也许是，人们通过教育（训练），从而这样来使用 $y = x^2$ 这个公式；若把同样的数目代入 x，大家总是算出同样的 y 值。或者我们可以说："这些经过训练，得到'加 3'的命令，他们在同一点上都采取同样的步骤。"这一点我们可以这样来表达：对这些人来说，"加 3"的命令完全决定了他们从一个数目到另一个数目的步骤。（相对于接到这个命令不知该做什么的人，或者相对于得到这个命令后大家都很有把握，但每个人各行其是。）

另一方面，我们可以拿不同种类的公式和适合于公式的不同用法（不同的训练）相对照。然后我们把一类特定的公式（及与之相属的用法）**称为**"给定的 x 值决定 y 值的公式"，把另一种公式称为"给定的 x 值不决定 y 值的公式"。（$y = x^2 + 1$ 属于第一种，$y > x^2 + 1$，$y = x^2 \pm 1$，$y = x^2 + z$ 属于第二种。）于是，"公式……决定 y 值"就是一个关于公式形式的命题——从而我们就必须把"我写下来的这个公式决定 y 值"或"这儿有一个决定 y 值的公式"这类命题同"公式 $y = x^2$ 由给定的 x 值决定 y 值"这种命题区分开来。这样一来，"那个公式是不是决定 y 值"这个问题就等于在问："那个公式是这种公式还是那种公式？"——而我们要是问"$y = x^2$ 是一个由给定的 x 值决定 y 值的公式吗？"不加说明就弄不懂这个问题要问的是个什么。这个问题可能是用来测验一个学生是否理解"决定"一词的用法；也可能是道数学题，要求算出在某公式的右侧只有一个变量，例如对这个公式：$y = (x^2 + z)^2 - z(2x^2 + z)$。〔RFM Ⅰ，§1〕

"公式的意思是什么，这决定应该采取哪些步骤。"用什么标准来决定公式的意思是什么？大概是我们一向使用公式的方式，是我们被教会使用公式的方式。

例如，有个人使用一个我们不懂的符号，我们会对他说："如果你用'x!2'的意思是 x^2，你就得到这个 y 值，如果你的意思是 $\sqrt{x}$，你就得到那个 y 值。"——现在问问你自己：人怎么就能用"x!2"来**意谓**这个或**意谓**那个的？

在这个意义上，意谓什么就能够事先决定该采取什么步骤。〔RFM Ⅰ，§2〕

我怎么知道，展开序列＋2 时，我必须写

"20004，20006"

而不是

"20004，20008"？

——（和这个问题相似："我怎么知道这颜色是红色？"）

"但你当然知道比如说你必须总是在个位数上写下同一个序列：2，4，6，8，0，2，4，等等。"——很对：但在这序列中问题已经在了，甚至在**这个**序列中：2，2，2，2，等等。——我怎么

知道在五百个"2"之后写"2"？即，那个位置上"同样的数字"是"2"？如果我是**事先**知道的，这个知识后来对我有什么帮助？我的意思是：我怎么知道，当实际做到这一步时，我怎么用上这早先的知识的？

（如果需要直觉来延伸序列 + 1，那也需要直觉来延伸序列 + 0。）

"但你的意思是不是，表达式'+ 2'让你拿不准在比如说 2004 之后写什么？"——不。我毫不迟疑地回答"2006"。但正是因为这个，设想这已经事先决定了是多余的。面对这问题我毫不迟疑，并**不**意味着它事先已经得到回答。

"但我当然还知道，不论给我什么数，我都能立即确信地给出其下一个。"——当然这得排除我先死了，以及诸如此类许多别的事情。但我如此确信我能继续下去，这一点自然地很重要。〔RFM Ⅰ，§3〕

"但这样的话数学所特有的不讲情面在于什么？"——2 跟着 1，3 跟着 2，这不是不讲情面的一个好例子吗？——但这大概意谓：在**基数序列**里这样跟着；因为在不同的序列里会有不同的东西跟着。而**这个**序列不正是由这一串先后相随的数**定义**的吗？——"那是不是想说，不管一个人怎么计数都同等正确，任何人都能随他高兴来计数？"——如果每个人一个接一个**随便**说数字，我们大概不该称之为"计数"；但当然不只是命名的问题。因为我们称为"计数"的东西是我们生活行为的重要部分。计数和计算并非——例如——仅仅是消遣。计数（而这意谓：像**这样**计数）是一种技术，每天都在我

们生活的形形色色的活动中运用着。而那就是为什么我们会像我
们实际学习的那样来学习计数：反反复复地练习，不容一点偏差；
那就是为什么要不讲情面地逼着我们"1"后面说"2"，"2"后面说
"3"，等等。——但计数因此就只是**一种用法**吗；以这种顺序计数
不包含真理性吗？**真理**在于这样计数被证明是可靠有效的。——
"那么你是不是想说，'是真的'相当于：可供使用（或有用的）？"不，
不是那样；但不能说，自然数序列是真的，正如不能说我们的语言
是真的，而是说：它是可供使用的，而且，首要的是，**它被使用着**。
〔RFM Ⅰ，§4〕

　　"但难道不是可以逻辑必然地推出，你拿一加一得二，拿一加
二得三？这种不讲情面不是跟逻辑推导的不讲情面一样？"——是
的！是一样的。——"但不是有对应于逻辑推导的真理吗？从那个
推出这个，这不是**真**的吗？"——命题"那个推出这个，这是真的"
仅仅意谓：那个推出这个。而我们如何使用这个命题？——若我们
作出一个不同的推导，会发生什么？——我们会**如何**与真理发生
冲突？

　　若我们的尺子不用木头和铁做，而用很软的橡胶做，我们会
如何与真理发生冲突？——"唔，我们将得不到桌子的正确尺
寸。"——你的意思是：我们将得不到，或不能确信得到，我们用硬
尺得到的**那个**尺寸。所以若你用弹性尺量了桌子，说照我们通常的
测量方式它是五尺长，你将是错的；但如果你说照你的测量方式它
是五尺长，那就是正确的。——"但那当然根本不是测量！"——
它与我们的测量相似，且在特定的环境下，能够满足"实际的目的"。

（店主可用它来区别对待不同的顾客。）

如果一把尺子轻微加热就过度膨胀，通常情况下我们会说那使它**无法使用**。但我们能设想在某种情况下这恰是所要的。我设想的情况是：我们用肉眼就能察觉到这种膨胀；我们拿眼睛能看出一会长一会短的尺子去量温度各异的房间里的物件，只要量到相同的刻度，我们就规定这些东西的尺寸数相同。

可以说：这里称为"测量""长度"和"等长"的东西，与我们所称的不同。这些语词的使用不同于我们的；但两者是**同族**的；而我们自己也以多种方式使用这些语词。〔RFM Ⅰ，§5〕

我们必须弄清楚推导真正在于什么：我们也许会说它在于从一个断言到另一个的转换。但这是不是说，推导是我们作出从一个断言到另一个的转换时，即在说出第二个断言**之前**，发生的一些事情——或推导在于使得一个断言从另一个推出，即，比如在于接着前一个说出它？受到动词"推导"的特殊使用的误导，我们容易想象推导是一个独特的行为，是理解这一媒质中发生的一个过程，就像一团雾气在蒸腾，从中浮现出推论。但让我们看看这儿发生的是什么。——有时，一个命题**经由**其他一些命题转换为另一个命题，即，有一条推导链；但我们不需要谈论这个；因它预含了另一种转换，即从链条的一环到另一环的转换。于是形成转换的过程会发生在链环之间。这个过程没有任何玄妙的东西；它是根据规则从一个句子到另一个的推导；把两个句子与某个表现了转换图式的范型作比较；或诸如此类。这可在纸上进行，或口头上，或"在脑子里"。——然而我们也可以这样得出一个结论：没有任何上述过程而在一个命题之后〈直接〉说出另一个命题；或这过程可以仅仅在于我们说"因此"或"这个推出它"，或诸如此类。当推出的命题事实上能从前提推导出时，我们称之为"结论"。〔RFM Ⅰ，§6〕

那么说一个命题能根据规则从另一个推导出，是什么意思？根据一些规则，或甚至根据任何规则，——只要对规则作相应的解释——，任何东西不是都能从任何东西推导出来吗？例如，我说这两个数相乘能得到这个数，这话的意思是什么？这是条规则，告诉我们若我们正确地做乘法，我们必然得到这个数；而我们既能通过把这两个数相乘也能通过某种不同的方式得到这条规则。（当然，人们也可以把任何得到这个结果的过程都称为"乘法"。）我算出了 265×463，我可以说做了乘法，我说"2乘4是8"，我也可以说做了乘法，尽管这儿没有得出乘积的过程（当然我也可能是算出了这个乘积）。于是，即使在未经计算的地方，我们也说得出一个结论。〔RFM Ⅰ，§7〕

但我还是必须只推出确实导出的东西！——这是不是想说：只推出根据推导规则导出的东西？还是想说：只推出根据以某种方式与某种现实相一致的那些推导规则导出的东西？这儿，我们模模糊糊意识到，这个现实是很抽象、很一般和很刚性的东西。逻辑是一种超-物理学，是世界的"逻辑结构"的描述，我们通过一种超-经验（比如通过理解）感知到这个结构。这儿也许这样的推导浮上心头："炉子在冒烟，所以烟囱又坏了。"（这个结论就是这样得出的！而不是这样："炉子在冒烟，而只要炉子冒烟，烟囱就是坏的；所

以……。”）〔RFM Ⅰ，§ 7〕

我们称为“逻辑推导”的是我们表达式的转换。例如，把一种度量转换为另一种。尺子的一边刻着英寸，另一边刻着厘米。我以英寸量桌子，然后**在尺子上**转换为厘米。当然，一种度量变为另一种，有对错之分；但这儿“对”或正确是与什么现实相一致？大概是一个**约定**，或一种**使用**，也许是我们的实际需要。〔RFM Ⅰ，§ 9〕

“但若‘(x).fx’是以我们意谓的方式意谓的，那么‘fa’必须从‘(x).fx’导出，不是这样吗？”——而我们意谓它的**方式**是怎么来的？不是从它使用的恒常实践中来的吗？或许还有特定的**姿势**——及类似的东西。——但当**我们**说语词“所有”时，似乎还有某种东西附着其上；某种其他的使用不能与之结合的东西；即，**意义**。当我们得解释这意义时，我们会这么说：“‘所有’的意思当然是：**所有**！”；同时我们作出某一姿势和表情。

砍掉所有这些树！——但你难道不懂“**所有**”的意思吗？（他留了**一棵**在那儿。）他怎么学会“所有”的意思的？大概是通过实践。——而当然这实践不仅使他听到命令就**做这个**——它以一大堆图画（视觉的或别的）围绕着那个词，当我们听和说那个词时，其中的某一幅就出现了。（而如果我们要说明这个词的意义是什么，我们首先从这堆图画中拉出**一幅**——然后，当我们看到出来的一会是这幅，一会是那幅，有时候一幅也没有，我们又把它当作非本质的而丢弃。）

人们通过学会“fa”导出于“(x).fx”而学会“所有”的意义。——

在这个词的使用中训练我们的练习，教会了我们这词的意义，并总是使排除任何例外是自然的。〔RFM Ⅰ，§10〕

我们如何**学会**推导？或者我们没学？

孩子是否知道双重否定推出肯定？——人们怎么向他**展示**是这样的？大概是向他展示一个过程（一个双重反转，转两次180度，诸如此类），他就把这个过程当作否定的一幅图画。

"(x).fx"的意义是这样澄清的：我们坚持"fa"可以由其推出。〔RFM Ⅰ，§11〕

"如果'**所有**'是**像这样**意谓的，当然必须推出**这个**!"——如果它是**像什么样**意谓的？想想你是怎样意谓它的。也许这儿你想起另一幅图画——而那是你有的全部。——不，并非它**必须**——而是它**确实**导出：我们**实施**这个转换。

而我们说：如果这个不导出，那它就不是**所有**——而那只是表明在这种情况下我们如何用语词作出反应。——〔RFM Ⅰ，§12〕

我们觉得，如果"fa"不再导出于"(x).fx"，似乎是一些别的东西，一些在语词"所有"的**使用**之上和之外的东西，必定改变了；一些附着在语词本身上的东西。

这不就像是说："如果这人不这样行事，他的性格也就不同了。"而这话在某些情况下有意义，在其他情况下则无。我们说"行为源于性格"，而使用也是如此源于意义。〔RFM Ⅰ，§13〕

可以说，这向你表明，姿势、图画和反应是如何与一个恒常实践着的使用紧密相连。

"图画强加于我们……"很有趣的是图画确实**强加**于我们。若非如此，句子"覆水难收"怎么能对我们有所言说呢？〔RFM Ⅰ，§14〕

这一点是重要的：在我们的语言中——我们的自然语言——"所有"是一个基本概念而"除了一个之外所有"就不那么基本；即，没有一个**单个**词对应它，也没有一个特别的姿势对应它。〔RFM Ⅰ，§15〕

语词"所有"的**要点**是它不接受例外。——没错，那是它在我们的语言中的用法的要点；但我们感觉为"要点"的用法是与如此这般的用法在我们整个生活中的地位连在一起的。〔RFM Ⅰ，§16〕

当我们问推导在于什么时，我们听见说（例如）："如果我看出某些命题为真，那我就有根据继续写下……"——在什么意义上有根据？在那之前我是否无权写下那个？——"那些命题使我确信这命题为真。"但那当然也不是这里的问题。——"心灵根据这些法则作出了特定的逻辑推导的行为。"那的确是有趣和重要的；但然后呢，它是真的吗？心灵是否总是根据**这些**法则推导？而特定的逻辑推导的行为在于什么？——这就是为什么有必要去看看，在语言实践中，我们是怎样作推导的；推导是语言游戏中的何种做法。

例如：一条规定说"所有身高超过 5 英尺 6 英寸的去……组"。一个职员读出人们的名字和身高。另一个把他们分到各组。——"张三5英尺9英寸。""所以张三去……组。"那是推导。
〔RFM I，§17〕

那么，在罗素那里或在欧几里得那里，我们把什么称为"推导"？我是不是该回答：在证明当中一个命题到下一个的转换？但这个**转换过程**在哪儿呢？——我说，在罗素那里，如果根据两个命题在证明中的位置以及它们之间插入的符号，一个能从另一个推出来，那么，一个命题导出于另一个，——当我们读那本书时。因为读这本书是一个需要学习的游戏。〔RFM I，§18〕

人们经常看不清，导出和推导真正在于什么；它是何种事实，何种做法。这些动词的特有用法让我们容易认为，导出在于命题之间的联系，当我们推导时就循着那联系。这一点在罗素的表达方式（《数学原理》）那里颇有教益地表现出来。

命题 ⊢q 导出于命题 ⊢p ⊃ q·p，它在这里是一个逻辑的基本法则：

$$\vdash p \supset q \cdot p \cdot \supset \cdot \vdash q\text{①}$$

人们说，这个为我们从 ⊢p ⊃ q·p 推出 ⊢q 提供了根据。但"推导"，这个我们赋予其正当性的做法，在于什么？当然在于此：在一些语言游戏中我们在一个命题后说出、写下（等等）另一个命题，作为断言；而那个基本法则怎么能使我**这样做**成为正当的？〔RFM I，§19〕

————————————

① 这个法则的意思是：真前提蕴含的东西是真的。

　　而罗素要说："我将**这样**去推导，这样推导是**正确**的。"那么他是要告诉我们他将如何去推导：那是通过一条推导**规则**做到的。这条规则听起来是怎样的？这个命题蕴含那个？——大概是这样：这本书里的证明中，这样的一个命题跟在这样的一个命题之后。——但它却被看作是一条逻辑的基本法则，即：这样推导是**正确**的！——那么逻辑基本法则听起来就得是这样："从……推出……是正确的"；这基本法则大概得是能让事情明了的——那么，是让我们明了这规则要么自身是正确的，要么是有所根据的。"但终究这规则处理的是一本书里的一些命题，而这本书不是逻辑的一部分！"——很对，这规则的确只是一种告知：在这本书里，从一个命题到另一个命题只使用**这种**转换（就像是索引中的告知）；因为转换的正确性必须在作出转换之处就是明显的；于是，"逻辑基本法则"的表达就在于**命题串**本身。〔RFM Ⅰ，§20〕

　　罗素的那个基本法则看来是这样说到一个命题的："它已经导出了——我尚需做的只是，推出它。"从而弗雷格在某处说，连接两点的直线在我们画出之前其实已经在那儿了；当我们这么说时也一样：转换，比如在序列 +2 中，我们或说出它或写出它之前，事情其实已经做成了——似乎我们只是在亦步亦趋。〔RFM Ⅰ，§21〕

　　对这些说法我们可以回答：这儿你在用一幅图画。你**可以决定**某人在一个序列里应该怎样进行转换，办法是你先为他把这些转换做出来。例如，用另一种符号写下他要写的序列，于是他尚需做的只是改写；或实际写出了这个系列，但写得很淡很淡，而他照着描。在第一种情况下，我们也能说我们并没写下他要写的**那个**序列，于是我们自己没有做出那个序列的转换；但在第二种情况下，我们肯定得说，他要写的序列已经在那儿了。如果我们**口授**他要写的东西，那我们也应这么说，尽管那时我们是在发出一串声音而他是在写下一串符号。如果我们在某种意义上先作出了转换，那么无论如何，那是一种**决定**转化的确实方式。——因此，如果我们以一种相当不同的方式决定这些转化，即，通过训练我们的学生，比如说训练孩子背乘法表和做乘法，结果经过训练的所有孩子都以同样的方式做随便哪种乘法（在教的过程中没做过的），且得到一致的结果——即，如果通过训练，某人对命令"加2"所做的转换可以如此被决定，结果我们能确定地预言他会怎样做，即便他至今还从没到过**这**一步——那么，我们会自然而然把这当作如此情形的图画：那些步骤已经作出了，而他仅仅是写下它们。〔RFM Ⅰ，§22〕

"但我们肯定是因为它实际上导出，才从那个命题推出这个！我们确信：它导出。"——我们确信：这儿写下的东西导出于那儿写下的东西。而这个命题是**在时间中**被使用的。〔RFM Ⅰ，§23〕

把你那相符一致的感觉（姿势）与你用证明**所做**的区分开来！〔RFM Ⅰ，§24〕

"但难道我不是被迫在一串推导中如此这般行进的吗？"被迫？可我还是能随意行进的吧！——"但你若想与那规则保持一致，就**必须**如此这般行进。"——绝对不是；我是把**这**叫做"一致"。——

"那你就改变了语词'一致'的意思,要么改变了规则的意思。"——不,——谁又说了"改变"和"保持同样"在这儿该意味着什么?

　　不管你给我多少规则——〈最后都需要〉我给出一条规则,使得**我**对你那**些**规则的使用是正当的。〔RFM Ⅰ, §113〕

　　我们也可说:我们**遵行**推导法则(推导-规则)时,遵行总是也涉及解释。〔RFM Ⅰ, §114〕

　　"但你一定不能突然又变了个不同的法子来应用法则!"——若我回答:"当然是的,我刚才是**那样**应用它的!"或:"哦!我本该**那样**应用它的——!";那么我是在玩你的游戏。但若我只是回答:"不同?——但这当然**不是**不同的!"——你该怎么办?我实际的意思是:某人可能看上去头脑正常,而我们仍然把他的做法称作乱来。〔RFM Ⅰ, §115〕

　　"那照你这么讲,人人都可以随他高兴地延伸序列;那**无论**怎样推导都行了!"那样的话,我们将不把那叫做"延伸序列",大概也不把那叫做"推导"。对我们来说,思考和推导(和计数一样)当然是受约束的,不是受一个任意的定义的约束,而是受某些自然界限的约束,这些界限对应于我们可称之为思考和推导在我们生活中的职能的东西。

　　因为,我们都同意这个:推导法则并不像铁轨迫使机车那般迫使我们这样说或这样写。你说,尽管他确实会如此那般**说**,他却无法如此那般**思考**,那我想说的只是,你这话的意思不是:他尽其所能也不能这样思想,而是:他在说、写等等之际作出**这样的**转换在我们看来是"思考"的一个本质部分。我还要说,我们仍称作"思考"和不再称作"思考"的东西之间的界线,就如仍称为"合乎规则"和不再称为"合乎规则"的东西之间的界线一样,并不是截然鲜明的。

不过,可以说推导法则在强迫我们;即,像人类社会的其他法则一样强迫我们。******(本书)17节里的那位职员**必须**那样推导;若他换个样子推导,会受到惩罚。如果你得出不同的结论,那你就确实置身于冲突之中了,比如说,与社会起了冲突;也与其他实践结果起了冲突。

甚至"他无法**思考**这个"这话也说了某种东西。比如,这话想说:他无法把个人的内容注入其中;他不能真正**贴近**这话——让他的理解、让他这个人贴近这话。就像有人说:这串音符没意义,我不能带着感情唱它。我不能对它作出**反应**。或者,这儿是一回事:我不对它作出反应。

有人会说:"如果他这么说,那他只是说说,没过脑子想。"此处要注意的只是,"没过脑子想"说话时与其他说话时,说话人内部发生的事或确有不同,如他的意象、感觉等等,但伴随现象在这里并不构成"思想",没有这些也还不足以构成"不思想"。〔RFM Ⅰ,§116〕

在什么意义上逻辑论证是一种强迫?——"无论如何你承认了**这个**和**这个**;所以你必须也承认**这个**!"那是强迫某人的方式。即,事实上人们能以这种方式强迫人接受。——就像人们能(比如说)用命令的手势指向某处,以强迫某人去那儿。

设想此例中我用两根手指同时指向不同的方向,从而那人可以自己选择随意去向其中一个方向, ——而另一次我只指**一个**方向;那么这也可以表述为:我的第一次命令不强迫他只走一个方向,而第二次命令强迫了。但这个表述说明的是我以何种方式给出命令;而非命令以何种方式奏效,从而它们是否能在事实上强迫那人,即,他是否服从了命令。〔RFM Ⅰ,§117〕

初看起来,这些思索意在表明:"似乎是逻辑强制的东西,实际不过是心理的强制。"——但问题就此来了:我就了解这两种强制吗?!

想象人们这么说:"法律……惩处杀人者死刑。"那它可以只是说:这部法律是如此这般的。然而,这种表达形式会强加于我们,因为罪犯受到惩罚时,这部法律是工具。——于是我们谈论起与作出惩处的人相应的"无情"。而我们就此会说:"法律是**无情的**——人可以放过杀人者,法律处决杀人者。"(甚至:"法律**总是**处决杀人者。")——这种形式的表达①用来作什么?——首先,这个句子只是说,这部法律里有如此这般的条文,而人们有时不照其行事。其次,它还是给出了一幅图画,其中有**单独一个**无情的法官,和许多不严格的法官。所以这话可表达对法律的敬意。最后,这话还可这么来用,若一部法律没有为可能的赦免行为设立条款,那就称为无情的,若相反,则也许就称为"灵活的"。

于是我们谈论起逻辑的"无情";并认为逻辑法则是无情的,比

---

① 指"法律是无情的"这句话。

自然法则更要无情。现在我们注意到,语词"无情的"以多种方式使用。日常经验中有些很一般的事实与我们的逻辑法则相应。它们是这类事实:它们使我们可能以一种很简单的方式(如用纸上的墨水)反复予以证明。可以拿这些事实比拟另一些事实:它们使得用尺子测量成为容易而有用的。这就提示出如此这般的推导法则是被使用的,是**我们**会无情地应用这些法则。因为我们在"**测量**";而每个人都测出同样的结果,这属于测量的一部分。除外,无情的、即**不含糊**的推导规则,还区别于含糊的推导规则,我指的是给我们留下回旋余地的那些规则。〔RFM Ⅰ, §118〕

"但我只能推出实际上导出的东西。"——那是说:逻辑机器确实制造的东西。逻辑机器——号称是普遍的、超凡的机械。——我们必须警惕这幅图画。

想象一种材料,比任何材料都更坚硬,更具刚性。但若如此材质的杆由水平立起为垂直,它就收缩;或当它垂直时就弯曲,同时,它又如此坚硬,没有任何其他途径令其弯曲。——(用此材料做成的机械装置,如曲柄、连杆和十字头。十字头的不同运动方式。)

再或者:如果一特定物块靠近杆,杆就弯曲;但对我们施与的任何力,这杆是完全刚性的。想象当曲柄一来一回时,十字头的导轨先是弯曲,又重伸直。然而,我的假设会是,无需特殊的外力是其之因。轨如活物般如此动作。

当我们说:"如果机械的零件是完全刚性的,它们会如此这般运动",它们之为完全刚性的标准是什么? 是它们耐得住特定的力? 还是它们实际上如此这般运动?

假如我说："当曲柄和连杆的长度不变时，这是十字头的运动法则（也许说的是十字头和曲柄位置的相互关系）。"这话的意思大概是：如果曲柄和十字头的位置保持这样的关系，我就说连杆的长度不变。〔RFM Ⅰ，§119〕

"如果零件是完全刚性的，它们将如此运动"；那是个假设吗？不像是。当我们说："运动学所描述机械的运动假设其零件是完全刚性的"，一方面我们承认现实从未与这个假设相符，另一方面，完全刚性的零件将如此运动，则是不容置疑的。但这确定性从哪儿来的？这儿的问题并不真的关乎确定性，而是关乎为我们所规定的东西。并非我们**知道**，若（按某某标准）物体是完全刚性的，则它们会如此运动；而是，（在某些情况下）我们必定会把如此运动的零件**称为"刚性的"**。——这种时候要始终记住，几何（或运动学）谈论同样的或不变的长度时，并未给出任何测量方法。

所以，当我们说运动学是机械的完全刚性零件的运动理论时，一方面这指示着其中的（数学）方法——我们规定，某些距离是机器零件的不变长度——另一方面，这也**指示**着演算的应用。〔RFM Ⅰ，§120〕

机器之为其作用方式的象征：机器似乎从一开始就在自身中包含着它的作用方式。这是什么意思呢？——如果我们了解这台机器，那么其他一切，即它将造就的各种运转，似乎已经完全决定好了。******

我们可以说，一台机器，或它的图纸，是一系列图画的第一张，而我们是从这一张学会推导出后面整个系列的。

但若想到这台机器本来也可能以不同的方式运转，我们就会觉得作为象征的机器所包含的运转方式一定远比实际的机器所包含的运动方式更为确定。那本来是从经验上预先确定的运转，但似乎这还不够，真正说来——在一种神秘的意义上——这种运转必须已经是**现存**的。这一点倒不假：我们是以不同的方式来预先确定作为象征的机器的运转与任何特定的实际机器的运转的。〔PU，§193〕

人们什么时候会认为机器反正已经以某种神秘的方式包含着它的运转了？——做哲学的时候。是什么误导我们这样认为？是我们谈论机器的方式。例如，我们说：一台机器**有**（具备）如此这般运转的可能性，这时我们讲的机器是按理想方式固定不移的机器，只**能**以如此这般的方式运转。运转的**可能性**，这是什么呢？ ******

让我们问问自己如下问题：当我们谈论某台机器的时候，我们是怎样使用"运转的可能性"这个短语的？ ******

我们留心自己在谈论这些事情时的表达式；但我们不理解这些表达式，而加以错误的解释。我们从事哲学的时候就像野蛮人、原始人，听到文明人的说法，作出错误的解释，再从这类解释得出最离奇古怪的结论。〔PU，§194〕

逻辑**必须**的硬度。也许有人会这么说：运动学的**必须**比因果的**必须**坚硬得多，前者迫使一架机器**这样**运动，而后者则是机器就**这样**运动。——

设想我们以一帧电影画面、一部卡通影片来表现"完全刚性的"

机械的运动。设想这帧画面被称为**绝对坚硬的**，但这话的意思是，我们已拿这画面作为我们的描述方式——不论事实如何，无论真实的机械零件会怎样弯曲或膨胀。〔RFM Ⅰ，§121〕

机器（其结构）作为其运行方式的符号：机器——我先会说——看来一开始就已经包含了自己的运行方式。那是什么意思？——

如果我们了解机器，那么，其余的一切，即，它将产生的运行，似乎已经完全被决定了。

"让我们现在这样来谈论，就好像这些零件**只能**如此运行，好像它们不能另一个样子运行。"

怎么回事——我们忘了它们会弯曲、断裂、软化等等？是的；**许多**时候我们根本不考虑那些。我们用机器，或机器的图画，来表征机器的某特定运行方式。例如，我们给某人这样一幅图画，料想他会由之推导出零件的运动。（就像我们能这样给人一个数字：告诉他那是数列 1，4，9，16，……的第 25 个。）

"机器一开始就已经包含了自己的运行方式的动作"意味着：你倾向于在确定性方面，把机器的未来运行比作放在抽屉里随后被拿出来的东西。

但当问题是要预测机器的实际行为时，我们并不说这些话。这时我们一般不忘记零件可能会变形等等。

然而，我们的确那么说话，——当我们惊讶于竟能用机器表征某一给定的运行方式之时。——因为它也能以完全**不同**的方式运动。

现在我们会说，机器或机器的图画，是一系列图画中的第一幅，我们已学会从第一幅推导出其余的。

但当我们记起机器也能作不同的运行时，容易觉得似乎它运行的方式包含在符号机器之中，比包含在实际的机器中更确定。似乎那些运行被经验地预先决定还不够，而必定真实地（在某种神秘的意义上）已**在这儿**。没错：机器符号的运行被预先决定，某给定的实际机器的运动也被预先决定，这是两种不同意义的预先决定。〔RFM Ⅰ，§122〕

"仿佛我们能一刹那抓住语词的全部使用。"比如像**什么**？——使用——在一特定意义上——不能一刹那抓住吗？在**什么**意义上不能？要点在于，仿佛我们能在另一个意义上，比那直接得多的意义上，"一刹那抓住它"。——但你有这个的模型吗？你没有。不过是这表达式自己冒了出来。相互交叉的比喻产生的结果。〔RFM Ⅰ，§123〕

你没有这个超级事实的模型，但你被引诱使用一个**超级表达式**。〔RFM Ⅰ，§124〕

何时人们会有这想法：机器的可能运动以某个神秘的方式已经在那儿了？——唔，在做哲学时。是什么引导着我们那样想？我们谈论机器的方式。例如，我们说，机器**有（拥有）**如此这般运动的可能性；我们谈及理想的刚性机器，它只**能**以如此这般的方式运动。——什么是运动的这个**可能性**？它不是这个**运动**，但它也不像仅仅是运动的物理**条件**，例如，插口和插脚之间有一定的空隙，插脚没有死嵌在插口里。而由于这是运动的**经验**条件，可以想象它是另一个样子。运动的可能性则被设想为运动本身的阴影。但你知道有这样的阴影吗？而我不是用阴影指运动的图画；因为那个图画并不非得是正好**这个**运动的图画。但这个运动的可能性必须是正好这个运动的可能性。（看看语言的浪头在这儿掀得多高！）

波浪立即退去了，一旦我们问自己：当谈论一个给定机器时，我们是如何用"运动的可能性"这个短语的？——好吧，但我们的奇异念头是从哪儿来的？唔，我向你说明某运动的可能性，比方用一幅运动的**图画**："那么可能性是跟现实类似的东西。"我们说："它还没有运动，但它已经有运动的可能性"——"那么可能性是非常接近现实的东西"。虽然我们会质疑，如此这般的物理条件是否使这个运动可能，我们却从不讨论**这**是这个还是那个运动的可能性："那么，运动的可能性与这个运动本身，处在一个独特的关系中，比一幅图画与其对象的关系更紧密"；因为一幅图画是这个东西的还是那个东西的图画，可以有疑问。我们说"经验会表明，这是否给了插脚这样运动的可能性"，但我们不说"经验会表明这是否是这个运动的可能性"："那么这个可能性恰好是这个运动的可能性，不是一个经验事实"。

我们注意到讨论这些事所用的表达式；我们不理解它们，却曲解它们。做哲学时我们像是野蛮人、原始人，听到文明人说的话，作出一个错误的解释，接着由之得出奇异的结论。

想象有人不理解我们的过去时态："是他做的。"——他说："'那是红的'是说那现在是红的，所以'是他做的'这个句子说在某种意义上过去是现在。"〔RFM Ⅰ，§125〕

　　"但我的意思不是,现在(抓住意义时)我所做的因果地和经验性地决定了未来的使用,而是,以一种**奇异的**方式,使用本身在某种意义上是现存的。"但**"在某种意义上"**当然是啦!(我们不也说"过去的岁月对我是现存的"? [①])真的,你的话里唯一错误的东西是表达式"以一种奇异的方式"。其余是对的;唯当有人为它想象一个与我们的实际运用不同的语言游戏时,这话才显得奇异。(有人曾对我说,孩提时他疑惑裁缝怎么**"缝衣服"**——他想这意味着衣服**仅仅是缝出来的**,一根线一根线缝出来的。)〔RFM I,§126〕

　　我们没能理解语词的使用,而把它当作一个奇异**过程**的表达。(正如我们把时间想作一个奇异的媒介,把心灵想作一种奇异的存在。)

　　所有这些情况里的困难,起自于混淆了"是"和"称作"。〔RFM I,§127〕

　　凡不被当作是因果的、经验的联系,而被当作严格和坚硬得多的联系,甚至有着如此的刚性,以至一个东西怎么一来已然**是**另一个东西,这样的联系总是语法中的联系。〔RFM I,§128〕

　　我如何知道这幅图画对我是**太阳**的图像? ——我**称**它为太阳的一幅图像。我把它**用**作太阳的一幅图画。〔RFM I,§129〕

　　"仿佛我们能一刹那抓住语词的全部使用。"——而那正是我

---

　　① 汉语里不这么说。直译是因为 present 在上句已译为"现存",需一致。这句话的大概意思是,逝去的岁月,一情一景,宛在眼前。

们说我们做的。即：有时我们用这话描述我们做的。但所发生的，却毫不惊人，毫不奇异。只是当我们不由地想，在抓住使用的行为中，未来的进展必定以某种方式已然现存，却又不现存时，事情才变得奇异。——因为我们说，我们理解这语词，这无可置疑……，而另一方面，它的意义在于其使用。我现在想下**棋**，这无可置疑，但下棋是照**其所有规则**（等等）而行的游戏。那么，在我**已经**下了棋之前，我不知道我要玩的是什么游戏？或者所有的规则都包含于我的意图行为之中？是不是经验告诉我，这种游戏通常跟着这个意图行为而来？那么我不可能确定我意图做的是什么？而倘若那话是无意义的，在意图行为和所意图的东西之间，有着什么样的超强的联系？——在"来下一盘棋吧"这话的意义和游戏的所有规则之间的联系是在哪儿达成的？——唔，在游戏规则的列举之中，在教授之中，在日复一日的游戏实践之中。〔RFM Ⅰ，§ 130〕

逻辑法则确实是"思考习性"的表达，但也是以何种习性**去谈论思考**的表达。即，逻辑法则可以说表明了人类是如何思考的，也可以说表明了人类称**什么**为"思考"。〔RFM Ⅰ，§ 131〕

数 学 证 明

一个几何构造的目的，比方二等分一条线段，和经逻辑推导从一条规则推出另一条规则的目的，两者有何共同之处？

共同的东西似乎是，通过构造符号，我迫使一个符号被接受。

我们能不能说："数学创造新的**表达式**，而不是创造新的命题"？

即，因为数学命题是一劳永逸地被语言接纳的工具——其证明表明它们在其中所处的位置。

但在什么意义上，例如罗素的重言式是"语言的工具"？

无论如何，罗素不会认为它们是。他的错误，若有一个的话，只能在于他没有注意它们的**应用**。

证明使得一个结构产生出另一个。

它展示一个从另一个中产生。

非常好——但证明这时还是在不同的情况下做着很不同的事情！这种转换的**旨趣**是什么？

即使我认为证明已经被存进了语言的档案库里——谁又说了这工具将**如何**使用，是为了什么目的的使用？〔RFM Ⅲ，§29〕

证明使我说：这**必须**是这样。——现在，在一个欧几里得证明或证明"25×25 = 625"的情况下，我理解这个，但在一个罗素的证明，例如证明"⊢ p ⊃ q·p : ⊃ : q"的情况下，也像这样吗？这儿，与"它是这样"相对照，"它**必须**是这样"的意思是什么？我该不该说"好吧，我把这个表达式接受为所有这种形式的无所言说的命题的范型"？

我仔细检查了证明，说："是的，它**必须**是这样；我必须**这样**确定我的语言的用法。"

我愿说这个**必须**对应着我在语言中设置的一条轨道。〔RFM Ⅲ，§30〕

当我说一个证明引入了一个新概念，我的意思大约如此：在语言的范型库里，证明增设了一个新的范型；就像有人调出一种特殊的红蓝色，设法确定了调色时特殊的混合比例，并给它起了名字。

但即使我们倾向于把一个证明称作这样一个新范型——一个证明与这样一个概念-模型的确切相似性是什么？

人们会说：证明改变了我们语言的语法，改变了我们的概念。它建立了新的联系，创造了这些联系的概念。（不是确认它们在那儿；在创立之前，它们不存在。）〔RFM Ⅲ，§31〕

"p ⊃ p"创造的是什么概念？但我觉得，似乎可以说："p ⊃ p"对我们来说是作为一个概念的记号起作用的。

"p ⊃ p"是一个公式。一个公式确立一个概念吗？人们可以说："根据这个公式……如此这般导出于这个。"或者："如此这般导出于这个，以如下方式：……"但那是我所想要的那个命题吗？然而，这又怎样："请以如此这般的方式推出这个的后承"？
〔RFM Ⅲ，§32〕

若我称证明为模型（图画），那么我必须也能这么说明一个罗素的原始命题①（作为证明的卵细胞）。

可以问：我们是怎么把句子"p ⊃ p"当一个真断言说出的？唔，在实际的语言交流中并不说这话——但在特殊的场合时（例如做逻辑时），却仍倾向于确信地说出它。

但"p ⊃ p"是怎么回事？我从中看到了一个退化的命题，它处在真理一边。

我把它作为有意义句子的一个重要交叉点确定下来。我们描述方法的一个枢轴点。〔RFM Ⅲ，§33〕

一个证明的构造从某些符号开始，这些符号中有一些，即"常项"，必须在语言中已经有意义。这样，"∨"和"～"已有熟悉的应用，《数学原理》中的证明构造由此获得其重要性和意义，而这是本质之点。并非证明中的那些符号才让我们认识到它们的意义。

证明的"运用"当然得靠其符号的运用。〔RFM Ⅲ，§34〕

重复一遍，在某种意义上，甚至在罗素的原始命题那里，我也已经是有所确信的。

所以，证明产生的确信不能只是由证明-构造而来。〔RFM Ⅲ，§35〕

_____

① 指形式系统里的公理，如 p ⊃ p。

如果我看到巴黎的标准尺，但不熟悉测量的建制及其与标准尺的联系——我能说我熟悉了标准尺的概念吗？

以这种方式，证明不也是建制的一部分吗？

证明是工具——但为什么我说"语言的工具"？

那么，语言必须包括计算这样一种工具吗？〔RFM Ⅲ，§36〕

我一直做的似乎在于强调意义的确定和意义的运用之间的不同之处。〔RFM Ⅲ，§37〕

接受一个证明：可以把它接受为一个图样的范型，这个范型是把**这些**规则正确应用到某些图样上产生的。可以把它接受为一条推导规则的正确推导。或从一正确的经验命题所做的正确推导；或从一假的经验命题所做的正确推导；或只是从一经验命题所做的正确推导，而我们不知道这经验命题是真是假。

但现在我能不能说，把证明视作所证命题的"可构造性的证明"，这样的证明概念在某种意义上比任何其他概念更简单，更首要？

我能不能因此说"任何证明**首先和主要**证明了，把这些规则应用于这些符号组时，必须得出那个符号组"？或"证明首先和主要证明了，根据这些转换-规则操作这些符号，能产生这个符号组"？——

这会把我们指引向一种几何应用。因为，如果一个命题之为真，我会说，是被证明的，那它就是一个几何命题——一个涉及符号转换的语法命题。例如，人们会说：现在证明了，说"某人根据这些规则，从……和……中得到了符号……"是有**意义**的；但说……
是没意义的。

当数学被洗尽了所有内容时，剩下的是，某些符号可根据某些
规则由另一些符号构造出来。——

我们至少〈必须〉承认的是：〈它是〉这个符号，等等——而接
受这个是接受其他所有东西的基础。

现在我想说：证明中的符号序列不必携带任何让人接受自己的
东西。但若我们在这里谈到接受，那它不必是"几何的"接受。

证明能只包含两个步骤：比如一个命题"（x），fx"和另一
个"fa"——这儿，根据规则作正确转换起了重要的作用吗？
〔RFM Ⅲ，§38〕

关于所证明的东西，什么是不可动摇地确定的？

把一个命题接受为不可动摇地确定的——我想说——意味着把
它用作一个语法规则：我们由此去除了其中的不确定性。

"证明必须能被综观"所说的其实无非：证明不是实验。我们
接受证明的结果，不是因为有一次得出了这个结果，或经常得出这
个结果。而是我们在证明中看到了说结果**必定**如此的理由。

并非：**证明**了这种关联导向这个结果——而是：我们被说服把
这些现象（图画）当作"若……则会如何"的模型。

证明是我们关于下面这类情况的新模型：我们正确计数时所计
之物无增无减，会是如何（诸如此类）。但这话表明，我并不很知道
这证明是什么东西的模型。

我愿说：以《数学原理》的逻辑，有可能为一种算术提供根据，

其中 1000 + 1 = 1000；而为此所必需的东西无非是：对计算的可感的正确性有所怀疑。但如果我们并不怀疑，那可并不是我们对逻辑真理的确信产生了这个效果。

当我们在证明里说："**必定**得出这个"——那只能是出于我们**看到**的理由。

使我们接受这结果的，不是我们得到了它，而是它是这条路的尽头。

令我们确信的——**那**是证明：未令我们确信的图画不是证明，即便能表明它是所证命题的实例。

那意味着：为了表明所证明的是什么，对用来作证明的图画做物理的研究绝不可以是必须的。〔RFM Ⅲ，§39〕

一张照片上有两个人，我们不**首先**说一个人看来比另一个小，**然后**说他看来离得远些。可以说，完全可能是这样：我们根本没注意到一个人形短一些，而只注意到它在后面。（在我看来，这跟"几何的"证明概念的问题联系在一起。）〔RFM Ⅲ，§40〕

"它（证明）是称为如此这般的东西的模型。"

但从"(x).fx"到"fa"的转换会是什么东西的模型？顶多是如何从形如"(x).fx"的符号中作出推论。

我曾把模型想作是个根据，但这儿它不是个根据。图案 (x).fx ∴ fa 不为结论提供根据。如果我们想谈论这结论的根据，它位于这个符号图式之外。

不过，说数学证明创造了一个概念，还是有所说。——证明仿佛是一种特殊的自白，对某种特定的符号供认不讳。

但那是对什么东西的供认？只是从公式到公式的转换规则的**这种**运用？或者也是在某种意义上对"公理"的供认？

我能不能说：我供认 p ⊃ p 为重言式？

我把"p ⊃ p"接受为准则，例如，推导的准则。

证明创造概念，这个想法也可大致这么说：证明不是其基础加上推导规则，而是一个**新的**建筑——虽然它是如此这般样式的一个例子。证明是**新的**范型。

证明创造的概念可以是（例如）一个新的推导概念，一个新的正确推导的概念。但至于**我为什么**把它接受为**正确的**推导，其理由处于证明之外。

证明通过创造或形成一个新的符号，来创造一个新的概念。或——通过给予所得的命题一个新的位置。（因为证明不是运动，而是道路。）〔RFM Ⅲ，§41〕

这个表达式的**这个**置换产生出任何别的结果是**不可想象**的。或：我必定把它定义为不可想象的。（一个实验却可以结果是这样或那样。）

我们却可以想象证明的外观发生改变——证明刻在石头上，我们说，无论其外观怎么说，它都是同一个证明。

你真正在说的不过是：证明是被当作**证明**的？

证明必须是可观照的过程。或：证明是**可观照的**过程。

不是证明背后的什么在证明，而是证明在证明。〔RFM Ⅲ，§42〕

在这个上下文中，我不断想到这一点：固然，命题"a : b = c"确能在罗素的逻辑中被**证明**，但那逻辑并不教会我们构造一个这种形式的正确命题，即，并不教会我们**除法**。除法过程会对应于（例如）罗素证明的一种**系统性测试**的过程，而其目的可以是：得到形如"37 × 15 = x"的命题的证明。"但这样的系统性测试的技术依然是以逻辑为基础的。必定也能逻辑地证明，这技术必定得出这结果。"于是那就像在欧氏几何中证明，如此这般的东西能以如此这般的方式构造出来。〔RFM Ⅲ，§ 52〕

如果有人想表明数学不是逻辑，他想表明的是什么？他要说的大概是诸如此类——如果用足够的纸把桌子、椅子、碗柜等等裹起来，最后它们当然会像个球体。

他想表明的不是，对每个数学证明，不可能构造一个（以某种方式）"对应于"它的罗素证明，而是，接受这样的对应并不靠逻辑。

"但我们必定总是能回到基本的逻辑方法！"唔，就算我们能回到——但我们**不必**回到，又怎么样？若我们不回到，就是草率、鲁莽吗？

但我们怎样回到基本的表达式？我们是不是（例如）沿着次级证明①向前走到头，从终点出发回过头来进入基本系统，然后看看走到了哪儿；还是从两个系统同时向前走，然后把两个终点连起来？我们怎么知道我们在基本系统中在上面这两种情况下会得到同样的结果？

———————————

① 次级证明指普通的数学证明。

在次级系统里行进就不携带着确信的力量吗？

"但对次级系统中的每一步，我们都能想象它也能在基本系统里做！"——那只是说：**我们能想象它能做**——而并不做。

而我们为什么接受一个以取代另一个？在**逻辑**的基础上？

"但就不可以逻辑地证明，两个转换必定得出同样的结果吗？"——但这儿讨论的当然正是符号转换的结果！逻辑如何能决定这个？〔RFM Ⅲ，§53〕

短线系统中的证明怎么能证明"十进制系统中的证明是一个证明"？

唔——证明十进制系统中的证明是一个证明，和证明欧氏几何中的一个构造确实是如此这般的图形的构造，这两者不是一样的吗？

我能这样说么："把短线系统转换为十进制系统，须先有递归定义。然而，这定义并没引入**一个**表达式到另一个的缩写。而十进制系统的归纳证明当然没有包含那些须由递归定义转换为短线符号的全部符号。因此这个一般证明不能由递归定义转换为短线系统中的证明"？

递归定义引入一个新的符号–技术。——因此它必定作出向一个新"几何"的转化。我们被教给了一个识认符号的新方法。一个关于符号同一的新标准被引入了。〔RFM Ⅲ，§54〕

证明向我们表明**应当**得出什么。——于是，一方面，结果是属于证明的——每一次重新证明都必定自动得到这个结果，但另一方面，每一次重新证明都必定一再**强迫**我们认可这个结果。

即：我们不仅仅复制出曾产生出这结果的**条件**（如在实验中那样），而且还复制出结果本身。然而，证明不是一个炫目的游戏，因为它必须总能引导我们。

一方面我们必须能**完全**自动地复制证明，另一方面这个复制必须再一次是那结果的**证明**。

"证明必须是可综观的"：这是想让我们注意到概念"重复一个证明"和"重复一个实验"的差异。重复一个证明意味着，不是复制曾在其下得到某个结果的条件，而是重复每一步**以及结果**。而这虽然表明，证明是必须能被**完全**自动复制的东西，但每一个这样的复制仍必须包含证明的力量，这力量迫使结果被接受。〔RFM Ⅲ，§55〕

我们何时说一个演算"对应于"另一个，只是它的缩写形式？——"唔，当后者的结果能够由适当的定义转换为前者的结果时。"但有没有说怎样用这些定义来算？什么使我们接受这个转换？它最终是一个炫目的游戏吗？是的，如果我们决定只接受得出通常结果的转换。

为什么我们把罗素演算的一部分称为对应于微分演算的那个部分？——因为微分演算的命题在其中被证明了。——但这只有在最终在事后才做到。——但那要紧吗？罗素系统里能有这些命题的证明，这就足够了！但难道不是唯当它们的结果只能被转换为**这些**命题，它们才是这些命题的证明？但这一点甚至在短线系统中用加数标的短线做乘法的情况下仍然是对的？〔RFM Ⅲ，§56〕

那么，我们必须明明白白说出，短线符号系统中的计算通常总跟十进制符号的计算一致。也许，为了确保一致，我们会在某个地方，让**几个人**来作出短线计算的结果。而对于十进制系统中涉及更大的数的计算，我们也会这么做。

而那当然足够表明，不是短线符号的证明使得十进制系统的证明令人信服的。

"不过，如果我们没有后者，我们能用前者证明同样的东西。"——同样的东西？什么是同样的东西？——唔，短线证明会使我信服同样的东西，虽然不是以同样的方式。——设想我说："一个证明把我们带到的地方，不能独立于这个证明而被决定。"一个短线系统的证明是否向我证明了，证出的命题有着其在十进制系统中的证明给予它的应用性？——是否（例如）在短线系统中证明了，这命题在十进制系统中也可证？〔RFM Ⅲ，§57〕

当然，说**一个**命题不能有两个证明是毫无意义的——因为我们的确说有。但我们是不是不能说：**这个**证明表明，当我们做**这个**时，得出了……的结果；另一个证明表明，当我们做另一些时，得出了这个表达式？

而（例如）数学事实 129 能被 3 整除，是否独立于**这**是**这个**计算的结果这个事实？我的意思是：这个可整除的事实是独立于使它得以产生的那个**演算**的；抑或它是这个演算的一个事实？

设想有人说："通过计算，我们熟悉了数的性质。"

但数的性质在演算之外是否**存在**？

"当两个证明使我信服同样的东西时，它们证明了同样的东西。"——而何时它们使我信服同样的东西？——我如何知道它们使我信服的是同样的东西？当然不是靠内省。

人们可以通过多条路径使我接受这个规则。〔RFM Ⅲ，§58〕

"每个证明不仅证明了所证命题之为真，还证明了这个命题能**以这种方式**得到证明。"——但后一条也能以别的方式得到证明。——"是的，但现在这个证明以一特定方式证明了这个，于是证明了这个命题能以这种方式证明。"——但甚至**这一点**也能通过一个不同的证明来表明。——"是的，但那就不是以这种方式了。"——

但这大致相当于说：这个证明是一个不能用任何别的数学存在〈Wesen〉代替的数学存在；人们能说，它能使我们信服一些东西，任何别的则不能做到，而这一点能如此得到表达：我们为它配置了一个我们不配置给任何别的证明的命题。〔RFM Ⅲ，§59〕

但我是否犯了个拙劣的错误？因为对于算术命题和罗素逻辑的命题，这恰是根本的：不同的证明得出它们。甚至：无穷多的证明得出其中任何一个。

这么说对不对：每一个证明向我们证明了只有它才能证明的东西？会不会——可以说——证出的命题就成了多余的了，而证明本身也就是证出的东西？

证明使我信服的只是证出的命题？

这话是什么意思："一个证明是一个不能用任何别的数学存在代替的数学存在"？它的意思肯定是，每一个证明有着任何别的数学所没有的用处。可以说:"——每个证明,就算所证的是已经证出的命题,也是一个对数学的贡献。"但如果它的唯一旨趣是证明这命题,为什么它是个贡献呢?唔,人们能说:"新的证明表明了(或**造出**了)另一种联系。"(但就没有一个数学命题来说出存在这种联系吗?)

　　当我们看到新的证明,我们**学到**了什么——除了那我们反正已知道的命题? 我们竟学到了不能在数学命题中表达的东西?
〔RFM,Ⅲ §60〕

归　纳　法

但难道不是经验教给我们这样去判断吗？也就是说，教会我们只有这样判断才是正确的吗？但是经验是怎样**教**我们的？我们也许是从经验中得出这些的，但是经验并不指导我们从经验中得出什么东西。若说经验是我们这样判断的根据（而不仅仅是其原因），我们把这看作根据本身却不再有什么根据。〔C，§130〕

不是的，经验并不是我们的判断游戏的根据。而且经验明显地获得成功也不是。〔C，§131〕

在通常情况下，我并不是通过眼睛所见而确信我是否有两只手的。**为什么**不是？经验已经表明这是不必要的？再或者：我们已经通过某种方式学会了一种普遍的归纳法则，并且我们在这里也信赖这种法则？——但是为什么我们要先学会**一种普遍**法则而不是当下学会一种特殊法则？〔C，§133〕

我的判断本身刻画出了我是怎样作判断的，刻画出了判断的性质。〔C，§149〕

松鼠不靠归纳就理知它下一个冬天也需要贮存食物。同样，

我们也不需要用归纳法则来为我们的行动或预测提供理由。〔C，§ 287〕

　　但我们不正是遵行一向发生之事还将发生（或诸如此类）这个原则吗？——什么叫遵行这个原则？我们真的把这个原则引进我们的推理之中了？抑或它只是我们的推理看起来依之进行的**自然法则**？它可能是后一种。这个原则并不是我们思考中的一个环节。〔C，§ 135〕

怀 疑 与 确 知

摩尔命题·假定世界不存在·从小相信·世界图景·确实性在于体系·客观真理·哪个证明哪个？·错误·怀疑论者·经验确凿与数学确凿

摩尔命题

〈摩尔（G.E.Moore）在《外在世界的证明》一文中反对怀疑论，他举起自己的双手说"这里有一只手""这里还有另一只手"，从而"证明"了外部事物的存在。摩尔当然承认这不是"逻辑证明"，但他坚持说，他确实知道这些命题为真，而有些真理是人们确实知道但却不能证明的。在较早的一篇论文《保卫常识》中摩尔也曾采用类似方法，列举出他确实知道其为真的一些命题，如"我有身体""除了自己以外还有别人""地球在我出生之前很久就已存在"等等。维特根斯坦在其晚期笔记《论确实性》中系统考察了摩尔的论证方式。〉

摩尔说他知道他面前有一棵树，他说得很对。当然他可能弄错。（因为这话在这里的确不同于"我相信那边有一棵树"这一说法。）然而，他在这个实例中是对还是错，在哲学上并不重要。如果摩尔是在与那些说我们不能真正知道这样一件事情的人争论，他是不能通过保证**他自己**知道如此这般赢得这场争论的。因为他们无须相信他。假使他的对手主张的是：我们不能**相信**某某事情，那他可以回答他们说："**我相信**这件事情。"〔C，§520〕

一个人确信某件事情，他会说：对，计算正确。但他并不是从他的确信状态推导出"计算正确"的。我们并不从自己的确信中推导出事实情况。

确实性**就像**是一种语气，我们用这种语气肯定事实情况，但我们并不从语气中推导出我们这样说有道理。〔C，§30〕

就是说，并不能从别人所说的"我知道事情是这样"推出"事情是这样"这个命题。也不能从这句话再加上它不是谎言推出来。——但是，难道我不能从我自己所说的"我知道事情是这样"推出"事情是这样"吗？能；而且，从"他知道那里有一只手"这个命题可以推出"那里有一只手"。但从他说"我知道这件事"却不能推出他知道这件事。〔C，§13〕

那对我——或对所有人——**显得**是这样，由此并不能推出，它**是**这样。

可以问的倒是：对此加以怀疑是否有意义。〔C，§2〕

"人们在内心感到确信，而不是从自己的话或说话的语调中推断出这种确信。"——这一点是真的：人们不是从自己的话推断出

自己的确信；或从中推断出出于这种确信的行动。〔PU，十 §15〕

假如有一个动词，含义是"虚假地相信"，它将不会有任何有意义的第一人称现在直陈式。〔PU，十 §7〕

即使最可信赖的人向我保证说他知道事情是如此这般，这一点本身也并不足以使我相信他确实知道。这只能使我相信，他相信他知道。因此我们对摩尔保证说他知道如此这般并不感兴趣。但摩尔所列举的这一类已知的真理的实例却的确令人感兴趣。这并非因为有个人知道这些命题是真的，或相信他知道它们是真的，而是因为这些命题在我们的经验判断体系中全都起着一种类似的作用。〔C，§137〕

例如，摩尔所列举的这些命题没有一个是我们通过研究得出的。

举例说，有关于地球的历史研究，有关于地球形状的研究，也有关于地球年龄的研究，但并没有关于地球在过去 100 年间是否存在的研究。当然，我们中间很多人曾从父母和祖父母那里听到这一段时期里的种种事情，但他们难道不可能弄错吗？——人们会说："胡说！怎么可能所有这些人都弄错呢？"但这是一种论证吗？难道这不仅仅是在反驳一种想法吗？一种对概念的确定？因为如果我在这里谈论可能出错，就改变了"错误"和"真理"在我们生活中的作用。〔C，§138〕

表达摩尔所"**知道**"的事物的命题都是这样一类命题：我们很

难设想一个人为什么要相信其反面。例如这个命题：摩尔一生都贴近地球生活。——这里我又一次可以说的是我自己而不是摩尔。什么事情能够使得我相信其反面呢？要么是某种记忆，要么是有人这么对我说。我看到的和听到的所有事物都让我确信没有人曾远离地球。在我的世界图景中没有任何东西支持其反面。〔C，§93〕

假定世界不存在

我们竟可以**假定**我们周围的所有事物都不存在吗？这不就像是假定我们在一切计算中都算错了吗？〔C，§55〕

我们说："也许这颗行星并不存在，发光现象另有原因"，这时我们仍然需要一个确实存在的物体作为实例（作为对照）。这种物体是不存在的，**例如**，不像那种物体那样是存在的。〔C，§56〕

或者我们是否可以说**确实性**只是一个构造出来的点，某些事物更接近它而某些事物则不那么接近它？不行。怀疑是逐渐失去其意义的。这种语言游戏**正是**这样。

一切描述语言游戏的东西都属于逻辑。

"怀疑外部世界的存在"的意思并不是怀疑例如某一颗行星的存在，——其存在被后来的观察证实了。或许摩尔是想说：知道这里是他的手与知道土星存在是**不同类型**的知？否则我们就可以向怀疑的人指出土星是怎样发现的，对他说这颗行星的存在已经得到证实，从而也就证实了外部世界的存在。〔C，§20〕

如果我说"这张桌子一小时以前还不存在"，我的意思很可能是指这张桌子是在那以后才做成的。

如果我说"这座山那时还不存在"，我的意思很可能是指这座山是在那以后才形成的——也许是由火山喷发形成的。

如果我说"这座山半小时以前还不存在"，这就是一个很奇怪的陈述，你不清楚我的意思是什么。例如这话虽然是错的，但我是在科学意义上说这话的？也许你认为这座山那时不存在这个陈述，无论怎样设想其语境，意思都很清楚。但请你设想有人说"这座山一分钟以前还不存在，而是一座一模一样的山存在过"。唯通常的语境才让所意谓的东西清楚地显现出来。〔C，§237〕

从小相信

找到起点是如此困难。或者不如说：困难的是从起点开始。而不再继续向后面追寻。〔C，§471〕

我们的证实系统是一个人通过观察和听课接受的。我有意不说"学会的"。〔C，§279〕

我把手放进火里火就会烧伤我：这就是确凿性。〔PU，§474〕

问问你自己：什么叫做相信哥德巴赫定理？这一相信里面是些什么？是我们说、听、思考这个定理时的一种肯定无疑的感觉吗？（我们对那不感兴趣。）这种感觉的标志是什么？我甚至不知道这种感觉会在什么意义上是由这命题本身唤起来的。

我该说相信是思想的一种色调？这想法是哪里来的？好，有一种相信的调子，就像有一种怀疑的调子。

我要问：相信是怎么连结到这个命题上的？让我们看看这一相信有哪些后果，看看它把我们引向何处。"它引我为这个定理寻找证明。"——很好；我们现在再看看，你的寻找真正说来是些什么！那时我们就会知道相信这个命题究竟是怎么回事儿了。〔PU，§578〕

有把握的感觉。它怎么外现在行为之中？〔PU，§579〕

一个"内在的过程"需要外在的标准。〔PU，§580〕

孩子学习语言时，他同时也在学习去探究什么，不去探究什么。当教孩子知道屋子里有个衣橱时，人们不会教他怀疑他后来看到的仍是衣橱还是仅仅一组舞台道具。〔C，§472〕

教一个人学计算，是否也要教他可以信任他老师的计算？但这些说明必定有个尽头。是否也要教他可以相信自己的感官？——因为人们当然在很多场合下对他说，你在如此这般的特殊情况下不能相信感官？——

规则和例外。〔C，§34〕

正如在写字时我们学会字母的一种特殊基本形式然后再作出改变一样，我们首先把事物的稳定性当做规范，然后才谈得上改变

规范。〔C，§473〕

在这里我要把人看作一种动物，一种原始动物，赋有本能却不赋有推理能力。一种处在原始状态的动物。任何一种逻辑，只要对原始的交流手段够用，我们也就无需为之羞愧。语言不是从某种推理产生出来的。〔C，§475〕

孩子们学会的不是书存在，椅子存在，等等，等等，而是学会拿书，坐在椅子上，等等。

后来当然会出现关于存在的问题："麒麟存在吗？"等等。但只因为通常并不出现某物是否存在的问题，才可能问麒麟是否存在这类问题。因为人们怎样知道该依据些什么才能相信麒麟存在？人们怎样学会确定某种事物是否存在的方法？〔C，§476〕

我们还是孩子的时候就学到一些事实，例如每个人都有大脑；我们简简单单就相信了这些事实。我相信有个岛叫澳大利亚，它有着如此这般的形状，等等，等等；我相信我有祖父母，相信那些自称是我的父母的人真是我的父母，等等。这种信念也许从未明言，甚至从没想到过事情的确如此的想法。〔C，§159〕

凡人都有父母这个信念以什么为根据？以经验为根据。而我又如何以我的经验作为这个确信的根据？现在我不仅把这个信念建基于我认识一些人有父母，而且也建基于关于人类性生活以及人体解剖学和生理学我所学到的所有事情，此外还有关于动物我所听到、看到的一切。但因此这就真是一种证明吗？〔C，§240〕

"原始现象"是例如弗洛伊德认为他在简单的满足愿望的梦那里所看出的东西。原始相信是一个先行领会了的观念，它牢牢抓住我们。〔BF Ⅲ，§230〕

孩子相信成年人，他们由此学到这样那样。怀疑出现在信念之后。〔C，§160〕

我学会很多很多东西，这是凭人们的权威接受下来的，后来我通过自己的经验证实了某一些，或否证了某一些。〔C，§161〕

"我们对此完全确信"，这并不仅仅意味着每个单独的人都确信，而且意味着我们属于一个由科学和教育联系在一起的共同体。〔C，§298〕

困难在于认识到我们的相信是没有根据的。〔C，§166〕

世界图景

我们关于地球形成的**图像**是一个在空间自由飘浮的、100年里基本不变的球体。我刚才说"我们形成这个**图像**等等"，而这个图像现在帮助我们对各种不同的情况作出判断。〔C，§146〕

把地球看成一个球体是个**好的**图像，它到处得到证明，它还是个简单的图像——简言之，我们不加怀疑地依照这个图像来进行工作。〔C，§147〕

　　但我有一幅世界图景，并非因为我让自己信服它是正确的，也非因为我现在确信它是正确的。而在于，它是传承下来的背景，我依托这个背景来分辨真伪。〔C，§94〕

　　现在，稳固不移的东西把形式赋予我们的考察和我们的研究。也许它们曾受到质疑。但是它们也许自久远得不可想象的年代以来就属于我们所有考察的框架。〔C，§211〕

　　我说的是世界图景而不是假说，因为这是科学研究理所当然的基础，因此也就无须明言。〔C，§167〕

　　现在如果我说"我的不可动摇的信念是……"，那么在目前这个实例中它也不意味着我有意识地通过某一具体思想进程达到了这一信念，而是意味着这种信念是我一切**问和答**之中的锚，从而我不可能触动它。〔C，§103〕

　　难道我不可以相信：在自己不知道的情况下，例如在失去意识的状态下，我曾远离地球，也可能，别人知道这事儿，但没有告诉我？但这却完全不合于我的其他信念。倒不是我好像能描述这些信念的体系似的。但我的信念确实形成一个体系、一个结构。〔C，§102〕

　　描述这幅世界图景的命题可以是神话类型的。它们的作用与游戏规则的作用类似，而这种游戏可能没有任何明确的规则，完全通过实践学会。〔C，§95〕

可以设想：某些具有经验命题形式的命题固化了，它们的作用就像非固化的、流动性的经验命题的管道；两类命题的关系随时间改变，流动的命题固化，而固定的命题变成流动的。〔C，§96〕

神话可能再一次回到流动状态，思想的河床可能移动。但我区分出河床上水的流动与河床本身的移动；虽然两者之间并没有鲜明的分界。〔C，§97〕

但若有人说"所以逻辑也是一门经验科学"，他就错了。但这是对的：同一个命题有时可以作为由经验来检验的东西，有时可以作为检验的规则。〔C，§98〕

那条河流的河岸一部分是坚硬的岩石，不发生改变，或变化很小无法察觉，另一部分是泥沙，不久之间，这里被冲走，那里淤积下来。〔C，§99〕

确实性在于体系

当我们开始相信些什么时，我们相信的并不是单独一个命题，而是一个由命题组成的整个体系。(光逐渐照亮整体。)〔C，§141〕

使我明白起来的不是一些单独的公理，而是一个前提与结论相互支持的体系。〔C，§142〕

一个确实的普遍经验命题是，一个人的胳臂割下来就不会再长出来。另一个这样的命题是，一个人的头被砍下来，他就死了，再不会复活。

可以说是经验教给了我们这些命题。然而经验并非孤立地教给我们这些命题，而是一大批相互依赖的命题。假使它们是孤立的，我也许可以怀疑它们，因为我没有与之相关的经验。〔C，§274〕

如果经验是让我们确信的根据，那么它当然是过去的经验。

我由以获得知识的经验不仅是**我的**经验，而且还包括别人的经验。

现在你也许会说，让我们相信别人的还是经验。但什么经验使得我相信解剖学和生理学书籍中包含的不是错误的东西？的确，这种信赖也是由我自己的经验**支持**的。〔C，§275〕

孩子学会相信许多事情。也就是说，孩子学会按他所相信的去行动等等。他逐步为自己建起来一个所相信之事的系统，在这个系统里，有些稳固不可动摇，而有些则或多或少是可变的。那些稳固的，其稳固不是因为它们本身显而易见或令人信服，而是因为周围的信念把它们牢牢固定住了。〔C，§144〕

我并非明确习得对我来说稳固不移的那些命题。我可以是后来才**发现**这些命题就像一个自转物体的轴。这个轴稳固不移，其意义并非它被固定住了，而是环绕它的运动把它确定为稳固不动的。〔C，§152〕

我已经到了我的确定信念的基层。

人们差不多可以说这墙基是靠整个房子来支撑的。〔C，§248〕

我能想象这样一个人，他在十分特殊的环境中成长并被告知地球在 50 年前开始存在，从而相信了这一点。我们也许可以教他说"地球已经存在很久……"等等。我们会尽力把我们的世界图景展示给他。

这将通过某种方式的劝说来进行。〔C，§262〕

我于是可能去问某个说地球在他出生前并不存在的人，目的在于找出他所反对的是我的哪个信念。情况可能是：他和我的种种基本观念相左。如果是这样，我这时就不得不听之任之。

如果他说他曾在某个时间登上月球，情况也与此类似。〔C，§238〕

客观真理

一切检验，一种假设的一切证实或否证，都已经是在一个系统之中发生的。这个系统并不是我们所有的论证的或多或少带有任意性的、有点儿可疑的出发点，它倒是属于我们称之为论证的东西的本质。这个系统与其说是论证的出发点，不如说是论证的生机。〔C，§105〕

"但那没有客观真理啦？有人到过月球，这难道不是非真即伪吗？"如果在我们的系统里思想，没有人到过月球这一点是肯定的。

不仅从没有理智清醒的人认真向我们报道过这类事情，而且我们的整个物理学体系也不允许我们相信这件事。因为这需要回答"他怎样克服了引力""他怎么能没有空气生活"以及其他一千个不能回答的问题。但若我们没得到所有这些回答，得到的却是："我们不知道人**怎样**到达月球，但那些到达月球的人却当即知道他们到了月球；甚至你也不能为一切都提供解释。"我们会感到自己与说这话的人在心智上相距甚远。〔C，§108〕

进一步的尝试不能把先前的尝试判为谎言，它们充其量改变我们的整个观察方式。〔C，§292〕

但是人们认为合理或不合理的事物是有变化的。某些时期人们认为合理的事情，在另一些时期被认为不合理。反过来也一样。

但是这里就没有一种客观特征吗？

一些非常聪明、受过良好教育的人相信《圣经》的创世故事，而另外一些人则认为这已被证明是假的，而他们所持的根据为前者所熟知。〔C，§336〕

当两个无法相互调和的原则真正相遇时，每一方都会把对方叫做蠢人和异教徒。〔C，§611〕

哪个证明哪个？

为了确实可靠，我也许会把一道乘法题做两遍，也许请别人再验算一遍。但我会做上 20 遍或让 20 个人验算一遍吗？这是漫不经心吗？核对 20 遍真能获得更高的确实性吗？〔C，§77〕

如果店员没有什么理由，只是为了弄得十分确实，就去检查他的每一个苹果，那么他为什么（此后）不需要去检查这种检查？这里谈得上信念（我是在"宗教信念"的意义上而不是在猜测的意义上说到信念）吗？一切心理学语词都只会把我们远远引离主要问题。〔C，§459〕

"火车两点钟出发。保险起见再去查问一下"，或者，"火车两点钟出发。我刚刚查看了新的列车时刻表"。也可能补充说"我在这些事情上是信得过的"。这些补充的话显然可能有用。〔C，§444〕

但若我说"我有两只手"，我能补充说些什么来表明这话可靠呢？最多是些通常的情境。〔C，§445〕

假定地球在我出生前早已存在这一点并不真实，我们又该设想怎样发现这个错误？〔C，§301〕

在有些情况下，目前的证据不可信赖，是因为**没有任何**证据可以信赖，这时说"也许我们弄错了"毫无意思。〔C，§302〕

例如，如果我们一直都算错了，12×12 并不等于 144，那我们为什么应该相信其他计算呢？这种表达当然是错误的。〔C，§303〕

"他今天告诉了我这件事，关于这一点我不可能弄错。"但是如果后来证明这是错的又当怎样?!——难道人们不是必须在怎样"证明某事为错"的各种方式方法中作出某种区分吗?怎样才能证明我的命题是错误的?在这里,证据对着证据,必须决定的是哪个证据应该让步。〔C，§641〕

"这里我不可能弄错,再不济,我就把我的命题设为一个规范。"〔C，§634〕

如果一个盲人问我"你有两只手吗?",我是不会通过观看来确证这一点的。如果我连这个都怀疑,我就不知道为什么我应该相信我的眼睛。因为我为什么不应该通过我是否看见我的双手来检验**我的眼睛**呢?该**通过什么来检验什么**?!(在这里,谁来决定什么是确实可靠的?)

说某一事物确实可靠又是什么意思?〔C，§125〕

在正常情况下,我有两只手与我能为证实这件事而提供的任何证据同样确实。

所以我不能把看到我的手视作我有两只手的证据。〔C，§250〕

任何一个命题都可以从其他命题推导出来。但这些命题不一定比该命题本身更加确实。〔C，§1〕

错误

问题并不在于**摩尔**知道那里有一只手,而在于他若说"这件事我当然可能弄错"我们会不理解他。我们会问:"那种错误会是什么样子的?"例如,发现这是个错误会是个什么情形?〔C,§32〕

人出现错误,他必须先已同人类作出的判断一致。〔C,§156〕

如果我的朋友有一天想象他在某某地方已经住了很长一段时间,等等,等等,我不会把这叫作**错误**,而是叫作精神失常,也许是暂时性的精神失常。〔C,§71〕

一个可以说在游戏中已为之准备好位置的错误与一个作为例外发生的完全反常的情况,它们之间存在着区别。〔C,§647〕

我们能不能说:错误不仅有个原因,而且有个理由?这大体上是说:对于那个犯错误的人,这个错误被编入了正确的认识。〔C,§74〕

"这种颜色在汉语里叫做'绿色'。""这一点你会弄错吗?"我对此的回答只能是:"不会。"如果我说"会,因为总有出现错觉的可能",那完全没有意义。〔C,§624〕

这样说也是没有意义的:"这种颜色的汉语名称**确实无疑**是'绿',——当然除非我出现口误或者不知怎的弄混了。"〔C,§626〕

不是必须把这个子句插进**所有**语言游戏吗?(由此可见它无意义。)〔C,§627〕

然而另一方面，我说到自己"我不可能弄错我的名字"是对的，而说"也许我弄错了我的名字"则是错的。但这并不意味着别人怀疑我宣称其为确实的事物是无意义的。〔C，§629〕

区分开我不可能弄错的事例与我几乎不可能弄错的事例难道不是困难的吗？一个事例总是明确无误属于哪一类吗？我认为不是。〔C，§673〕

难道不会发生这样的事吗——我们今天认为认识到的前人的错误后来却又被认为是正确的？〔C，§599注〕

人们必须从错误开始，把错误转变为真理。

这是说，人们必须揭示错误的根源，否则，听到真理毫无用处。

当别的什么东西占着她的位子，真理无法强行夺入。

要让人信服真理，述明真理是不够的，我们必须找到从错误转向真理的道路。〔GB，11页〕

怀疑论者

若解答不可说，求此解的问题也就不可说。

谜不存在。

一个问题只要能提出，它就**能够**得到解答。〔TLP，6.5〕

如果怀疑论要在不能提出问题的地方产生怀疑，那么，怀疑论**不是**驳不倒的，而是显然无意义的。

因为唯有存在问题之处才有怀疑；唯在有解答之处才有问题，唯在**能够有所言说**之处才有解答。〔TLP，6.51〕

不是说，我们产生疑问是因为我们可以**设想**一个疑问。我很可以设想某人每次打开家门前都怀疑门后挖出了一个大坑，而在进门前查看确实（而且某一次也许证明他怀疑得对），——但我却并不因此在同样的情况下产生怀疑。〔PU，§84〕

我能愿意怀疑就怀疑吗？〔C，§221〕

我们由某些特殊的理由产生怀疑。〔C，§458〕

怀疑一切的怀疑不成其为怀疑。〔C，§450〕

谁要怀疑一切，谁就连怀疑的边儿都沾不到。怀疑这种游戏本身已经预设了确实性。〔C，§115〕

怀疑只能依赖不容怀疑的东西。〔C，§519〕

盖房子的石头，它们首先必须是结实的、坚硬的石头，粗粗粝粝一块压在一块上。然后，那当然也是重要的：它们能够被切磨，它们不可以太过坚硬。〔CE，281页〕

"如果可能有一个人在一盘棋里走了一步骗着，那么就可能所有人在所有棋局里都只走骗着。"——于是我们受到诱惑在这里去误解我们的表达式的逻辑，不正确地描绘我们语词的用法。

命令有时不被服从。但若命令从不被服从，那会是什么样子？"命令"这个概念就会无的放矢。〔PU，§345〕

我们仿佛得先把**可以**怀疑的一切都怀疑一遍，然后把所有的这些怀疑都消除掉，才能获得可靠的理解。

如果一个路标在正常的情况下能起到它的作用，它就是合适的。〔PU，§87〕

观念论者的问题大概是这样："我有什么道理不怀疑我的双手存在？"（对此不能回答：我**知道**它们存在。）但这么问的人忽视了：唯在一种语言游戏中才能对某种存在提出怀疑；以及，我们必须先问一问：这种怀疑会是什么样子？而我们并不直接理解这种怀疑。〔C，§24〕

在"我知道这里有一只手"这句话之后可以接下去说："因为我现在看着的就是**我的**手。"这时，一个有理性的人不会怀疑我知道这一点。——即使观念论者也不会；他要说的是，被排除的是实践中的怀疑，这不是他在讨论的问题，但在这种怀疑**背后**还有一种怀疑。——必须通过另一种方式来表明：这是一种**幻觉**。〔C，§19〕

如果我要怀疑这是我的手，那么我怎么能不怀疑"手"这个词有任何意义？所以，看来我毕竟还是知道这个。〔C，§369〕

如果我的名字不是维特根斯坦，我又怎么能够信赖"真"和"假"所表示的意思呢？〔C，§515〕

我说"我当然知道那是一块毛巾",我就是说出了一句话。我并没有想到证实。那对我是一个直接的话语。******

这和直接去拿一样东西是完全一样的,就像我毫不怀疑地伸手去拿毛巾。〔C,§510〕

一个称这种颜色为"红"的中国人不会说:"这在汉语里确实叫做'红'。"一个掌握这个词的用法的孩子并非确信在他的语言中这种颜色叫做这个。人们也不能这样讲:他在学会说话的时候就学会在汉语中这种颜色叫做这个。〔C,§527〕

刚开始学说话的孩子当然还根本没有"意思是"这个概念。〔C,§536〕

每一种语言游戏都依赖于识别出语词和对象。我们学会"这是一把椅子",就像学会"2×2=4"一样,没有转圜余地。〔C,§455〕

"我也许在做梦"这个论证由于下述原因而毫无意义:这样一来,这个表达也只是个梦,而且,这话具有意义也只是个梦。〔C,§383〕

只有在某些特定情况下,考察"那真是一只手(或者我的手)吗"才是可能的。因为对"我怀疑那是否真是我的(或一只)手"不作出某些更严格的确定,这话就没有意义。单凭这几个词看不出它们是否意味着任何怀疑,意味着哪一种怀疑。〔C,§372〕

　　学生不让教师向他解释任何事情，因为他一直在用怀疑打断教师，比如怀疑事物的存在，怀疑字词的意义等等。教师说："不要打断我，照我讲给你的去做。直到现在你的疑问没有一点意义。"〔C，§310〕

　　设想学生真的问："即使我转过身去的时候，那张桌子也在那里吗？即使在没一个人看它的时候？"教师也许应该让学生放心，说"桌子当然在那里！"

　　也许教师会变得有点儿不耐烦，但想着学生很快会长大，就不会再提出这样的问题。〔C，§314〕

　　这就是说，教师会感到这实际上不是一个合理的问题。

　　而如果学生怀疑自然界的合法则性即归纳推论的合理性，情况也正好一样。教师会感到这只会把他和学生缠住，学生的学习进程会因此卡壳，不再进步。——教师是对的。这就好像有人在屋子里找东西，他打开抽屉，看不到那件东西，于是他又关上抽屉，等一会儿，再一次打开它，看看那件东西现在是否在那里，并且一直这样做下去。他还没有学会找东西。同样，那个学生也还没有学会怎样提问题。他没有学会我们要教给他的**那种**游戏。〔C，§315〕

　　这种怀疑并不是我们游戏中的怀疑。(但并不是仿佛我们选择了这种游戏！)〔C，§317〕

　　有理智的人**不**抱有某些怀疑。〔C，§220〕

我，维特根斯坦，相信、确信我的朋友身体里或头里没有锯末，尽管我没有直接的感觉证据。我相信这一点是根据别人对我说的、我读过的以及我的经验。对此抱有怀疑在我看来就像发神经，这当然又和别人是一致的，但**我**与他们一致。〔C，§281〕

在一些情况下，怀疑是不合理的，但在另外一些情况下，怀疑似乎在逻辑上就是不可能的。而它们之间似乎并没有明确的界线。〔C，§454〕

为什么我不可能怀疑我从未到过月球？我怎么才能试着怀疑这一点？

首先，我会觉得我也许到过月球这个假定显得**多余**。从这个假定导不出任何结论，也没有任何事情得到解释。它与我生活中的任何事情都挂不上。

我说"没有什么事情支持它，一切都反对它"，这时已经有一个原则设定了，一个关于哪些东西会提供支持哪些东西会加以反对的原则。即，我必须能够说出哪些东西会支持它。〔C，§117〕

但若有人怀疑这张桌子在没有人看见它时仍然会在那里，那么他的怀疑在现实中会怎样表现？我们不能泰然任他去怀疑吗——既然那并不造成任何区别？〔C，§120〕

人们会这样说："我生出来之前地球早就存在了，一切都支持这一点，没有任何事情反驳它。"

但我不能相信事情正好相反吗？但问题是：这个信念的实际作

用是什么？——也许有人说："这不相干。信念就是信念，不管它有还是没有实际作用。"人们以为：无论信念是什么，它都是人的心灵的同等（性质）的态度。〔C，§89〕

经验确凿与数学确凿

有无数对我们来说是确实的普遍经验命题。〔C，§273〕

我们确切知道 A 和 B 这两个字母怎样发音，知道人血的颜色是什么，知道别人有血并且叫它"血"，其确实程度不亚于我们相信任何一个数学命题的确实程度。〔C，§340〕

这么说不正确：从弄错"离开太阳这个距离的地方有一颗行星"到弄错"这里是我的手"，只是错误的可能性越来越小。不是的，在某一点上错误已经变得不可想象了。

以下的考虑已经提示了这一点：仿佛我们竟可以想象我们关于物体的**所有**语句都是错误的，我们所做的一切都是错误的。〔C，§54〕

很清楚，我们的经验命题并非全都具有相同的地位，因为我们可以这样规定一个命题，把它从经验命题改变为一种描述规范。〔C，§167〕

但我们不就必须说，逻辑命题与经验命题之间没有鲜明的界限？不鲜明却正是**规则**与经验命题之间的界线的不鲜明。〔C，§319〕

我相信，我们在这里必须记住"命题"这个概念本身就不鲜明。
〔C，§320〕

我对另一个人的感觉可能很确凿，就像对任何一个事实那样。
但"他极为沮丧""25×25=625""我 60 岁"这些命题却并不因此
成为相似的工具。明显的解释是：这些是不同种类的确凿。——这
个说明似乎在解说一种心理学区别。但这区别是逻辑区别。〔PU，
十一 §218〕

我对"这个人在疼"不如对"2×2=4"确凿吗？——但因此第一
种确凿就是数学的确凿啦？——"数学的确凿"不是心理概念。
确凿的种类是语言游戏的种类。〔PU，十一 §220〕

关于哪个是计算的正确结果可能发生争论。但这种争论很少
发生，持续时间也不长。就像我们常说的，争论"确凿无疑地"解
决了。
数学家们一般不会为计算结果争论起来。（这是个重要的事
实。）——若非如此，若一个数学家坚信某个数字不知不觉改变了，
或者记忆欺骗了他或别人，诸如此类，那么我们就没有"数学的确
凿"这个概念了。〔PU，十一 §229〕

我不可能算错 12×12=144。可我们不可不把**数学的**确实性同经
验命题的相对不确实性对立起来。因为数学命题是通过一系列行
为获得的，这些行为与我们其余生活中的行为并无不同，在同样程
度上可能受到遗忘、忽视、错觉之害。〔C，§651〕

数学命题被说得像是官方盖上了不可争议的大印。就是说："其他事情随你去争论吧，**这**却是你进行争论所环绕的枢轴，这是稳固不动的。"〔C，§655〕

可以说数学命题是固化了的东西。——"我的名字叫……"这个命题却不是。但是那些像我一样有着压倒性证据的人会认为这同样是**无可争议的**。而这并不是由于不过脑子。因为，有压倒性的证据，恰恰在于，无论在什么相反的证据前我们都**不必**低头。所以，我们在这里具有的抗力，类似于使得数学命题不为所动的那种抗力。〔C，§657〕

"但你现在不会是处在谵妄状态，也许后来会发现这一点？"我们也可以用这个问题来质疑乘法表的每个命题。〔C，§658〕

人们就是**这样**进行计算的，即在这样的情况下，人们把计算**视作**绝对可靠的、肯定正确的。〔C，§39〕

如果你要求一种规则，由之可以导出我们在这里不可能算错的结果，那么回答是：我们不是通过一种规则而是通过学会计算学会算不错的。〔C，§44〕

我们通过学会计算而得以了解计算的**本性**。〔C，§45〕

但这样一来，不就无法描述我们是怎样让自己确信计算的可靠性的吗？正是！但我们让自己确信计算的可靠性的过程中，并没有

什么规则出现。但最重要的却是：并不需要这种规则。我们什么也不缺少。我们按照一种规则来计算，这就足够了。〔C，§46〕

人们就是**这样**计算的。计算就是**这个**。就是，例如，我们在学校学会的那些。忘掉这种同你关于精神的概念联系在一起的超验的确实性吧。〔C，§47〕

论 初 民 世 界

弗雷泽对人类魔法观和宗教观的描绘是不让人满意的：在他的描绘下，它们显得像是些错误。

那么，奥古斯丁在《忏悔录》的每一页上都祈求上帝，他错了吗？

人们也许会说，如果他没有错，那就是佛教圣徒错了，或者别的什么人错了，既然他的宗教所表达的是完全不同的看法。但他们谁都没错，除非他提出了一种理论。〔GB，11 页〕

的确有这样的情形，今天尤其常见——一个人认识到他的惯常做法所依据的东西是个错误他就放弃了这种做法。但只有当我们让他明了其错误就足以使他改变行为方式，才会出现这种情形。但一个民族的宗教习俗却不属于这种情况，因此，那就不是一个错误与否的问题。〔GB，12 页〕

没有哪种看法能够充任宗教象征的基础。而只有涉及看法才可能谈论错误。〔GB，14 页〕

然而，标志出仪式行为的特征的并不是一种观点、一种看法，

无论是对是错，尽管一种看法，一种信念本身可以变得具有仪式性质，可以成为仪式的一部分。〔GB，18页〕

与弗雷泽相反，我相信，初民的特点就在于他不是根据看法行动的。〔GB，22页〕

烧毁摹拟像。亲吻爱人的照片。这当然不是根源于相信这会对画像所表现的那个对象产生某种作用。其目标在于某种满足，而它也达到了满足。

或不如说，它本无目标；我们就这样行为而我们也就由此满足。〔GB，14页〕

我为什么事愤怒的时候，用我的手杖敲打地板或敲打一棵树。但我并不认为地板有罪或敲打它会有帮助。"我把火发出来。"所有仪式都是这一类的。可以把这类行为称作本能行为。〔GB，22页〕

疾病和肮脏的联系。"把病洗掉。"这里提出了关于疾病的一种简单的、幼稚的理论：疾病是可以洗掉的脏东西。〔GB，31页〕

就像存在着一种"幼儿的性理论"，很多事情上都有幼儿理论。但这不意味着孩子所做的事情都出自某种幼儿理论，把它当作了行为的基础。〔GB，31页〕

我读到非洲有一个雨王，在雨季到来的时候人们去向他求雨。以及其他很多类似的例子。而这就是说，他们并不真正认为他能够造雨,否则他们就会求他在一年里干旱的季节时造雨了,在那个"大地旱得裂开了口子"的季节。

另一个例子:拂晓,太阳将要升起的时候,人们举行破晓的仪式,而不是在夜里,他们在夜里简简单单点上灯火。〔GB,22页〕

这里的荒唐之处在于,在弗雷泽笔下,这些初民似乎对自然进程抱有完全错误的〈几乎是疯病的〉观念。实际上他们只是对现象有一种奇特的解释。即,如果他们写下他们对自然的认识,那不会和我们的认识有根本区别。唯有他们的魔法是别样的。〔GB,24页〕

这个野蛮人似乎是为了杀死他的敌人去用刀戳他的图像,而正是同一个野蛮人实实在在地用木头建起他的房子,精巧地削出他的箭,而不是削出摹拟像。〔GB,14页〕

〈弗雷泽谈到在把行巫者交付用刑之前先把他们全身毛发剃光的习俗。〉这也许可以解释为,这里有某种事实作为根据,而非基于迷信。〈当然,这碰上愚蠢的科学家很容易堕入矛盾的精神里面。〉但这很可能在于,完全剃光的身体会让我们在某种意义上失去自尊。〈卡拉马卓夫兄弟。〉毫无疑问,如果某种毁伤让我们在自己的眼睛里变得卑下、可笑,它就能让我们丧失自卫的意志。我们有时会因为自己的身体相貌差人一等而感到何等自惭——或者有很多人是这样,包括我自己。〔GB,32页〕

这听起来很简单:魔法和科学的区别可以这样来表达——科学

有进步而魔法没有。魔法在自身中没有发展方向。〔GB，24 页〕

人们可以说：“每种观点都有它的魅力”，但这么说是错的。正确的说法是，每种观点对看它有意义的人来说都是有意义的（但这不是说把它看作不是它本身的东西）。是，在这一意义上每种观点都同样有意义。〔GB，21 页〕

使得某些族群崇拜橡树的，不是微不足道的理由，这里根本不曾有任何理由，只不过是他们和橡树结合在一个生活共同体里，而他们的这种结合也不是出于选择，而是像跳蚤和狗一样互依互生。（跳蚤若发展出一种仪式，那会是和狗连在一起的。）〔GB，23 页〕

人们可以说，不是橡树和人的结合引发这些仪式，而是两者的分离。因为心智是随着某种分离觉醒的，与源始土壤的分离，与生命的源始基础的分离。（选择的起源。）

（精神觉醒的形式是崇敬。）

人的影子——这影子自己看起来就像是个人，人在镜子里的像，雨，雷霆暴雨，月圆月缺，春夏秋冬，动物之间或与人之间的相似处相异处，死亡、出生、性生活等种种现象，一言蔽之，我们年复一年在身周感知到的事物，以形形色色的方式互相联系，不言而喻，它们会在人的思想〈他的哲学〉和他的实践中发生某种作用，也许，那恰是我们所知道的所感兴趣的那一部分。

火，或火和太阳的相似之处，这怎么可能不让觉醒着的人类心智（Menschengeist）印象深刻？在觉醒着的人心那里，最具特征的恰恰就在于，某种现象现在对他有了意义。我们几乎可以说，人是一种仪式动物。****** 如果我们考察地球上各种人的生活和行为，我们会发现，除了消化等等所谓动物性活动，人还施行某种真正具有他自己特性的行为，这类行为可以称之为仪式行为。

但若由此进一步说，这类行为的特征在于它们出自对事物的物理本性的错误看法，那就是胡说了。（弗雷泽就是这么干的，他说魔法本质上是错误的物理学、错误的医学、技术，等等。）〔GB，16—17 页〕

有学问的人们总是喜欢有个理论！〔GB，32 页〕

论当今世界

一个时代误解另一个时代；而一个**渺小的**时代以它特有的可厌方式误解其他所有时代。〔CV，117 页〕

幽默不是一种心情，而是一种世界观。因此，说纳粹德国扫除了幽默这话若是对的，那并不是说人们那时心情不愉快或诸如此类，而是在说某种远更深入和重要的东西。〔CV，106 页〕

今天比以往更强烈地感到我们种族的处境，德意志种族的处境，是多么悲惨！因为，在我看来，我们差不多一定打不过英国人。英国人——世界上最优秀的种族——**不可能输掉**！但是我们可能输掉，将会输掉，不在今年就在明年！我们的种族将被打败，这种想法令我非常沮丧，因为我是个不折不扣的德意志人！〔NB Ⅱ，29 页〕

应该给美国人带去些什么？我们这种半朽的文化？美国人依然没有文化。但从我们这里他们没有什么可学的。******

俄罗斯。激情承诺了某种东西。我们的喋喋不休相形之下则苍白无力。〔WWK，103 页〕

有可能，科学和工业及其进步是当今世界上最持久的东西。有可能，关于科学和工业将要崩坍的所有猜想眼下以及在**很长**时间内都只是梦想，也有可能，在无尽的苦难之后，带着这些苦难，科学和工业将把世界统一起来，我的意思是，将把世界聚拢为**一个**帝国，在这个帝国里，当然，什么都能安居，除了和平。

因为，是科学和工业决定战争，或看来如此。〔CV，86 页〕

关于科学知识没有什么好的或值得向往的，一去寻求它，人类就落入了陷阱。〔CV，56 页〕

人们曾判断，国王能造雨；**我们**说这同一切经验相矛盾。今天人们判断，飞机、无线电等等有助于人民之间的接近和文化的传播。〔C，§132〕

公众目前对原子弹所怀的，或至少所表达的，歇斯底里般的焦虑，几乎在提示，终于实实在在发明出了一种有疗效的东西。至少，这种恐惧给人的印象是那是对一种真能起作用的苦药的恐惧。我无法抗拒这样的想法：倘若这里没有什么好的东西，**市侩们**就不会这样吵吵嚷嚷。但这或许也是个幼稚的想法。因为我全部的意思不过是，原子弹展示了一种前景，一种恶疾行将终结，行将瓦解，那种令人厌恶的肥皂水科学（seifenwässrigen Wissenschaft）。这当然绝非不愉快的想法；但谁能说，随这瓦解而来的又将是什么？今天鼓吹反对生产原子弹的人诚然是知识分子中的**渣滓**，但这也并不绝对证明他们所恨的东西就该赞扬。〔CV，67 页〕

也许，有朝一日，从这个文明中将诞生一种文化。

那时候，将会有一部 18、19、20 世纪的诸种发明发现的真实历史，那会是极富深刻兴味的事情。〔CV，88 页〕

我们想到世界的未来，我们总是意谓世界沿着我们现在看到它所行进的方向继续下去将会到达的地方，而不去想它走的不是直线而是曲线，它的方向经常改变。〔CV，5 页〕

用另一些可能性来环围我们的世界，它看上去就会非常非常不同。〔PO，271 页〕

真正说来，从末日启示的眼光来看待世界在于，世界并不重演。例如，这些想法并不荒唐：科学技术时代是人类终结的开始；宏伟进步的观念是心迷智昏，对真理的终极认识的观念也是；科学认识毫无益处或不值得期盼，人类追求科学认识正是自陷网罗。完全不能肯定事情不是这样。〔CV，77 页〕

我曾经说，也许说得满对：以往的文化将变成一堆瓦砾，并终成土灰。但精灵们将盘旋在土灰之上。〔CV，6 页〕

教　育

长篇序言的危险性在于，一本书的精神必须通过这本书本身得到显明，而不能加以描述。因为如果一本书是为个别几个读者而写，那么只有少数读者理解了它，这一事实就表明了这一点。书必须把理解者和不理解者自行分开。即使是前言，也是写给那些理解者的。〔CV，12 页〕

凡读者自己能做的就请留给读者去做。〔CV，105 页〕

我们要做的只是，在你的车乘没卡进轨道之时把它置正；然后我们让你自己去行驶。〔CV，54—55 页〕

我展示给学生一片巨大风景中的一些小片断，他们不可能在其中认清路径。〔CV，77 页〕

难以给近视眼指路。因为你不能对他说："看看十英里外的那个教堂钟楼，就朝那个方向走。"〔CV，3 页〕

这里，一个重要的事实是：某些东西，我们只有通过长期的经验而非通过学校里的一门课程才能学到。例如，怎么才能培养鉴赏艺术品的眼光？例如，有人说："这幅画不是某某大师的作品"——
这一陈词不是美学判断，它也许能通过文献考据得到证明。他也许
不能够为他的判断提供清楚的理由。——他是怎么学会的？可以是
某人教给他的吗？可以啊。——不是**教计算那样**教给他。需要长期
的**经验**。即，学习者也许得一再观摩、比较不同大师的大量画作。
在这个过程中老师可能给他一些**提示**。而这就是**学习**的过程。但
到了后来，他看了看一幅画，给出了判断。在多数情况下他能够为
自己的判断提供理由，但多数情况下让人信服的并不是**这些理由**。
〔LW Ⅰ，§ 925〕

　　我相信，人的教育如今倾向于削弱受苦的能力。如今，一个学
校让孩子们过得开心，就被当作好学校。而这在从前**不是**准则。家
长想让孩子成为他们自己那样〈甚或过之〉，可他们却让孩子接受
一种与他们自己所受的教育**全然**不同的教育。——人们不在意受苦
的能力，因为不应该有苦，苦实际上已经过时。〔CV，97 页〕

　　你睁眼看看人吧：这一个是那一个的毒药。妈妈有害于儿子，
反之亦然，等等。但妈妈是盲目的，儿子也一样。也许他们都心里
不安，但这对他们又何补于事？孩子顽劣，但谁也没教他不是这样，
家长只是用愚蠢的奉献惯坏他；他们怎么才能明白这个？孩子又怎
么才能明白这个？他们可谓**都**顽劣，又**都**无辜。〔CV，118 页〕

　　你对孩子说不的时候，要像一堵墙，不能像一扇门。〔APF，
15 页〕

文 学 艺 术

《新约》中的比喻为各种深度的解释留下空间。它们深不见底。

它们比幼儿最早说的话还要少风格。即使在最高级的艺术作品中，也有某种可称之为"风格"的东西，甚至可称之为"手法"的东西。〔CV，51页〕

一个好的比喻让心智如沐春风。〔CV，3页〕

你写你自己，不可能写得比你**实际所是**更真。写自己与写外部事物，区别在此。你从自己的高度上写自己。因为你不踩在高跷上或梯子上，你光脚站着。〔CV，47页〕

愿思考是一回事；有思考的才能是另一回事。〔CV，61页〕

或可说："天才是**才能中的勇气**。"〔CV，54页〕

唯于天才薄瘠处，才能才会抢眼。〔CV，60页〕

莎士比亚唯让我惊诧不已；从不知道拿他怎么办。〔CV，114页〕

我认为莎士比亚不能跟任哪个诗人相提并论。

也许他是个**语言创造者**更甚于是个诗人？〔CV，114 页〕

"贝多芬的伟大心灵"——没人会说"莎士比亚的伟大心灵"。在我看来，"以挥洒的手法创造出语言的新的自然形态"稍接近些。〔CV，115 页〕

并非：莎士比亚出色地刻画了人的类型并在这个意义上是**真实**的。他并**不**是忠实于自然。但他的手法如此挥洒，**运笔**如此独特，结果，他的每一个人物都**意味深长**，值得端详。〔CV，115 页〕

诗人实际上不能说他自己"我像鸟那样歌唱"——可莎士比亚也许可以这样说他自己。〔CV，115 页〕

或可以说，莎士比亚展现人类激情的舞蹈。为此之故，他必须客观，否则他就不是在展现人类激情的舞蹈——也许会是谈论这舞蹈。但他是在舞蹈中，而非以自然主义方式，向我们展示这一切。（我从保罗·恩格尔曼那里得到这个想法。）〔CV，51 页〕

有可能，在莎士比亚身上，随心所欲无所刻意是根本的东西，于是，我们要真正欣赏他，就必须把他整个接受下来，就像把自然，把一片风景，整个接受下来。

如果我这话有道理，那这会是说，他整体作品的风格，我是说，他全部作品的风格，就此而言是根本的东西，是提供了辩护的东西。〔CV，68 页〕

他让人惊异，几乎就像一场自然奇观。我们不觉得自己由此与一位伟人相遇。而是与一场绝景相遇。〔CV，115 页〕

我相信，要欣赏一位诗人，你也须**喜爱**他所属的文化。若你对那种文化没兴趣甚或反感，惊慕就冷却了。〔CV，116 页〕

托尔斯泰是一个**真正的**人；他有权利写作。〔NMM，35 页〕

当托尔斯泰只是在讲故事时，他对我的感染远远大于当他对着读者说话的时候，当他背对着读者，那么在我看来就是最有感染力的。也许有一天我们可以谈谈这个问题。在我看来，当他的哲学隐含在故事里面时，他的哲学就最为真实。〔NMM，37—38 页〕

今人以为，科学家在那儿有什么教给他们，诗人和音乐家等等娱乐他们。**他们有某种东西教给他们**；今人浑然不知此事。〔CV，51 页〕

钢琴演奏，十指的舞蹈。〔CV，51 页〕

舒伯特是非宗教的、忧伤的。〔CV，65 页〕

悲剧在于树不是弯曲而是折断。悲剧是某种非犹太人的东西。门德尔松也许是作曲家中最不具悲剧性的。在爱情的悲剧场景面前悲壮地坚持、骄傲地坚持，这对我的理想一直是完全陌异的。那么，我的理想是软弱的？我不能也不应去判断。它若是软弱的那就是坏的。我相信我的理想根底上是柔和而平静的。但上帝保佑我

的理想，不要是软弱的、甜美的！〔CV，4 页〕

门德尔松是这样一个人：四周的事情都欢欣他才欢欣，四周的人都友善他才友善，而非真正像大叔那样毅然挺拔、稳定不移，不管周围发生什么。我自己也与此相似，并倾向于是这样。〔CV，5 页〕

若要刻画门德尔松音乐的本质特征，可以这样来说：门德尔松的音乐也许没难以理解的。〔CV，32 页〕

一切伟大的艺术中都有一头**野兽**：驯服了的。

在例如门德尔松那里却没有。一切伟大艺术都含有人的原始冲动，那是其基础低音。它不是**旋律**（像在瓦格纳那里，也许），而是某种给予旋律以**深度和力量**的东西。

在**这个**意义上，可以把门德尔松叫做"**复制类型的**"艺术家。

在同样的意义上：我为格蕾特建的房子是极其精致的听力和**良好的**手法的结果，是〈对某种文化等等的〉广泛**理解**的表达。但源始的生命、狂野的生命，那要冲撞而出的生命，在此阙如。因此也可以说：它缺少**健康**（祁克果）。（温室植物。）〔CV，52 页〕

勃拉姆斯的势不可当的能力。〔CV，35 页〕

在默片时代，配乐用上了所有古典音乐家，除了勃拉姆斯和瓦格纳。

没有勃拉姆斯，因为他极抽象。我能想象一个电影里激动人心的场面伴随着贝多芬或舒伯特的音乐，可以通过电影获得对这段音乐的某种理解。但无法这样获得对勃拉姆斯的某种理解。与之对照，布鲁克那跟电影相配。〔CV，35—36 页〕

建筑使某种东西不朽，以此使它荣耀。因此，在无物可显耀之处，不可能有建筑。〔CV，94 页〕

一个糟糕时代的伟大建筑师（Van der Nüll）的任务全然不同于一个良好时代的伟大建筑师的任务。再说一遍，不要被类别词〈普遍概念词〉欺蒙。不要把可比较性而要把不可比较性视为不言而喻。〔CV，101 页〕

美国电影傻傻的，怪幼稚的，尽管它们傻傻的，**因为**它们傻傻的，常有教于人。呆滞的、不幼稚的英国电影无所教于人。我常从傻傻的美国电影中学到东西。〔CV，79 页〕

美　学

怎样一来，整个时代无法从某些概念的束缚中解放出来——例如"美"这个概念。

跟 100 年前人们所能具有的想法相比，我自己关于艺术和价值的想法远远更多破灭之感。这不是说我的想法因此更正确。只是说，在我的精神**视野中突出了**没落，而不是在他们的精神视野中。〔CV，108 页〕

漂亮的东西不可能是美的。〔CV，58 页〕

如果我说 A 有一双美丽的眼睛，人们可以问我：你觉得这双眼睛有什么美丽？我也许会回答：杏仁形状，长长的睫毛，精细的眼睑。

一座哥特式教堂，我也觉得美丽，这双眼睛跟这座教堂有什么共同之处？我该说它们给了我相似的印象吗？我若说共同之处在于看到这两样我的手都忍不住要把它们画下来，那怎么样？无论如何那也可以是美的一种**狭窄的定义**。

经常可以说：问问你为什么把某种东西称作善好的或美丽的，"善好"这个词在这种情况下的特殊语法就显明出来。〔CV，33 页〕

有"品味"不能创造出整个作品，它只能调整已经存在的作品。品味松解一些螺丝，拧紧一些螺丝，它并不从头制造出一只新钟。

品味调整而不生育。

品味让作品**为人喜爱**。

（所以，我相信，伟大的创造者无需品味；他把婴儿完美地送到世上。）

作品的琢磨**有时**赖品味之功，有时则否。

我有品味。〔CV，81—82 页〕

最精致的品味也无涉于创造力。

品味是精致的感受性；但感受性无所**从事**，它只是汲取。

我无法判明自己只有品味抑或也有原创力。我清楚自己有品味，但不清楚是否有原创力，或极其模糊地觉得自己有。也许一定是这样，人只能看到他**拥有**的，不能看到他所是的。人而无欺，他就足够原创了。因为值得期盼的原创当然不可能是某种花样，或某种癖性，无论它们多么抢眼。

不要去是你所不是者，这的确已经是优良原创的开端了。这一切，别人都曾**远为**更好地说过了。〔CV，82 页〕

品味能让人深喜，但不能抓住人。〔CV，83 页〕

美学这个题目很大，而且，在我看来是被完全误解了。"美的"这类词，如果你看的是它出现在其中的句子的语言形式，其用法就尤其容易被误解，比其他语词更易误解。"美的"是个形容词，于是

你倾向于说："这东西有某种性质，即'是美的'这种性质。"（"好的"也是一样，这是一族相似的混淆。）〔LCA，Ⅰ　§1〕

我们在讨论一个词时总要做的一件事情是问问它当时是怎么教给我们的。******我们小时候是怎么学会"我梦见了这个那个"的？这里值得注意的是我们学会这话并不是靠有人展示给我们一个梦。如果你自问孩子是怎么学会"美的""挺好的"等等，你发现他差不多是把它们当作感叹词学会的。（谈论"美的"这个词够古怪的，因为它几乎从来不被使用。）"好的"这类词，孩子通常首先把它们用在食物上。在教这类词的时候，极为重要的一点是夸张的姿态和面目表情。它是被当作某种面目表情或某种姿态的替代者被教会的。这里的姿态、语调等等表达的是赞许。******孩子知道你用来教他的姿态是赞许。如果他不理解这一点，那他就什么都理解不了。******我们的着眼点并不是"好的"或"美的"这些语词，而是说出这些语词时的境况，美学表达式处在其中的境况是极其复杂的，在那里，表达式本身几乎可以忽略不计。〔LCA，Ⅰ　§5〕

〈在美学和伦理学领域，〉我们不是从某些词句开始，而是从某些场景或活动开始。〔LCA，Ⅰ　§6〕

引人注目的是，人们实际生活中作出美学判断时，几乎根本不用"美的"之类的形容词。******在诗歌批评中，你会说"这个意象用得非常准确"之类。你使用的语词更近于"对""正确"而不是"美的""真漂亮"。〔LCA，Ⅰ　§8〕

我会说到舒伯特的某个曲子是忧伤的,这就像是给它一个面相。我也可以不用这个词而是用姿势表情。实际上,如果我们要表达得准确,的确会使用姿势或表情。〔LCA,Ⅰ §10〕

在我们称作艺术的领域,有判断力的人才能发展。******我们对某一事物作出美学判断,我们并非只是瞪着它说:"啊,多出色!"我们区分一个知道他在说什么的人和一个不知道他在说什么的人。前面那一个,他必须在一个长时段里有一致的反应。他必须知道很多东西。****** 一个人听到某个曲子说"啊真棒",我们并不就说他懂音乐。〔LCA Ⅰ,§17〕

我们应该谈论的词儿是"知音"。〔LCA Ⅰ,§18〕

要描述何为知音,不仅是很难,而是不可能。要描述何为知音我们非得描述整个环境。〔LCA Ⅰ,§20〕

假设你对绘画有品位,人们称作文化品位的那种。这和15世纪称作文化品位的东西是完完全全不同的东西。那时人们玩的是完全不同的游戏。他因这种品位所行之事和那时一个人所做的完全不同。〔LCA Ⅰ,§29〕

人们常说美学是心理学的一个分支。此中的想法是一旦心理学更加发达了,所有艺术之谜就可以通过心理学实验得到理解了。这个想法真是极其愚蠢,然而人们大致就是这样想的。〔LCA Ⅱ,§35〕

美学问题和心理学实验毫无关系，它们是以完全不同的方式来回答的。〔LCA Ⅱ，§36〕

你可以说："美学解释不是因果解释。"〔LCA Ⅱ，§38〕

"如果关于笑话的美学解释不是因果解释，你怎么知道这个解释是对的？"你说："对了，是这么回事。"你可以把弗洛伊德为笑话提供的解释叫做因果解释。那是关于正确解释的一种全新的说法。不是我们表示同意，而是接受下来。******〔LCA Ⅱ，§39〕

假设我们发现我们所有的判定都来自大脑。我们在大脑里发现了一些特定种类的机制，表述为一些普遍法则等等。人们能够表形这串音符产生这种特殊的反应，让听音乐的人微笑着说："真美妙。"假设我们做到了这一点，于是有可能预测某个特定的人会喜欢什么不喜欢什么。我们可以把这些计算出来。问题在于，这是不是我们关于美学印象所愿得到的那类解释？例如，我可能感到困惑："为什么这些低音给了我这种特殊的印象？"显然，我们要的不是这个，不是一种计算，一种关于反应的阐述；且不说那还是明显不可能做到的。〔LCA Ⅲ，§8〕

就我所能看到的，要治疗我这里谈到的那类困惑，只有通过某些特殊种类的比较，例如，调整某些音型，比较它们对我们产生的效果。"我们放进这个和弦它就不产生这种效果，放进那个和弦它就产生。"你读到一个句子，说"这个句子有点儿别扭"。你可以指出是什么别扭。我们有什么标准来判定你指出的东西对不对？假设一首诗听起来挺老式的，我们有什么标准来判定你发现的老旧之处对不对？一个标准会是指出来后你感到满意。另一个标准："今天没谁再会用那个词了"，这时你可能参照一本词典，问问别的人，等等。〔LCA Ⅲ，§9〕

某种美学印象引起困惑，这时我们所寻求的那类解释不是因果解释，关于人们怎样做出反应的经验或统计数据无法为这种解释提供支持。心理实验有个有趣的特点，它总是对多个受试做的。我们依靠张三、李四、王五的相同反应做出解释，这一类解释的意思是，例如，你在实验室里试听一段乐曲，得到某个结果：在这种那种药物的作用下，这个曲子有这种那种效果。这就不是我们在进行美学考察时所意味的东西，所寻找的东西。〔LCA Ⅲ，§11〕

这和原因与动机的区别联系在一起。在法庭上，人们问你行为的动机，你理应知道。除非你撒谎，否则你理应能够说出你那么做的动机。但你并非理应知道控制你的身体和心灵的各种法则。你为什么理应知道？因为你有很多关于你自己的经验？人们有时说："谁都看不到你心里头，只有你自己看得见你心里头，"就好像因为你离自己特别近，因为你是你自己，你就知道自己的机制。〔LCA，Ⅲ §12〕

伦 理 与 信 仰

所有命题都是同等价值的。〔TLP，6.4〕

世界的意义必定处在世界之外。世界中一切是如其所是，发生如其所发生；**世界中**不存在价值——假使存在价值，那它会没有价值。

如果存在某种有价值的价值，那它必定处在一切所发生的事情和如此这般存在的东西之外。因为一切所发生的事情和如此这般存在的东西都是偶然的。

使它们成为非偶然的东西，不可能**在世界之中**，因为若在世界之中，它又是偶然的了。

它必定处在世界之外。〔TLP，6.41〕

所以也不可能有伦理学命题。

命题不能表达更高的东西。〔TLP，6.42〕

很清楚，伦理学是不可说出的。

伦理学是先验的。

（伦理学和美学是一回事。）〔TLP，6.421〕

提出一个"你应该如何如何"这种形式的伦理法则,人们首先想到:我不这样做会怎样呢?可是很清楚,伦理学与通常意义下的奖惩毫无关系。所以这种关于行为**后果**的问题必定是不相干的。——至少,那些后果不应是世间之事。但问题的这种提法中必有某种正确的东西。确实必定存在某种伦理意义的奖励和伦理意义上的惩罚,但这些必定包含在行为本身之中。

(同样也很清楚,奖励一定是某种愉快的东西,惩罚必定是某种不愉快的东西。)〔TLP, 6.422〕

意志,作为伦理之事的承担者,是不可被言说的。

而作为一种现象的意志只引起心理学的兴趣。〔TLP, 6.423〕

如果善的意愿或恶的意愿改变世界,那么它只能改变世界的界限,而不能改变事实;不能改变可以用语言表达的东西。

简言之,世界必定由此整个变成另一个世界。就是说,世界必定像是作为整体予取予夺。

幸福者的世界全异于不幸者的世界。〔TLP, 6.43〕

也就像随着死亡,世界不是改变而是终止。〔TLP, 6.431〕

死亡不是生活里的事件。人不经历死亡。

如果我们不把永恒理解为无穷的时间延续,而是理解为无时间性,那么,谁当下活着,他就永恒地活着。

我们的生命之为无穷,有如视域之为无界。〔TLP, 6.4311〕

说人的灵魂在时间上不死，这也就是说它在死后也永恒地继续生存，这不仅毫无保证，而且首先在于，这个假定根本成就不了人们一直愿望借此达到的东西。因为，我永恒地继续生存就解开了一个谜吗？这种永恒的生命难道不是像我们当下的生命一样是个谜吗？这个时空之中的生命之谜的解答，在时空**之外**。

（所要解答的当然不是自然科学的问题。）〔TLP，6.4312〕

世界是**怎样的**，对于更高者全无所谓。上帝不**在世界之中**现身。〔TLP，6.432〕

一切事实都只是作业，而非解答。〔TLP，6.4321〕

神秘者，不是世界是**怎样的**，而是：**世界存在着**。〔TLP，6.44〕

即使**最近的**将来也**完全**不能确知。简言之，有这样一些时刻，在其中我不只是生活在现实之中，而能够为精神生活。我们应当把生活中的美好时刻视作恩惠，怀着感激之心去欣赏，此外则对生活漠然无谓。〔NB Ⅱ，24 页〕

这本书〈《逻辑哲学论》〉的意义是伦理性质的。****** 我的著作由两部分构成，一部分是现在呈现在读者面前的这些内容；一部分是我没有写出的内容。恰恰是这第二部分内容是重要的。这就是说，伦理之事的界限可以说在本书中从内部被划出来了；而且我确信，严格说来，这个界限也只能以这种方式划出。简言之，很多人喋喋不休地加以议论的那一切，我在我的书里通过对之保持沉默

把它们确定下来。〈致费克。约 1919 年 10 月或 11 月。〉

什么东西是善好的，它也就是神圣的。这一点以奇异的方式概括了我的伦理学。

只有某种超自然的东西能够表达超自然者。

不可能把人们引向善好；可以把人们领到这里那里；善好在事实的空间之外。〔CV，6 页〕

石里克说，在神学伦理学中曾有两种关于善好的本质的看法：依据较为粗浅的解释，善好之所以为善好，是因为上帝意愿它；依据较为深刻的解释，上帝意愿善好，是因为它是善好。我认为第一种看法更为深刻：善好即上帝所命喻者。因为它断绝了想要解释善好"为什么"善好的一切途径。后一种看法则是粗浅的，是理性主义的，它把事情弄成"仿佛"什么是善好的还需要求援于理由。

前一种看法明明白白说：善好的本质与事实毫无关系，并因此不可能被任何命题说明。假如有哪个命题恰恰能表达我所意指的东西，那它就是这个命题："善好即上帝所命喻者。"〔WWK，78 页〕

我们对奇迹的表达是从通过语言媒介来表达转变成了借助语言的存在来表达，而这无非是说，我们无法表达我们所要表达的，而我们关于绝对奇迹事物所说的一切都是胡言。在你们中间很多人看来，对所有这一切的回答是一清二楚的。你会说：如果某种经验总是诱使我们去把我们称作绝对价值或伦理价值和重要性的性质归属于它，这就简简单单表明了：我们借这些语词所意谓的东西不是胡言，说到底，我们说某种经验具有绝对价值时意谓的东西本身就是个事实，像其他所有事实一样，成问题的只不过是，对我们用伦理表达式和宗教表达式所意谓的东西，我们还没有能够找到正确的逻辑分析。当你用这个来反驳我，我立刻就清楚地看到，就像灵光闪现：不仅没有任何我所能想到的描述能够描述我用绝对价值所指的东西，而且，我会从一开头就拒绝任何人有可能提出的任何有意义的描述，恰恰是由于它有意义而拒斥它。这等于说：我现在看到，这些无意义的表达式之所以无意义不是因为我还没有找到正确的表达式，而是，它们之无意义正是其本质。因为我本来要用它们做的事情恰恰是超越世界，而这就是说，超越有意义的语言。我的整体倾向，我相信所有尝试就伦理或宗教有所写有所说的人的整体倾向，都是去冲撞语言的界限。这样去冲撞我们囚笼的墙壁是完全绝对无希望的。伦理学出自要就生活的终极意义、就绝对的善好、就具有绝对价值之物说点儿什么的欲望，就此而言，不可能是科学。它所说的不在任何意义上增益我们的知识。但它是人类心智中一种倾向的记录，我个人对于这种倾向不能不深怀敬意，终我一生也不会加以嘲笑。〔LOE，9—10 页〕

请记取：工作是多大的一种恩惠！〔NB Ⅱ，26 页〕

不要那么关注想来只有你一个人才做的事情！〔CV，86 页〕

思想死于求荣耀之际。〔CV，105 页〕

知道太多的人不撒谎也难。〔CV，87 页〕

　　生活的问题在表层上得不到解决，只有在深处得到解决。它们在表层的平面上得不到解决。〔CV，101 页〕

　　你在生活中看到问题，其解决之方是一种使得成问题之处消失的生活方式。

　　生活成为疑问，这是说，你的实际生活不合于生活的形式。这时候你必须改变你的生活，使得它合于生活的形式，成问题之处于是消失。

　　但我们难道不觉得，谁看不到生活成其为问题，他是盲然无视某种重要的东西，那最重要的东西？

　　我岂不是想说：谁这样活下去，他就像一只鼹鼠那样是瞎的；但凡他能睁眼看，他就会看到这问题？

　　或我岂不该说：谁正确地生活，这问题他就不是作为**苦恼**从而作为问题来经验，倒是作为一种欢悦；于是就仿佛是环绕着他的生活的明亮光环，而非疑虑重重的后景。〔CV，38 页〕

　　没有人能真心诚意说他自己毫无价值。因为，我若这么说，即使这在某种意义上可能是真的，我也不可能让这一真理穿透整个的我：否则我会发疯，或改变我自己。〔CV，45 页〕

　　为了幸福地生活，我必须与这个世界保持一致。并且这就是"得到幸福"所意味的。

　　因此，可以说，我就与那个看来是我所依赖的陌生意志达成一致。这就相当于说："我在行上帝的意志。"〔NB，156 页〕

命运与自然法则相对立。我们要证成和利用自然法则，对命运则不是这样。〔CV，84 页〕

我是一条虫，但通过上帝我成为人。上帝佑我，阿门。〔NB Ⅱ，206 页〕

基督教不是一个学说，我是说，不是关于人的灵魂曾经历过什么以及将经历些什么的一种理论，而是对人的生活中实际发生的一类事情的描述。因为，"承认人有原罪"是实际发生之事，绝望以及通过信仰获得救赎也是的。讲到这些的人（如班扬），单纯在描述发生在他们身上的事情；尽管总有人要往上添加点儿什么！〔CV，38—39 页〕

"你不可能和另一个人一起听到上帝说话，只有上帝单独对你说话时你才能听到。"——这是个语法评注。〔Z，§717〕

基督教里的可亲的上帝仿佛对人说：不要演悲剧，这是说，不要在地上演天堂和地狱，**我**把天堂和地狱留给自己来决定。〔CV，20 页〕

宗教可说是最深处的平静海床，无论海面上怎样涛惊浪骇，这里依然平静。〔CV，73 页〕

说到宗教思想，我不认为渴望宁静是宗教心。我相信有宗教心的人把宁静与和平视作上天的福赐，而不是人应当去求取的东西。

〔APF，39 页〕

宗教信仰与迷信霄壤有别。一者源自恐惧，是伪科学的一种。另一者是一种信赖。〔CV，98 页〕

你献上牺牲，然后为此骄荣，那你将连同这牺牲一道受到诅咒。〔CV，36 页〕

信仰魔鬼是这个意思吗——作为启示被给予我们的并不都是好的？〔CV，119 页〕

勒瑙的浮士德在这一点上让人瞩目：在这里，人只跟魔鬼打交道。上帝安然不动。〔CV，74 页〕

人们表达其宗教信仰的方式有巨大的差异。所有真诚的宗教表达都是好的，甚至包括那些最初蛮的人群。〔APF，37 页〕

在宗教中，想必是这样：敬信的每个阶梯，都有一种特定的表达与之相应，而它对较低阶梯是不可解的。对于较高阶梯上的人有意义的教义，对于现在处于较低阶梯上的人来说空无意义；它**只会被错误地**理解，因而，对于这些人，这些话语是**行不通**的。

例如，保罗关于上帝通过恩宠选择的教义，对处在我这个阶梯上的人，是不敬信的，是可憎的胡言。因而它不是对我说的，因为我只能够错误地应用宣示给我的画面。它若是一幅虔敬良善的图画，那它一定对一个完全不同的阶梯是如此，它在那个阶梯上，会

得到全然不同的应用，全然不同于我所能够的应用。〔CV，44—45 页〕

在基督教所说的东西之中，我相信，有一条是：教义无论多好，统属无用。你必须改变你的**生活**。〈或，你生活的**方向**。〉

它说，一切智慧都是冷的；人无法借智慧使生活正顺，就像不能锻造**冷铁**。

好的教义未必能抓住人；人可以遵循它，就像遵循医生的处方。——但在这里，人必须被某种东西抓住，翻转方向。——〈即，我是这么理解的。〉翻转方向，然后始终保持在这个方向上。

智慧没有激情。与此相反，祁克果把信仰称作一种**激情**。〔CV，73 页〕

如果基督教是真理，那么关于基督教的所有哲学都是错的。〔CV，113 页〕

〈就信仰者所依赖的证据〉若有人说："这证据太靠不住了。"我会说："如果你把它和明天将会下雨的证据相比较，那它根本不是证据。"

但我会说他们不讲道理吗？我不会说他们不讲道理。

我会说，他们肯定不是在讲道理，这是明显的。

"不讲道理"无论说谁，都意味着一种贬斥。

我会说：他们不是把信仰的证据视作用来讲道理的。

在我看来，奥哈拉（O'Hora）的可笑之处就在于他把这种证据弄得像是在讲道理。

奥哈拉神父属于那种人，他们把信仰的证据弄成像是科学问题。

我肯定会说奥哈拉不讲道理。我会说，如果这是宗教信仰，那它不过是迷信。

但我不会因为这种宗教信仰建立在不充分的证据上来笑话它。我会说：这个人在欺骗自己。你可以说：这个人可笑，因为他有信仰，却把信仰建立在薄弱的理性上。

我会说："信仰上帝无论是怎么回事，那反正不是相信某种我们可以加以测试的东西，或我们找到某种加以测试方法的东西。"

这部分说明了为什么我们不情愿说："这些人强烈地认为（或持某种看法）有末日审判。""看法"在这里听起来很别扭。

基于这个理由，我们使用别的词儿："教义""信仰"。

我们在这里不谈假说，或极高的概率。也不谈知道。

在宗教话语里我们使用的这类表达式："我相信某事会发生，"这时的用法和我们从事科学研究时的用法是不一样的。

我们说到相信末日审判或不相信末日审判，在这里信念的表达可能其作用微乎其微。

有人生了病，说："这是惩罚。"我说："我生了病根本想不到惩罚那里去。"如果你说："你相信的是相反的吗？"你可以把这叫作相信相反的东西，但这会和我们通常称作相信相反的东西完全不同。

"维特根斯坦，你不认为生病是惩罚，但你相信的是什么？"我会说："我根本想不到惩罚。"我想得完全不同，想的方式完全不同。

〔LCR, 382 页〕

上帝存在的证明实际上该是人们能借以使自己相信上帝存在的东西。但我认为，提供这类证明的信仰者是要借助他们的理智来分析、论证其"信仰"，尽管他们自己绝不会通过这种证明达到信仰。人们也许可以通过某种教育让一个人相信"上帝存在"，即，通过把他带入如此这般的生活形态。

生活可以教人"信上帝"。**经验**也可以；但不是向我们显示"此物存在"的视觉经验，或其他感官经验，而是例如形形色色的苦难。这些经验向我们显示上帝，并不像感官印象向我们显示客体，但它们也并非让我们**推想**上帝存在。经验、思想——生活可以把我们迫向上帝存在的概念。

就此而言，这个概念倒有点儿像"客体"概念。〔CV，117 页〕

价值是某种心灵状态吗？或者是粘附于某些意识材料上的一种形式？我会回答说：无论人们对我说什么，我都将予拒斥，并非因为这个解释是假的，只因为它是一个**解释**。

如果人们对我说的东西是个**理论**，我会说，不，不！我对理论不感兴趣。即使这个理论是真的，它也不会使我感兴趣——它不会是我在寻找的**那种**东西。

伦理学的东西是不能被讲授的。如果我只有通过一种理论才能对另一个人解释伦理学的本质，那么伦理学的东西就根本没有价值。

我在伦理学讲演的结尾部分用第一人称说话：我相信，这一点非常重要。在这里不再有任何东西可被陈述；我只能作为一个人站出来，用第一人称说话。

对我来说，理论没有任何价值。理论不给我任何东西。〔WWK，79 页〕

言说与沉默

"但不可能存在不能通过**命题**来表达的东西吗（而且也不是任何对象）？"那它就不能通过**语言**来表达；我们也就不能对它发问。******

不能表达的东西，我们不表达——。我们怎么会要**问**：能不能表达**那种不能表达的**东西？

难道不存在事实之外的领域吗？〔NB，122 页〕

整本《逻辑哲学论》可以概括为这样一句话：凡是可说的都可以说清楚，不能说的则必须付诸沉默。

因此这本书的目的就是为思想划定界限，或者毋宁说，是为思想的表达划定界限。因为为了给思想划定界限，就不得不发现界限的两边都是可思考的（也就是说，我们必须能够思考不能思考的东西）。

因此只是在语言中才能划界，界限的另一边仅仅是无意义的。〔TLP，自序〕

我的书〈《逻辑哲学论》〉就仿佛是从内部为伦理领域划界，我坚信这是唯一严格的划界方式。简言之，我相信，今天很多人只是在那里说空话，而我在我的书里把所有东西，都牢牢放到了它们的

位置上，——通过对它们保持沉默。〔APF，27 页〕

　　哲学应当为能思想的东西划定界限，从而也为不能思想的东西划定界限。

　　哲学应当通过可思想的东西从内部为不可思想的东西划定界限。〔TLP，4.114〕

　　哲学将通过清楚地表达可说的东西来指谓那不可说的东西。〔TLP，4.115〕

　　凡可思想的东西皆可清楚地思想。凡可说出的东西皆可清楚地说出。〔TLP，4.116〕

　　命题能够表达全部实在，但它不能表述为了能够表达实在而必须和实在共有的东西——即逻辑形式。

　　为了能够表述逻辑形式，我们必须能够和命题一起置身于逻辑之外，这是说，置身于世界之外。〔TLP，4.12〕

　　命题不能表达逻辑形式，逻辑形式反映在命题之中。

　　反映在语言中的东西，语言不能表达。

　　自行在语言中表达出来的东西，我们不能通过语言来表达。

　　命题**显示**实在的逻辑形式。

　　命题展示出这种逻辑形式。〔TLP，4.121〕

　　凡能显示的东西，不能被言说。〔TLP，4.1212〕

命题显示它所说的。〔TLP, 4.461〕

当然，有不可说的东西。它显示自己，它是神秘的东西。〔TLP, 6.522〕

我的命题以如下方式起到阐明作用：知我者通过它们、借助它们且越过它们，最终认识到它们是无意义的。（就像他借助梯子登上高处后必须把梯子扔开。）

他必须克服这些命题，然后他会正确地看世界。〔TLP, 6.54〕

对于不可说的东西我们必须保持沉默。〔TLP, 7〕

我是不是越来越接近于说逻辑最终是不能描述的？你必须观察语言的实践，然后就会看到逻辑。〔C，§501〕

对世界具有本质性的东西无法用语言表达。所以，无法说：万物流变。唯当我们能想象事情是另一种样子，语言才能说。〔KMS, 274页〕

说一个句子没意义，却不是仿佛说它的意义是没意义的。而是某种语词组合被排除在语言之外，停止了流通。〔PU，§500〕

然而，面对观念论者的怀疑论或实在论者的言之凿凿回答说："有物理对象存在"是无意义的，这是个充分的回答吗？这话对于他们却不是无意义的。但也许可以这样回答：这个断言或其反面尝试表达（某种东西）却错失了目标，它们尝试表达不可如此表达的东西。可以指得出它错失了目标；但做到这一点并未完事大吉。我们必须认识到，作为一种困难或其解决的最初的表达方式向我们呈现出来的东西已经可能是完全错误的。就像一个人对一幅画提出批判，尽管该批评，他一开始提出的批评却往往不得其所，批评要找到正确的切入点，需要做一番**探究**。〔C，§37〕

比较一下知和说：

勃朗峰高多少米——

"游戏"一词是如何使用的——

单簧管的声音是什么样的。

如果你奇怪，怎么可能知道一件事却说不出来，那么你大概想的是第一个例子。你肯定想的不是第三个例子。〔PU，§78〕

试描述咖啡的香气！——为什么不行？我们没有语词？我们没有干什么用的语词？——但认为一定能够作出这样一种描述的想法从何而来？你可曾缺少过这样一种描述？你可曾尝试描述这香气却做不到？

（＊＊＊＊＊＊詹姆士："我们的语词不够。"那我们为什么不引进语词呢？必须有哪些情况从而我们能引进语词？）〔PU，§610〕

有时只能在心灵的耳朵里唤起一个曲子，不能吹口哨，因为轻轻的口哨声就已经盖住了心里的声音，同样，一个哲学思想的声音有时那么轻，若被人提问而要谈吐，出声言词的噪音就会盖住它，就不再听得到它。〔Z，453〕

别怕说无意义的话！**别**！只不过你一定要听到你在说无意义的话。〔CV，78 页〕

维特根斯坦简传

陈嘉映

早年生活

维特根斯坦是 20 世纪数一数二的大哲学家。像大多数哲学家一样，他一生并没有做过什么惊天动地的事情，不过，他的生活仍可以写成一部有声有色的传奇，就像罗素曾经说过的那样，维特根斯坦可谓"天才人物的最完满的范例"：激情、深刻、强烈、强势。

路德维希·维特根斯坦 1889 年 4 月 26 日生于维也纳。从血统说，他多一半是犹太人，但母亲是天主教徒，他本人也受洗为天主教徒。他出身豪门，父亲卡尔·维特根斯坦通过个人奋斗，成为奥地利钢铁工业的大亨。少年维特根斯坦在家里接受教育。19 世纪和 20 世纪之交，维也纳群星灿烂，涌现出多位著名的作家、艺术家、音乐家、建筑师、科学家。维特根斯坦的家庭以及他本人和其中许多人来往密切。勃拉姆斯是他家的常客。他哥哥保罗就是一位闻名国际的钢琴演奏家。音乐充满了这个家庭，也是维特根斯坦本人的终身爱好，他曾说："我在我的书里没办法说出音乐在我的一生中都意味着什么，关于这一切一个字都说不出。那我怎能指望被人理解呢？"

不过，维特根斯坦的父亲极为严厉，家里的气氛并不轻松。维特根斯坦是家里最小的孩子，有三个姐姐四个哥哥，这四个哥哥中，有三个在年轻时自杀，与父亲的严厉当不无关系。路德维希也不止一次有过自杀的念头。

维特根斯坦从小爱好机械和技术，十岁时就制造出一台能够实用的简单缝纫机。他的最初志向是成为一名工程师。他的兴趣渐渐集中在喷气发动机方面，于是他在 1908 年秋天来到曼彻斯特大学学习航空工程。他对螺旋桨的一些想法和设计多年后获得了实际应用。由于设计工作的实际需要，维特根斯坦努力研究数学，在此期间他读到了罗素的《数学原理》，并由此了解到了弗雷格的工作。数学的逻辑基础引起了维特根斯坦的巨大兴趣，他极为推崇数理逻辑的成就，把从传统逻辑到数理逻辑的发展比作从星相学到天文学的转变。他决意放弃航空工程，转而从事哲学。他来到耶拿，向弗雷格请教，并听从弗雷格的建议，于 1911 年转到剑桥，问学于罗素门下。

据罗素讲，维特根斯坦有一天跑到他那里，问"你看我是不是一个十足的白痴？"罗素不知他为什么这样问，维特根斯坦说："如果我是，我就去当个飞艇驾驶员，但如果我不是，我将成为一个哲学家。"罗素于是要他写点成文的东西，只要写他自己感兴趣的题目就行。不久以后，维特根斯坦不久拿来了一篇手稿，罗素读后觉得非常好，觉得这个年轻人也许能"做出大事"。罗素的鼓励对维特根斯坦走上哲学道路起到关键影响。

关于这一时期的维特根斯坦，罗素还讲述了另外一些引人入胜的轶事。维特根斯坦经常深感郁闷，到罗素那里，几个小时一言不发只是踱来踱去，已经名满天下的罗素就这么陪着他。有一次罗素问他："你到底在思考什么——逻辑，还是自己的罪孽？"维特根斯坦回答："Both。"这是个经典的故事。虽然我不鼓励读者从奇闻轶事来理解哲学，但我还是忍不住要说，哲学差不多就是把我们最隐晦的灵魂和最明晰的逻辑连在一起的努力。唯对其一感兴趣的是虔诚的教徒或逻辑教师，但不是哲学家。

　　罗素本人这时正处在他事业的巅峰。前几年他提出了特称描述语理论〔摹状词理论〕，分析哲学家们称之为"分析的典范"。他正在陆续出版主要由他写作的三大卷《数学原理》，这部著作被爱耶尔称作"不朽之作"。维特根斯坦也十分赞美这部著作。

　　不过，维特根斯坦对罗素并不是亦步亦趋，这一时期，他开始在逻辑领域进行独立探索，对"和""或""所以"等逻辑常项的思考把他引向原子命题的想法。在此后的几年里，通过当面讨论，以及维特根斯坦离开英国后寄来的笔记，罗素受到这位弟子的"深刻影响"。这些影响首先是纯逻辑方面的，但也涉及一般性的哲学见解。1918 年初，罗素提出了"逻辑原子主义"这个名号来概括自己的哲学，逻辑原子主义无疑建立在他早年主张的外在关系理论的基础上，但其中也不乏维特根斯坦的影响。这个时期的罗素，极热心于政治和社会事务，颇有心把逻辑学研究的衣钵传给维特根斯坦。

　　那个时代的精英人士，普遍渴望高尚的精神生活和智性创造。在剑桥的这段时间里，维特根斯坦结识了一些朋友，其中包括哲学家摩尔、经济学家凯恩斯、数学家品生特等。他与品生特结为挚友。尽管他待人严厉，尤其对愚蠢的思想极不耐烦，但他是个热心而忠实的朋友。

　　1913 年，路德维希的父亲去世，留给他一大笔遗产。他把其中一部分用来资助里尔克、特拉克尔等诗人和艺术家。战后，他更是把自己那部分遗产尽数分给了他的哥哥和姐姐。为什么不送给穷人呢？他解释说：他不愿见到本来好好的穷人由于得到这些钱财而变得堕落，而他那些亲戚反正已经很富有很堕落了。他自己此后一直生活得很俭朴。财物、权力和地位对他没有任何吸引力。

　　1913 年秋，维特根斯坦离开剑桥到挪威，隐居在那里，研究逻辑问题。据罗素说，在挪威离群索居的时期，维特根斯坦"已近乎疯狂"。对那个时代的很多精英人士来说，要么创造出伟大的作品，要么什么都不是。我们离开那个时代还不到百年，但这种生活态度不仅不为我们接受，甚至已很难理解，然而，不理解这样的生活态度，就很难理解维特根斯坦。

　　1914 年春，摩尔曾到挪威访问他，他向摩尔口述了一份笔记，这份笔记的摘要，连同 1913 年 9 月他交给罗素的一份《逻辑笔记》，成为了解这一时期维特根斯坦思想的重要材料。

　　1914 年，第一次世界大战爆发。维特根斯坦作为志愿兵加入奥地利军队。战争后期的一份战报称他"极其勇敢、镇定"，并因此受到广泛赞誉。不过，战争期间，他始终为身边战友的粗鄙感到痛苦。服役期间他一如既往写下大量哲学笔记。像李贺写诗那样，维特根斯坦总是把自己的思想以札记的形式记录下来，或对同事和学生口授这类片段。他把这些札记收集在一系列笔记本里，准备以它们为底本形成著作。这些笔记有一部分保存下来，其中主要部分在他死后由研究者编订出版，最重要的是《1914—1916 年笔记》（下文将简写为《早期笔记》，这本笔记实际上止于 1917 年 1 月；此外还可参考韩林合编译的《战时笔记》）。这些笔记对解释他的《逻辑哲学论》有极大帮助，因为这部成形著作采用了极其简约的形式。通过这些笔记我们可以看到书中的语句怎样生长定型，例如在这些笔记里，我们第一次见到维特根斯坦的图像说："语句是事实的图像。"但是这些笔记的价值也许更多在于其中包含了很多犹豫，相形之下，《逻辑哲学论》的语气非常决断，似乎掩盖了维特根斯坦对某些问题的困惑。例如他当时对事物是否可以分析到简单对象相当犹豫:"在分析中我们必然达到简单成分,这是先天地明白无疑的吗?例如,这是包含在分析的概念中的吗?"在《逻辑哲学论》里他断然采用了终极分析和简单对象的路线,从而建立了逻辑原子论。这当然不一定只是一个决断而可能是他那一时期得出的结论,但笔记中包含的怀疑后来还是占了上风:在后期哲学里,他对自己的"最终分析"的思想提出了严厉的批判。

《逻辑哲学论》

1918 年 7 月,维特根斯坦从前线到萨尔茨堡度假,住在叔父保尔·维特根斯坦家中,完成了《逻辑哲学论》,并立即开始联系出版事宜。1918 年 11 月,奥地利向意大利投降,身处意大利前线的维特根斯坦成为战俘。在囚禁于战俘营期间,他对已经成稿的《逻辑哲学论》继续进行修订,从战俘营获释后,多方联系该书的出版。当时维特根斯坦籍籍无名,多次遭到拒绝,出版商一会儿要求有名教授作出评价,一会儿要求维特根斯坦自付纸张和印刷费用。维特根斯坦极为恼火,认为要求作者自费出书不是正派的行为,"我的工作是写书,而世界必须以正当的方式接纳它"。至于名人的评价,罗素承担下来,为此书写了一篇长长的导论。维特根斯坦读后,坦率告诉罗素,无论是解释的部分还是批评的部分,他都觉得不满。但他还是请人把这篇序言译成德文。不久后他告诉罗素,序言的德文译文不佳,他不想把它和自己的著作一起付印,尽管他的著作也可能因此就无法出版。结果不出维特根斯坦所料,没有罗素的导论，出版商拒绝出版。到此，维特根斯坦已竭尽努力，差不多只有放弃了。幸好罗素君子雅量，继续托人联系出版事宜，几经被拒绝之后，1921 年作为一篇论文发表在《自然哲学年鉴》最后一期上，并附有罗素导论的德文译本。1922 年，仍借助罗素的帮助，此书的德英对照本在英国出版。此书一经出版，即在德国、奥地利、英国产生巨大影响。逻辑实证论运动可谓发端于此，虽然这一运动的走向殊非维特根斯坦原意所盼。张申府先生独具只眼，1927 年即译出此书，题为《名理论》，当年及翌年分两期发表于《哲学评论》杂志，这是此书英文译本以外首次被翻译成其他文字出版。实际上，其他文字的译本迟至 20 世纪 50 年代才出现。

《逻辑哲学论》是维特根斯坦生前出版的唯一一部哲学著作，它主要是从早期笔记摘编而成的。这是一本薄薄的书，译成中文不过 70 页，但所涉及的论题却极其广泛。这本书的形式也很特别：每一章有一个总题，然后给出一系列扩充和论证。我把这本书最前面的中译文抄几句在这里，读者即可对它的形式得到一点印象：

1. 世界是一切实际情况。

1.1. 世界是事实的总和，不是物的总和。

1.11. 世界由全部事实所确定，由它们即是**全部**事实所确定。

1.12. 因为事实的总和既确定了实际情况，也确定了所有非实际情况。

1.13. 在逻辑空间中的全部事实是世界。

1.2. 世界分解为诸事实。

1.21. 一件事情可以是实际情况或不是实际情况，而其余一切则仍保持原样。

2. 实际情况，即事实，是基本事态的存在。

2.01. 基本事态是对象（事质、物）的结合。

〔本书"世界、事实、事态"一节选入了这些内容。〕

这一句一句的格言式的语句，用号码排列，表示每个语句的主从关系。所有词项都像是术语，实际情况（Fall，Was der Fall ist）、事实（Tatsache）、原子事实（Sachverhalt）、物（Ding），它们像数学概念一样互相定义，草草一读完全不得要领，读中文更不知所云。维特根斯坦一方面说，这本书写得"像水晶一样清晰"，但另一方面又觉得"没人能理解"，因为"它推翻了我们所有关于真、类、数的理论以及所有其他理论"。

《逻辑哲学论》的很大一部分内容是处理逻辑内部的问题。但与其说这本书是逻辑学著作，不如说是逻辑哲学著作，"Logisch-Philosophische Abhandlung（逻辑–哲学的论文）"这个书名也说明了这一点。实际上，维特根斯坦对逻辑学的贡献也有限。前面提到，维特根斯坦是把逻辑问题和"罪孽"连在一起来思考的。在把自己的《逻辑哲学论》推介给出版商费克（Ludwig von Ficker）的一封信中，维特根斯坦曾说明，《逻辑哲学论》的观点"是一种伦理的观点"，并称这一点也许是"了解这本书的一把钥匙"。他说，这本书有两个部分，一个是写出的部分，另一部分没有写，而正是没有写的那一部分才是重要的部分。哲学"通过清楚地表现出可以言说的东西来意谓不可言说的东西"。正不妨说，维特根斯坦关切至深的，始终是我们通常所说的伦理问题，人生意义问题之类。不过，维特根斯坦认为，这些问题是不可言说的。也许，维特根斯坦觉得人们在空谈伦理问题，然而，重要的是把一切可议论的事情安放在适当的位置上，不可议论之事将自行以沉默的方式呈现。这就像说，无并不是笼统无别的，无通过不同的有生成。不可说、不应说、不用说、不说，这不是某种现成的东西，它随着言说生成。

全书分成七章。最后一章只有总题一行字："对于不能说的东西我们必须保持沉默"，下面没有任何东西了。这也是很自然的，话已经说到必须保持沉默处，再喋喋不休就很奇怪了。

的确，谈论神秘事物，谈论不可说之事，一上来似乎就是个悖论。我们甚至不可能对神秘事物命名，甚至不知道神秘事物是不是"事物"？追问什么是神秘事物，就像在追问看不见的东西是什么样子的。面对"神秘事物"，我们需要真诚而彻底的沉默，甚至不可做出沉默状。

不过，另一方面，维特根斯坦认为人有冲撞界限的冲动。这种冲动大概相应于人们常说的"人的形而上学冲动"。有一次与他人谈起海德格尔，维特根斯坦表示他理解海德格尔要说不可说之事的冲动。尽管人们这时所说的注定是些蠢话，但他却并不因此嘲笑这种冲动。不难猜想，维特根斯坦本人对这种冲动深有体验。

最后，我们不仅要记得"不可言说的必须付诸沉默"，还须记取他的另半句话："凡可说的都能说清楚。"（《逻辑哲学论》序言）他努力把能说的说清楚，从而把不可言说之事保持在它充分的力量之中，绝非把不可说之事当作思想懒惰的借口，不去认真思考，什么都说得糊里糊涂，然后悠然自得地"不可说不可说"一番。絮絮叨叨议论"沉默是金"，不是对不可言说之奥秘的尊重。

中期思想转变

在《逻辑哲学论》的序言里，维特根斯坦称这本书的真理性是"确定而无可置疑的"，"哲学问题在根本上已经最后地解决了"。在给罗素的一封信中，维特根斯坦也称"我相信我已经最终解决了我们的问题"，并补充说："这听上去可能很傲慢，但我不得不这样认为。"既然问题都已最终解决，他便扔开哲学，在1920—1926年里到奥地利南部的山村做小学教员，生活俭朴近乎困苦。维特根斯坦怀着理想主义的热忱投入格律克尔领导的奥地利学校改革运动，然而小学生的家长们，愚蠢的南部农民和小市民，很快就让他感到沮丧。当地人也不喜欢他，甚至指责他对孩子过度体罚并为此采取法律行动。依我们现在的标准，维特根斯坦有时肯定是过于粗暴了。不过，在他那些小学生成人之后的回忆中，维特根斯坦是另一个人，他不仅敬业尽职，而且对学生们满怀关爱。他用多种方法鼓励孩子们主动投入学习，尤其注重用富有趣味的实例来解释事物的原理，他为自己的学生们编了一本词典，这本词典几十年后仍有再版，他带着孩子们组装蒸汽机，以及其他几乎所有教学模型，他用自己的显微镜辅导学生观察小动物的骨骼，他自己花钱领孩子们旅行、参观，在当地的短途旅行中教孩子们识别各种岩石和植物，在维也纳教孩子们观察各种风格的建筑。对那些禀赋优异的孩子，维特根斯坦更是关怀备至，甚至曾提出收养其中一个，可是那个孩子的父亲拒绝了这个"疯狂的家伙"。

维特根斯坦并没有完全放弃哲学工作，这一时期，时常有人访问他，他和访问者几乎只谈哲学问题，并且在解释自己的哲学观点时颇为激动。的确，仅从他后期所持的"日常语言立场"来看，我们也有理由猜测，他对小学生的教学，以及和普通人的来往，对他的哲学态度发生了影响。

1926年以后，维特根斯坦离开了乡村教师的职位，在一个修道院里做过园丁的助手，并曾协助设计并负责实施在维也纳郊区为他姐姐建造一座宅第。这座宅第后来曾是保加利亚的使馆。据查，1933—1938年各期维也纳地方志都把维特根斯坦标明为建筑学家。

维特根斯坦回到维也纳不久就结识了维也纳小组的创始人石里克。维特根斯坦没有参与维也纳小组的团体活动，他对卡尔那普、费格尔、纽拉特等人没有多少好感，也不赞许他们反形而上学的绝对实证观，他几乎只和石里克、魏斯曼交往，尤其与魏斯曼有多次交谈，因为他觉得这两个人文化修养较高，品位纯正。维特根斯坦重返剑桥后，每年回维也纳度暑假，期间仍和石里克等人讨论哲学。魏斯曼后来把1929年12月至1932年7月期间维特根斯坦这些谈话的内容收集在《维特根斯坦和维也纳小组》一书中。

有记载说，维特根斯坦是1928年春天和魏斯曼及费格尔一起听了数学家布劳维尔在维也纳的题为"数学、科学和语言"的一次讲演后，重新萌发了哲学探索的兴趣。布劳维尔的基本思路接近于康德，强调理性的建构作用，数学不是纯粹的发现，更不是简单的同语反复，而具有发明的意味。布劳维尔也把类似的思想应用于语言。1929年初，维特根斯坦重返剑桥，并以《逻辑哲学论》作为学位论文获得博士学位，主考官是罗素和摩尔。此后同年，他在《亚里士多德协会会报增刊》上发表了短文《关于逻辑形式的一些看法》，这是他第二次也是生前最后一次发表文著。

翌年底，维特根斯坦受聘为剑桥三一学院的研究员，从此到他1947年退休，他大部分时间在剑桥思考、研究、教课。授课多半在维特根斯坦自己的房间进行。维特根斯坦事先会对课上将要讨论的问题做相当充分的准备，但到了课堂上，一切又似乎是从头开始。用学生马尔康姆的话说："他在这些课上进行着创造性的研究。他思考某些问题的方式，就像他是独自一个人那样。"有时维特根斯坦沉默下来，并会用手势禁止学生提问或议论，"在这种沉默中，维特根斯坦极其紧张和活跃：他凝神专注，神采焕发，手势醒目，表情坚定"。

维特根斯坦没有再发表什么文著，但他在课堂上讲的内容，以及不多几次专门口述给学生的笔记，却广为流传。他的一些学生根据数量巨大的笔记、听课记录以及一些半成稿在他去世后编订了一批成书，包括《哲学评注》《哲学语法》《蓝皮笔记本》《棕皮笔记本》《关于数学基础的若干评注》《哲学研究》。

《哲学语法》大致写作时间是1931—1934年。维特根斯坦是按照一部书的设想来写作的，并完成了全书，但后来决定不予出版，留给后人的，是四卷手稿。1933—1934年间，维特根斯坦向他的学生口授了一些讲稿，这些英文讲稿打印了二三十份，装在蓝色封皮内，后来人们称之为《蓝皮书》。1934—1935年，维特根斯坦又向两个学生口授一些讲稿，这些英文打印稿装在褐色封皮内，人们称之为《褐皮书》。《褐皮书》分两部分，第一部分73节，第二部分25节。口授了"褐皮书"一年后，维特根斯坦尝试用德文对之加以改写，完成了大部分，改写后的稿子分142节，与原本相差很大。学者们后来采用的，多半是这个维特根斯坦改写过的本子。《褐皮书》后来全部译成德文出版时，里斯把它命名为《一种哲学考察》。

1928—1933 年间可以视作维特根斯坦思想的转变时期。他逐渐放弃并转而批判《逻辑哲学论》中的一系列基本观点。我们可以从多种角度切入来描述这个转变。一个显而易见的角度是从"充分分析"入手。维特根斯坦早先提倡充分分析，分析而直到原子命题，直到简单对象。这种分析主要是解决语言意义最终来源的问题：简单对象和简单名称的直接对应提供了所需要的意义源头。现在，维特根斯坦放弃了原子命题互相独立的观点，继而放弃了简单对象的观点：简单对象只是哲学理论的虚构，并非逻辑的必然结论，在不同语境中，"简单"意味着不同的东西。起初，维特根斯坦把语句意义更多与证实联系在一起："一个语句的意义就是它被证实的方法。"但他似乎不久就修正了这个相当极端的提法，认为证实只是弄清语词用法的一种办法，另外还有许多办法，例如自问某个语词是怎样学会的，或应当怎样教给孩子。所谓"证实原则"在维也纳小组那里发展成一个学说体系，但维特根斯坦对这种发展似乎不以为然。他总体上不再打算建设任何意义理论，而是强调语言的实际用法与语言游戏的多样性。到他口授《蓝皮书》的时候，他的后期哲学已经大致成形。

《哲学研究》

维特根斯坦曾打算定居苏联，并于 1935 年访问苏联，似乎是这次访问打消了他在那里定居的念头。翌年，他回到挪威的木屋里住了一年多，钻研数学哲学，并更系统地整理自己的新思想，即开始写作《哲学研究》。1938 年年初，他回到剑桥任教。是年 3 月，德国吞并奥地利，他申请转入英国国籍。秋天，他与剑桥出版社谈定出版《哲学研究》，但不久又把稿子要了回来。1939 年，他接替摩尔成为哲学教授。战争期间，他大部分时间在伦敦一家医院当看护，后来在纽卡斯尔的一个研究所当助理实验员。同时，他当然继续思考哲学问题，我们现在所见到的《哲学研究》的主要部分即第一部分就是在这段时间里写成的。

战后他继续在剑桥任教，但对学院生活愈发不耐烦，1947 年辞职。他到爱尔兰生活了两年，撰写《哲学研究》的第二部分。后来编订的《纸条集》大半写作于这段时间。此后他交替在威尔士、挪威居住，曾访问美国 3 个月。那几年里，他曾准备出版《哲学研究》，但最后还是放弃了出版的念头。他去世后不久，他的学生安斯康姆和里斯编订全书并译成英文，1953 年以德英对照的方式出版，第一部分是主体，比较完整，第二部分篇幅较小，更多草稿性质。《哲学研究》是维特根斯坦后期思想的集大成之作，我像很多论者一样认为它是 20 世纪最重要的哲学著作之一。

从《逻辑哲学论》到《哲学研究》，维特根斯坦的思想发生了很大的转变。不少热忱追随维特根斯坦早期思想、坚持逻辑主义的学人，对这一转变深感不解。逻辑主义主张，平常的话语原则上是不清楚的，存在着一种一般的分析方法，提供一个整体上更清楚的话语体系，甚至提供一种终极清楚的话语体系。维特根斯坦早期的主张不是这样，他认为平常话语"如其所是的那样在逻辑上就是完全有条理的"，然而，他仍然相信只有通过充分分析才能最终说明平常话语的意义来源。现在，他放弃了充分分析的思路。那又该怎样来解决意义来源问题呢？

《哲学研究》的一个主要思想是"意义即使用"。这个提法的一个目的，是要防止把语词的意义当作某种实体。人们比较容易把"意义"误解为某种实体，但不大会把"使用"或"用法"误解为某种实体。我们并不需要什么理论来说明意义的来源。意义是自然发生的，它不是在原子命题和原子事实相接触的地方发生，而是在我们学习语言的实际过程中发生。逻辑分析的目标不再是简单名称或简单对象，而是澄清某些误解。我说"苹果来了"，你问"苹果来了"是什么意思，我改说"张三来了，张三带着苹果"。你若再问"张三来了"是什么意思，我就没办法了，我只能请你像两岁的幼儿那样通过这些语词和语句的用法来重新开始学习汉语。

"使用"这个概念让人想到工具，而这正是维特根斯坦所要强调的。《哲学研究》里有很多段落把语词比作各式各样的工具。罗素等人最喜欢用书桌之类举例来说明语词的意义，这类例子隐含着对语言的反映论式的理解，而使用工具的思路有助于纠正这种理解：一件工具不镜映对象，它适合做某一件工作。语言的功能不在于反映世界，而在于像使用工具那样对世界作出应对。为醒目计，可以说，语言的功能是反应而不是反映。

与"意义即使用"紧密联系的还有一系列概念：语言游戏、工具与游戏的多样性、家族相似等等。

接下去，《哲学研究》的初稿讨论数学哲学，但这一部分也许维特根斯坦打算单独成书，在后来的"定本"中裁去了这个巨大的部分，改而探讨所谓"私有语言论题"。有些人主张，语词的意义在每个人心里，人心各自不同，因此意义实际上完全是私有的。我要说，各种通行的语言意义理论根底上都包含这一主张。但经过维特根斯坦的解析，我们看到，这一主张其实只是一系列混乱思想的集合。这一主张延伸下去，其结论只能是：我们只是貌似在交谈，实际上每个人都在自说自话。《哲学研究》洞烛幽微，从多种角度揭示了这一主张所凝聚的各种传统哲学谬误。

在一个基本意义上，《哲学研究》旨在进行智性治疗，消除初级反思（即人们通常所认的"哲学"）形成的种种概念栓塞。维特根斯坦本人再三强调其工作作为智性治疗的性质。人们或许认为这种想法太消极了。其实早在两百多年前，康德就已回应了这个批评："一项限制思辨理性的批判，虽然就此而言是消极的，但由于它同时借此排除了那限制甚或威胁要完全取消理性的实践运用的障碍物，事实上却具有积极的和非常重要的用处……否认批判的这种服务有积极的用处，如同是说警察不产生积极的用处，因为警察的工作毕竟只不过是阻止公民可能为其他公民会采取的暴力行为而担忧，以便使每一个公民都能够安居乐业罢了。"当然，比较起警察，医生是个更好的例子。想一想医生和生命的关系——生命自然而然生长起来，医生救死扶伤，但医生不创造生命，而且也可以说，和生命的出现相比，医生的作用极其有限，然而医生们不为这一点烦恼。

哲学分析为解惑服务，是对误入歧途的初级反省的诊治。然而，我们的语言没有一种唯一的充分解析的形式，因此，我们也没有一种一劳永逸地消除误解的办法。哲学不为任何问题提供终极答案，哲学不是要在往昔错误的废墟上重新建造任何一种理论。哲学在根本道理的深处生生不息地思考。

智性治疗性质也有助于说明这本书的另一个特点。《哲学研究》不像普通哲学著作那样，一个一个处理一些一般性的概念。毋宁，维特根斯坦反反复复讨论一些平常的问题，例如，孩子怎样学会等差数列？我是否以及怎么知道他在疼？你说他要来，我们以及你自己怎么知道"他"指的是谁？不少读者，尤其是那些读惯了徒托空言从大词到大词的读者，不习惯维特根斯坦那种方方面面反反复复的讨论方式，以为琐碎，其实，这些精微入里的分析所撬动的是哲学的诸种根本问题，所谓"离析一丝而会通于大道"。

维特根斯坦在思想的最深处进行艰苦的探索。在这个深处，所有端绪都密不可分地互相纠缠；在这深处的任何一点儿辩正，都会对思考其他问题产生巨大的调整作用。所以，尽管维特根斯坦在这本书里基本不谈论宗教、文学艺术、政治、法律、社会学、教育、人生，在其他地方也很少直接谈论这些话题，但他却对所有这些领域的思想产生了巨大影响。

结　语

维特根斯坦的哲学探索是从弗雷格和罗素入门的，无论是他的前期哲学还是他的后期哲学，始终都在回应这两位前辈。维特根斯坦在《逻辑哲学论》的序言里说："我只想提到弗雷格的巨著和我的朋友罗素先生的著作，它们在很大程度上激励了我的思想。"他的后期哲学则包含了大量对弗雷格、罗素以及自己早期思想的批判。可惜，维特根斯坦没有激发这两位前辈的回应，从一开始，弗雷格和罗素就没有懂得维特根斯坦哲学的真正趣向。弗雷格读了《逻辑哲学论》开头部分的打印稿，写信给维特根斯坦，直话直说，他一个字也看不懂。罗素倒是很赞赏这本书，请人把它译成英文，并为之作了一篇长长的序言。然而这篇序言却让维特根斯坦断定罗素根本不理解这本书。即使如此，我们前面说到过，罗素对青年维特根斯坦还是十分推崇、着意扶植，然而，罗素对维特根斯坦后来的哲学大不以为然，他在《我的哲学发展》中说道："我在维特根斯坦的《哲学研究》中没有找到任何让我感兴趣的东西。"弗雷格自视为数学家和逻辑学家，他对哲学的兴趣可说是由数学和逻辑的兴趣引导的。罗素与弗雷格不同，他对哲学问题有广泛的兴趣，并在各个方面发表自己的看法，但他的哲学兴趣没有维特根斯坦那种深度。

　　维特根斯坦不是哲学专业出身，不像大多数哲学家那样熟知哲学史。在哲学方面，除了弗雷格和罗素，维特根斯坦还熟悉叔本华的著作，并通过叔本华对康德和佛教有所了解。尽管维特根斯坦在哲学史方面造诣不深，但他以最本真的方式继承了源远流长的西方哲学——他继承了西方爱真理的精神，也继承了哲学最基本的艺术：拨开纷纷扬扬的浅俗之见，直入问题肯綮，借助不拘一格的论证，在看似只能各说各话的事情那里道出我们心有所感、口不能言的道理。

　　在哲学和宗教邻近的领域，维特根斯坦熟悉祁克果和詹姆士的一些著作。他特别钟爱陀思妥耶夫斯基和托尔斯泰的作品。维特根斯坦不是一个学者型人物，但他具有极为深厚的文化素养。他对人类生存本质的深刻感知，以及他在理智上的特殊天赋，使他在哲学上达到了其他哲学家难以企及的深度。

　　深刻的思想无法轻易理解。虽然维特根斯坦一出道直到一生终了都名满哲学界，但不被理解的痛苦却始终伴随着他。他很早就感到："不被任何人理解是非常痛苦的。"在《哲学研究》的序言中他又写道："我的成果遭到多种多样的误解，或多或少变得平淡无奇或支离破碎。这刺痛了我的虚荣心，久难平复。"要正当理解维特根斯坦的思想的确是很困难的。我自己一直在缓慢努力。这当然包括不断细读文本。当然，理解维特根斯坦，更根本说来，是为帮助自己更深入更适恰地理解哲学，理解我们的时代，理解人生。只能是这样——如果自己不学会思想，我们不可能理解任何思想家的思想。

　　1949 年，维特根斯坦查明患有癌症，生前最后一段时间他住在他的医生和朋友贝文（Bevan）家里，继续从事哲学写作直到生命的最后两天。1951 年 4 月 29 日，62 岁生日的第 4 天，维特根斯坦与世长辞。在他充满精神创造和灵魂骚动的一生中，维特根斯坦在工作和生活上都对自己设置了最高的标准，从而使他的一生充满紧张和痛苦。在临终之际，他却对守护他的贝文太太说："告诉他们，我度过了极为美好的一生。"的确，极为美好的一生。

图书在版编目(CIP)数据

维特根斯坦选读 /(奥)维特根斯坦著;陈嘉映主编、
主译.—北京:商务印书馆,2023
(陈嘉映著译作品集;第 15 卷)
ISBN 978 - 7 - 100 - 22229 - 7

Ⅰ.①维… Ⅱ.①维…②陈… Ⅲ.①维特根斯坦
(Wittgenstein, Ludwig 1889 - 1951)—哲学思想 Ⅳ.
①B561.59

中国国家版本馆 CIP 数据核字(2023)第 070606 号

陈嘉映著译作品集
第 15 卷
维特根斯坦选读
〔奥〕维特根斯坦 著
陈嘉映 主编 主译

商 务 印 书 馆 出 版
(北京王府井大街 36 号 邮政编码 100710)
商 务 印 书 馆 发 行
北京市十月印刷有限公司印刷
ISBN 978 - 7 - 100 - 22229 - 7

2023 年 6 月第 1 版 开本 710×1000 1/16
2023 年 6 月北京第 1 次印刷 印张 28
定价:132.00 元

陈嘉映著译作品集